Ed. FINOT

PORT-ROYAL

ET

MAGNY

FONDATION DE L'ABBAYE — LA RÉFORME
LES SOLITAIRES
LES PETITES ÉCOLES — LE JANSÉNISME — L'AUGUSTINUS
LES CINQ PROPOSITIONS
LE FORMULAIRE — DESTRUCTION DU MONASTÈRE
LES RUINES
LES CORPS ET LES TOMBES DE L'ÉGLISE DE MAGNY

Enrichi de deux Plans de l'Abbaye
et de plusieurs
Gravures des Monuments les plus remarquables

PARIS

GEORGES CHAMEROT, IMPRIMEUR-ÉDITEUR

19, RUE DES SAINTS-PÈRES, 19

1888

Tous droits réservés.

PORT-ROYAL
ET
MAGNY

Ed. FINOT

PORT-ROYAL
ET
MAGNY

FONDATION DE L'ABBAYE — LA RÉFORME
LES SOLITAIRES
LES PETITES ÉCOLES — LE JANSÉNISME — L'AUGUSTINUS
LES CINQ PROPOSITIONS
LE FORMULAIRE — DESTRUCTION DU MONASTÈRE
LES RUINES
LES CORPS ET LES TOMBES DE L'ÉGLISE DE MAGNY

*Enrichi de deux Plans de l'Abbaye
et de plusieurs
Gravures des Monuments les plus remarquables*

PARIS
GEORGES CHAMEROT, IMPRIMEUR-ÉDITEUR
19, RUE DES SAINTS-PÈRES, 19

1888
Tous droits réservés.

LA MERE MARIE ANGELIQVE ARNAVLD dernière Abbesse titulaire de Port Royal Ordre de Cisteaux qui n'estant agée
que de dix-sept ans fut la première de cet Ordre en France qui renouvella dans son Abbaye l'estroite observance & l'ancien
esprit de S. Bernard. Son humilité luy ayant toujours donné un extreme desir de quitter sa charge, elle l'executa en 1630.
ayant obtenu permission du Roy de la rendre. Elle est morte le 6 d'Aoust 1661 agée de 70 ans. Tous ceux
qui l'ont connue ont admiré entre ses autres vertus cette charité si ardente & si désintéressée qui la rendue Mere de tant de filles
sans y considerer que les richesses de la grace & ne luy a jamais permis d'en refuser aucune pour le manquement des biens temporels.

AVANT-PROPOS

Port-Royal, au triple point de vue théologique, philosophique et littéraire, occupe une place considérable dans l'histoire du xviie siècle. Durant cent ans, le monde entier eut les yeux tournés vers lui et il est nécessaire de l'étudier pour connaître l'histoire du siècle de Louis XIV.

L'Abbaye, comme tant d'autres, ne répondant plus à l'esprit de son institution, appelait une réforme. La Mère Angélique Arnauld, âme ardente, d'une franche et sincère piété, l'y introduisit. Grâce aux relations de sa famille nombreuse et puissante dans la bourgeoisie parlementaire, la maison s'accrut et parvint rapidement à un très haut degré de prospérité religieuse. La régularité, la piété, la mortification, en un mot, toutes les vertus du cloître, comme des fleurs embaumées, s'épanouirent dans le vallon.

En même temps, des hommes distingués, poussés par une vocation irrésistible : prêtres, soldats, magistrats, médecins, philosophes, théologiens, littérateurs et poètes, s'établissaient à l'ombre du cloître régénéré et renouvelaient, par leurs austérités, les merveilles des solitaires des premiers siècles chrétiens.

Des Petites Écoles, dirigées par des maîtres aussi habiles que dévoués, dont les excellentes méthodes ont fait autorité, sortirent des hommes remarquables, qui occupèrent dans le monde et dans les lettres des situations élevées. Le plus illustre, Racine, sentit naître à Port-Royal sa vocation poétique. Il y revint après de trop longues années d'égarement et y termina sa brillante carrière par *Athalie,* son chef-d'œuvre.

Nous devons à Port-Royal une des plus élégantes traductions de nos Saints Livres.

La cause de Port-Royal se confond avec le jansénisme, dont le docteur Arnauld devint le plus vaillant champion. Cette confusion brisa la prospérité d'une maison modèle, amena sa décadence et sa ruine.

Personne n'ignore que les jésuites, pour des raisons multiples que les historiens apprécient différemment, ont été ses plus implacables adversaires. Antoine Arnauld, l'avocat, chef de la famille, dans une véhémente philippique, avait, au nom de l'Université, demandé au Parlement leur expulsion du royaume. On dit que ce plaidoyer dans lequel il appelait la Société « boutique de Satan, dans laquelle se forgent tous les assassinats », fut le premier péché, « le péché originel des Arnauld » et le grand crime de Port-Royal.

D'autre part, l'abbé de Saint-Cyran, dans un important ouvrage, les traitait de directeurs sans lumières et sans conscience, de contempteurs de l'autorité des évêques, de véritables rejetons de Pélage.

Jansénius, député par l'Université de Louvain, était allé, par deux fois, trouver le roi d'Espagne pour le prier de les chasser de ses États.

Le docteur Arnauld avait écrit un livre fameux qui réprouvait leur méthode de direction spirituelle, qu'il trouvait trop facile.

Port-Royal, enfin, produisait des œuvres d'esprit fort remarquables et avait ouvert des écoles qui réussissaient à merveille et pouvaient, dans l'avenir, menacer le monopole de l'enseignement, placé entre les mains des jésuites.

Quoi qu'il en soit de ces motifs vrais ou supposés, que les jésuites aient obéi à des passions purement humaines ou cédé à des sentiments plus nobles et plus conformes à l'esprit de leur Institut ; soit pour l'une et l'autre raison, il est certain qu'ils conservèrent l'avantage de la position en combattant avec Rome, appuyés sur le bras séculier. Dans ces conditions, et considérée selon les lois de la prudence vulgaire, la lutte de Port-Royal devint une héroïque folie. En vain, Pascal, dans ses fameuses *Provinciales,* souleva l'opinion publique contre la puissante Compagnie.

Port-Royal, odieux au roi pour bien des raisons, était condamné et devait périr. Prise par la famine, l'abbaye se dépeupla ; les solitaires dispersés s'enfuirent de toutes parts. Quelques-uns, comme de dangereux malfaiteurs, furent écroués à la Bastille ; et le docteur Arnauld, écrasé par le nombre, mais toujours invincible, dut passer la frontière pour conserver sa liberté.

Quel vaste champ ! Quelle mine féconde pour un historien ! Aussi les ouvriers n'ont point manqué à la tâche. Amis et ennemis ont écrit des pages éloquentes, passionnées et, partant, peu conformes à l'impartiale vérité. Quoi d'étonnant ? N'exalte-t-on pas ceux qu'on aime et qu'on admire ? ne maudit-on pas ceux qu'on déteste ? Les uns versèrent sur Port-Royal des flots intarissables de louanges et n'aperçurent aucun défaut dans ces hommes qui n'étaient point parfaits ; les autres prodiguèrent les injures à ces chrétiens courageux, qui ne manquaient ni de qualités ni de vertus et se croyaient sincèrement dans la voie qui mène à Dieu.

Aujourd'hui que les querelles politiques ont remplacé les disputes religieuses d'autrefois, à part ceux qui, suivant leur vocation, s'y sont préparés par des études spéciales et les amateurs érudits qui étudient ces importantes questions, qui lit Besoigne et le Père Rapin, dom Clémencet, Sainte-Beuve et tous les documents de cette volumineuse histoire ? Et pourtant combien voudraient la trouver résumée dans un recueil, à la fois court et complet, exempt de parti pris et d'exagération ! Ce recueil existe-t-il ? On ne le croit pas. Néanmoins on ne voulait pas, tout d'abord, essayer de combler cette lacune, tant le sujet abonde en difficultés, présente d'embûches de toutes sortes et a déçu d'historiens. On se proposait seulement d'étendre à la totalité des tombes de Port-Royal qui enrichissent l'église de Magny ce qui a déjà été fait pour un grand nombre d'entre elles ; de rectifier et compléter, par des documents nouveaux, les travaux antérieurs. N'était-il pas nécessaire auparavant, afin de ne pas transporter le lecteur dans une région inexplorée ou mal connue, de lui dire ce que c'est que Port-Royal, qui sont ceux qui l'habitèrent, quelles furent leurs œuvres, les erreurs qu'on leur impute ; faire connaître les adversaires qui les combattirent, exposer, des uns et des autres, les qualités et les défauts, raconter enfin le résultat final de cette lutte déplorable qui se termina par l'anéantissement d'une Maison célèbre dans l'Église de France ? L'auteur l'a pensé et voilà pourquoi il s'est engagé dans ces défilés épineux du jansénisme, du Formulaire et des questions qui s'y rattachent. Le lecteur verra qu'on s'est contenté de classer et de rapporter les faits dont chacun tirera facilement les conclusions. Pour les juger sainement, il voudra bien se reporter par la pensée au temps où ils se sont produits, ne pas les considérer avec les yeux du temps présent ; ne pas oublier que le Formulaire, cause de tant de maux, fut imposé d'abord par Louis XIV et, sur sa demande, par la Cour de Rome ; que ces graves questions se débattirent dans un pays où les canons des conciles de Constance et de Bâle enfantèrent la fameuse déclaration de 1682, opposée à l'infaillibilité du pontife romain, telle que l'a définie, deux cents ans plus tard, le concile du Vatican ; que la plupart de ceux qui signèrent le firent sans la moindre conviction, comme une pure formalité, uniquement pour plaire au monarque. Chacun sait que le roi n'avait qu'à dire un mot pour être obéi !

L'auteur croit être utile à ceux qui, pour des motifs divers, s'intéressent aux choses d'un passé glorieux.

Il se propose donc de retracer, aussi brièvement que possible, les différents actes de la vie de Port-Royal depuis sa fondation, en 1204, jusqu'à sa destruction, en 1712 ; de décrire l'Abbaye d'autrefois ; de guider le lecteur à travers les ruines qui ont presque disparu ; enfin, de le conduire dans l'église de Magny, qui renferme de précieux souvenirs du Monastère et des pierres tumulaires fort belles, classées parmi les monuments historiques.

De là, si on peut ainsi parler, deux parties bien distinctes dans ce modeste travail :

I

Abrégé de l'histoire de Port-Royal ; description de l'Abbaye ; état actuel de ses ruines.

II

Tombes de l'église de Magny-les-Hameaux.

Le voyageur partant de Paris peut gagner Port-Royal par trois routes différentes :

1º Par la ligne de Bretagne, station de Trappes, de la gare à l'abbaye, en passant par les bois du Manet, 4 kilomètres, à peu près ;

2º Par la ligne de Limours, station de Saint-Rémy-lès-Chevreuse, en remontant la charmante vallée du Rodon par Milon-la-Chapelle et Saint-Lambert, 8 kilomètres environ ;

3º Par Versailles, en prenant une voiture pour une demi-journée, 12 kilomètres. Ce dernier mode est très avantageux, car, outre qu'il ménage les jambes des mauvais marcheurs, il permet de retourner par Magny sans allonger sensiblement la route.

Vue de l'Abbaye de Port-Royal des Champs (côté nord.)

PORT-ROYAL
ET
MAGNY

PREMIÈRE PARTIE

CHAPITRE PREMIER

Fondation du monastère. — Ses principaux donateurs.
Ses abbesses les plus remarquables.

Port-Royal est situé à l'extrémité de l'ancien diocèse de Paris, au centre de celui de Versailles, à trois lieues de cette ville, sur le territoire de la paroisse de Magny-les-Hameaux. Sa fondation remonte à l'année 1204, au temps de la quatrième croisade. Mathieu Ier de Montmorency-Marly, partant pour la Terre Sainte, avait laissé des sommes importantes, destinées à des œuvres charitables. Pour exécuter ce pieux dessein, Mathilde de Garlande, son épouse, consulta Eudes de Sully, évêque de Paris. Le prélat conseilla la fondation d'un Monastère dans son diocèse. A cet effet, la noble dame acquit le fief de Porrois, et jeta les fondements d'une Maison pour les filles de l'ordre de Cîteaux. Quatre ans après, les lieux réguliers constitués, douze religieuses en prenaient possession.

Cette *vallée affreuse* et *sauvage*, au dire des anciennes descriptions, mais qu'aujourd'hui nous appellerions pittoresque et charmante, n'était pourtant pas tout à fait déserte. A son endroit le plus resserré s'élevait une chapelle, dédiée à saint Laurent, sur l'emplacement de laquelle on construisit une nouvelle église qui reçut, selon la coutume du temps, le nom de Notre-Dame-de-Porrois[1]. Ce mot barbare et vulgaire de Porrois subit bientôt une heureuse transformation, et s'appela plus noblement Port-Royal.

En 1214, Port-Royal était érigé en Abbaye, et le successeur d'Eudes de Sully sur le siège de Paris, Pierre de Nemours, lui accorda le droit de paroisse, moyennant cent sols parisis à payer annuellement au curé de Magny, pour l'abandon de ses droits paroissiaux. Dix ans plus tard, le pape Honorius III concéda à l'Abbaye naissante de grands privilèges : celui entre autres d'y célébrer l'office divin, quand même le pays tout entier serait en interdit.

En peu d'années, grâce aux largesses des rois de France, Philippe-Auguste, Louis VIII et saint Louis son successeur; grâce aux libéralités des ducs de Montmorency et

---

1. D'après l'abbé Lebœuf (*Histoire du diocèse de Paris*), Porrois dérive du mot *Porra, Borra*, qui en basse latinité signifie trou rempli d'eau dormante et de broussailles. D'autres le font dériver de *Porrum, Porrus*, qui veut dire *poireau*. Ces deux étymologies manquent également de poésie.

de Montfort, des seigneurs de Chevreuse, de Lévis, de Trie et de Dreux, la Maison avait pris un développement considérable en sorte que trente ans après sa fondation les revenus de Port-Royal suffisaient à l'entretien de soixante religieuses qui eurent comme directeurs spirituels les moines des Vaux-de-Cernay de l'ordre de Cîteaux [1].

En 1235, Thibault de Montmorency[2], fils de Bouchard Ier et petit-fils de la fondatrice, élu abbé des Vaux-de-Cernay, devint par ce fait supérieur de Port-Royal et continua dignement l'œuvre que Mathilde son aïeule avait si bien commencée.

A partir de cette époque jusqu'au temps de la Mère Angélique Arnauld, l'histoire de l'Abbaye est fort obscure. Si on en croit le Nécrologe, d'ailleurs digne de foi, vingt-huit abbesses gouvernèrent successivement le Monastère pendant 400 ans, du commencement du xiiie jusqu'à la fin du xvie siècle.

Les plus illustres furent Marguerite de Lévis[3], qui donna de grands biens à Port-Royal, bâtit un réfectoire, enrichit le trésor de l'église; Béatrix de Dreux[4], sœur d'Yolande reine d'Écosse, puis duchesse de Bretagne et comtesse de Montfort; Agnès de Trie et les deux Jehanne de la Fin, la tante et la nièce[5], qui ont très sagement administré le temporel de l'Abbaye.

Mais si les affaires temporelles ne laissaient rien à désirer, le spirituel, en revanche, était fort négligé. A la faveur des guerres avec les Anglais qui désolèrent la

---

1. Les ruines de l'abbaye des Vaux-de-Cernay, à 8 kilomètres de Port-Royal entre Dampierre et Cernay-la-Ville, restaurées depuis peu, sont fort imposantes et très belles.
2. Thibault de Montmorency a été canonisé et l'église de Versailles célèbre sa fête le 11 juillet.
3. Voir sa tombe, p. 290.
4. Voir sa tombe, p. 278.
5. Voir sa tombe, p. 284.

France pendant si longtemps et la mirent à deux doigts de sa perte et des troubles causés par la Réforme qui les suivit, les liens de la discipline se relâchèrent d'une façon lamentable. Les mœurs se corrompirent, le luxe envahit les couvents et Port-Royal subit le sort commun de toutes les Maisons religieuses disséminées dans les campagnes. L'ignorance et l'oubli des règles les plus élémentaires du gouvernement monastique devinrent tels qu'en 1603 notre Abbaye avait à sa tête une petite fille de onze ans!

Nous venons de parcourir rapidement cette longue et obscure période de l'existence de Port-Royal. Elle n'offre en réalité qu'un intérêt très relatif. Le vrai Port-Royal que tout le monde connaît dans ce qu'il a de spécial, d'original et de grand, commence à la Mère Angélique et finit en 1711. Avant la réformatrice, l'Abbaye n'est ni meilleure ni pire que les autres. Avec elle, Port-Royal entre dans une voie nouvelle, revêt un caractère propre, commence cette ère de grandeur et de prospérité qui attira pendant plus d'un siècle les regards du monde religieux et savant.

CHAPITRE II

La Mère Angélique. — Sa naissance. — Son élection. — La réforme. — La journée du Guichet. — Elle va à Maubuisson. — Retour à Port-Royal. — Sa mortification.

Jacqueline Arnauld, plus tard la Mère Angélique, naquit en 1591. Elle était petite-fille de Simon Marion, éloquent avocat général, et fille d'Antoine Arnauld également avocat au Parlement de Paris. Elle n'avait que huit ans quand son aïeul, plein de sollicitude pour les intérêts temporels de sa famille, obtint pour elle d'Henri IV l'Abbaye de Port-Royal avec le titre de coadjutrice. En même temps Jeanne sa sœur, la future Mère Agnès, était pourvue de l'Abbaye de Saint-Cyr. Jacqueline prit aussitôt l'habit religieux et on l'envoya avec sa sœur à Saint-Cyr pour y être élevées ensemble. L'année suivante elle partait à Maubuisson où, après deux ans de séjour, elle fit profession entre les mains de l'abbé de la Charité, Moine de Cîteaux, délégué à cet effet par son Supérieur.

Pendant ce temps la famille Arnauld sollicitait en cour de Rome l'obtention des bulles nécessaires. Mais comme il n'était pas possible d'espérer une réponse favorable si on faisait connaître exactement l'âge de la jeune coadjutrice, on employa un stratagème étrange ou plutôt un mensonge odieux qui n'a rien de commun avec l'honnêteté la plus vulgaire. Une première fois on la dit plus âgée et au lieu de neuf ans, on lui en octroya sérieusement dix-sept. Rome refusa parce que la suppliante n'était encore que novice. La jeune fille fit profession : nouvelle demande, et cette fois, on trompa non plus sur l'âge mais sur le nom, il ne s'agissait plus de Jacqueline mais d'Angélique : on l'appelait ainsi depuis sa confirmation. Les bulles obtenues non sans grandes difficultés et la dame de Boulehart abbesse étant morte en 1602, la coadjutrice, après un simulacre d'élection, prit possession de son Abbaye : elle avait onze ans et fit ce jour-là sa première communion.

Cependant Mme l'abbesse, peu soucieuse de sa dignité, ne pensait qu'à jouer et à se divertir comme il est naturel aux enfants de son âge. Elle en avait aussi les qualités et les défauts. On dit même qu'elle préférait la lecture des romans à celle de son livre d'heures et qu'elle ne trouvait aucun charme dans la récitation de son office. Rien donc, dans sa conduite, ne faisait présager ce qu'elle serait un jour. La Communauté chérissait son aimable petite supérieure; chacun vivait un peu à sa fantaisie sous un gouvernement si commode. La famille Arnauld, du reste, faisait grand bien à la maison fort éprouvée durant les guerres de la Ligue. Sous tous les rapports, Port-Royal était dans un triste état : les revenus ne se montaient qu'à 6 000 livres; les domestiques volant à qui mieux mieux et les 13 professes, dont la plus âgée n'avait que 33 ans, n'ayant conservé de religieux que l'habit et le nom.

La vie du cloître dans laquelle la jeune Angélique avait été engagée à son insu et qu'elle menait contre son gré lui devint bientôt à charge et la jeta dans une profonde mélancolie. Une fièvre violente se déclara, mit ses jours en danger; et son père, pour la tirer du péril, l'emmena à Paris. La seule pensée qu'elle dût rentrer à Port-Royal empêchait sa guérison et l'exaspérait à tel point qu'elle songea sérieusement à s'enfuir de la maison paternelle. Angélique, malgré ses protestations, fut ramenée à l'Abbaye. Mais peu après, par un phénomène étrange auquel sa famille ne comprit rien tout d'abord, on vit s'opérer en son âme une transformation complète. Dieu aidant, elle prit goût à la piété et sentit des charmes à la vie monastique. Religieuse malgré elle et prenant son parti en brave, la jeune abbesse résolut de l'être véritablement et dès l'instant conçut le dessein de réformer Port-Royal.

Ce n'était point chose facile et le premier obstacle lui vint de sa famille. L'abbé de Cîteaux lui-même, vu le peu de maturité de la jeune réformatrice, craignant qu'elle n'agît par un zèle inconsidéré, ne l'encouragea pas dans son entreprise. Angélique ne se laissa point abattre par ces difficultés; et soutenue par les exhortations d'un religieux qu'on lui avait envoyé pour prêcher l'Avent, elle obtint par la douceur que tout serait remis en commun et la clôture rétablie rigoureusement.

Quelque temps après, son père, qui désapprouvait ces réformes, vint à Port-Royal avec sa famille croyant y être reçu comme par le passé. La porte demeura close, et Angélique, se présentant au guichet, le pria de se rendre au parloir où elle allait le rejoindre aussitôt. Arnauld stupéfié insiste, prie, conjure, menace, se fâche, s'irrite, entre en fureur : peine perdue, l'abbesse demeure inflexible! La Communauté à son tour l'accuse d'ingratitude, la supplie d'ouvrir la porte : rien ! Sa mère, que cette résistance exaspère, maudit presque sa fille et jure que Port-Royal ne la reverra de sa vie ! On pense bien qu'elle ne tint point parole. Port-Royal décora cette scène étrange du nom quelque peu prétentieux de : *journée du Guichet*.

Telles furent la première lutte et la première victoire de la Mère Angélique. C'était une victoire en effet, une sorte de coup d'État ayant coûté beaucoup d'efforts, de larmes et qui dénotait un changement radical dans l'âme de cette jeune fille auparavant si timide devant son père.

Désormais Port-Royal va courir dans les voies de la perfection, non seulement se réformer lui-même, mais étendre son influence bienfaisante sur un grand nombre de maisons religieuses du même Ordre.

Nous avons vu plus haut par quels moyens frauduleux les bulles avaient été obtenues de la cour de Rome : elles étaient donc radicalement nulles. Il fallut bien régulariser cette fausse situation. Arnauld écrivit de nouveau au pape, s'accusa humblement de l'avoir trompé et en sollicita de nouvelles. On les expédia, parce qu'en réalité la famille de la suppliante avait beaucoup plus donné à Port-Royal qu'elle n'en avait reçu. La Mère Angélique renouvela sa profession ; cette fois, de toute l'ardeur de son âme et librement, joyeusement, se consacra tout entière au Seigneur. Elle n'avait pas vingt ans !

On se souvient aussi qu'au moment où Angélique était pourvue de notre Abbaye, sa sœur Jeanne obtenait celle de Saint-Cyr. Une religieuse de ce Monastère portait bien le titre d'abbesse, mais elle devait remettre le titre et la charge à Jeanne Arnauld lorsque celle-ci aurait vingt ans. L'abbesse de Saint-Cyr, à l'opposé de celle de Port-Royal, aimait l'oraison, l'office divin, se mortifiait même d'une manière inconsidérée et faisait paraître tous les signes extérieurs d'une vraie vocation. Sa jeune âme, néanmoins, n'était pas encore complètement détachée des vanités terrestres : il lui tardait de commander et elle attendait impatiemment le moment de prendre possession de sa charge. Angélique, qui l'avait devancée dans la vertu, lui fit comprendre qu'il serait plus sage d'y renoncer, de venir à Port-Royal pour l'aider à achever la réforme qui ne faisait que commencer. Jeanne goûta ses raisons, quitta Saint-Cyr, s'enferma dans Port-Royal et prit le nom de Mère Agnès.

Une troisième sœur, Marie-Claire, suivit ses aînées et reçut l'habit à l'âge de quatorze ans. Une quatrième enfin, Anne-Eugénie, se décida à son tour pour la vie religieuse. Cette fois leur père s'y opposa. Il trouvait, sans doute, que, Port-Royal lui ayant pris trois filles sur six qu'il avait, ç'en était assez et qu'il suffisait de partager. Le cloître l'emporta, s'adjugea la meilleure part et Anne-Eugénie, en 1618, renonçait à un établissement avantageux dans le monde et rejoignait ses sœurs.

Le lendemain de la prise d'habit de cette dernière, la Mère Angélique appelée par l'abbé de Citeaux, partait avec trois de ses religieuses, pour l'abbaye de Maubuisson. Il s'agissait d'y introduire une réforme mille fois plus difficile qu'à Port-Royal.

Gabrielle d'Estrées, en grand crédit auprès du roi Henri IV, on sait pourquoi, avait obtenu pour sa sœur, abbesse de Bertaucourt, au diocèse d'Amiens, l'Abbaye de Maubuisson. Ce n'était point, tant s'en faut, pour qu'elle y fit fleurir la régularité et la piété, car pendant les vingt-cinq années de son administration, les choses allèrent de mal en pis et son éloignement fut jugé nécessaire. Mais la Dame ne voulut pas céder de bonne grâce et. après avoir usé avec elle inutilement de tous les moyens de persuasion et de douceur, on fut obligé de la déposséder de son titre et de la chasser par la force du monastère. On installa à sa place la Mère Angélique en qualité de commissaire de l'Abbaye, avec pleins pouvoirs de l'administrer tant au spirituel qu'au temporel. Mais, quelques mois après, Mme d'Estrées, s'échappant de sa retraite forcée, rentrait par la violence à Maubuisson et expulsait à son tour celle qui l'avait remplacée. Dans cette extrémité, la Mère Angélique et trente de ses religieuses, qui n'avaient pas voulu la quitter, se réfugièrent à Pontoise, où elles furent accueillies avec empressement par le peuple et le clergé. Un courrier expédié en toute hâte à Paris en ramena cent cinquante archers qui rétablirent l'ordre à Maubuisson. La Mère Angélique y rentra et y demeura cinq ans, servant de modèle à toutes par sa piété, sa douceur, sa charité et son désintéressement.

C'est pendant son séjour à Maubuisson qu'Angélique eut le bonheur de connaître saint François de Sales. L'évêque de Genève visita quatre fois l'Abbaye et, la dernière, y demeura neuf jours entiers. Angélique eut de fréquents entretiens avec le digne prélat, lui découvrit les secrets de sa conscience, se mit sous sa conduite et en reçut de sages conseils de direction spirituelle. Elle le pria même d'aller visiter ses filles à Port-Royal, ce que l'évêque accorda volontiers. Il s'y rendit, en effet, trouva tout à son gré, encouragea les religieuses, consola la Mère Agnès, qui gouvernait la maison comme coadjutrice et se désolait de supporter si longtemps un aussi lourd fardeau.

Je pourrais m'étendre plus longuement sur cette importante période de la vie de la Mère Angélique; mais craignant de dépasser le but proposé, je reviens à Port-Royal.

J'y reviens avec la Mère et trente de ses filles, qu'elle ramena de Maubuisson; Mme de Soissons, la nouvelle abbesse, se plaignant de ce que Angélique avait reçu tant de jeunes personnes qui, pour toute dot, n'avaient apporté qu'une sérieuse vocation. L'arrivée de ce nombreux essaim fut pour Port-Royal un grand événement et lui imposa une charge qui parut écrasante. Ces pauvres filles, dit Racine, n'abordaient qu'en tremblant une Maison qu'elles venaient pour ainsi dire affamer. C'est qu'en effet, si elles étaient riches des biens de la grâce, remplies de bonne volonté et animées du désir de se consacrer entièrement à Dieu, par contre, les avantages de la fortune leur manquaient absolument; elles n'apportaient ensemble que 500 livres de rente. Toute autre que l'abbesse eût reculé devant une tâche aussi lourde; Angélique n'hésita pas. Pleine de confiance en Dieu et croyant que la Providence prend soin de tous les êtres créés, elle sut bien que le pain quotidien ne manquerait pas à ces humbles servantes de Jésus-Christ. Huit autres sœurs de différentes maisons vinrent encore grossir ce nombre déjà trop grand, et la Communauté compta quatre-vingts religieuses.

Tout se passait à Port-Royal dans un ordre parfait. La Mère Angélique avait établi dans le Monastère la règle du silence, que saint Benoist regardait, à juste titre, comme la racine de la vie spirituelle. Voici, entre mille, un trait qui est en même temps un bel exemple de mortification. Une jeune novice fut un jour envoyée dans une cellule qu'on croyait pourvue de meubles indispensables : un pauvre lit, une table et une chaise. La novice n'y trouva que des fagots. Prenant son parti en brave pénitente, elle étend son manteau sur le bois et goûte sur cette couche improvisée le paisible sommeil du juste. On ne s'en aperçut que plus tard et, comme on lui reprochait de n'avoir point averti la Supérieure, elle répondit qu'elle ne l'avait pas fait de peur de violer la loi du silence.

En cette année 1623 commença la liaison de l'abbé de Saint-Cyran avec l'abbesse de Port-Royal, liaison dont nous parlerons plus longuement dans la suite.

Cependant la renommée portait au loin le nom et les

œuvres de la Mère Angélique Arnauld, et beaucoup de Monastères, pris d'une sainte ardeur de réformation, la prièrent de leur envoyer des religieuses formées à son école. Elle accéda avec bonheur à ces désirs et dirigea successivement les plus pieuses et les plus zélées de ses enfants sur les Abbayes du Lys près Melun, de Poissy, de Gif, de Gomer-Fontaine et Saint-Aubin au diocèse de Rouen, de Tard en Bourgogne. Elle-même en visita plusieurs. Partout, ces missionnaires produisirent un excellent effet, jetèrent avec abondance la bonne semence de la régénération qui produisit des fruits en son temps.

CHAPITRE III

Établissement de Port-Royal de Paris. — L'évêque de Langres à Port-Royal. — Fondation de l'Institut du Saint-Sacrement. — Le Chapelet secret. — Saint-Cyran à l'Institut et à Port-Royal. — Fin de l'Institut du Saint-Sacrement.

Port-Royal n'avait jamais été plus florissant et jouissait d'une réputation méritée de régularité et de sainteté. Aucune dispute ne s'élevait alors et la réformatrice, incontestée, admirée de tous, rêvant de longs jours de paix et de prospérité, voyait déjà les Maisons issues de Port-Royal se multiplier et porter partout leurs bienfaits. Ces légitimes espérances ne furent point réalisées.

J'ai dit plus haut qu'après le retour de Maubuisson, l'Abbaye comptait quatre-vingts religieuses et qu'elle ne possédait que 6 000 livres de revenu. Les bâtiments délabrés réclamaient d'urgentes réparations; comme la place manquait, il fallait les agrandir et dépenser une forte somme d'argent. Mais cet inconvénient, si sérieux qu'il parût, n'était rien : on avait besoin d'argent, on l'aurait trouvé. Le plus grave tenait à l'excessive humidité des lieux. Cette humidité funeste provenait de l'infiltration des eaux de l'étang, qui fréquemment envahissaient l'église elle-même. A cela il fallait ajouter les brouillards s'élevant de la prairie et entretenant dans le Monastère des fièvres continues si pernicieuses qu'en peu d'années elles conduisaient les religieuses au tombeau : il en mourut 16 en 2 ans ! L'abbesse jugea donc prudent, non pas d'évacuer le vallon, mais de diviser la Communauté et de fonder une nouvelle Maison avec l'esprit, la discipline et la règle de Port-Royal. Paris se trouvait désigné naturellement. On le choisit en effet, parce que le recrutement des novices y serait plus facile et qu'on trouverait dans la grande ville des aumônes plus abondantes qui suppléeraient à l'insuffisance du revenu. En conséquence, Mme Arnauld, veuve depuis peu, acheta au faubourg Saint-Jacques pour 24 000 livres un vaste bâtiment qui fut promptement aménagé. Tout étant préparé, la Mère Angélique avec dix-huit de ses filles s'y installa en 1624. L'année suivante, l'archevêque de Paris ne voulant pas qu'il y eût deux Maisons séparées, tout Port-Royal y fut transféré; on ne laissa aux Champs qu'un chapelain chargé de desservir l'église. Peu après l'abbesse eut la consolation de donner l'habit religieux à sa propre mère. Telle fut l'origine de Port-Royal de Paris[1]. Cet établissement, inauguré sous de si favorables auspices, montra dans la suite la plus noire ingratitude : on peut dire que cette fille cruelle a dévoré sa mère !

Depuis la réformation, la Mère Angélique nourrissait le projet de quitter l'ordre de Cîteaux pour entrer dans celui de la Visitation, parce que, à part de rares exceptions, les moines de cet Ordre s'étaient élevés contre elle et avaient cherché à la faire échouer dans son entreprise. « Elle fut, dit Racine, extrêmement désapprouvée par un fort grand nombre de moines et d'abbés même, qui re-

---

1. Les bâtiments de ce Monastère sont maintenant affectés à l'hospice de la Maternité, boulevard de Port-Royal.

gardaient la bonne chère, l'oisiveté, la mollesse, et, en un mot, le libertinage, comme d'anciennes coutumes de de l'Ordre, où il n'était pas permis de toucher. » L'évêque de Langres, dont elle prit conseil, l'engagea à se placer tout simplement sous la juridiction de l'Ordinaire. Angélique connaissait ce prélat par l'entremise de la Mère de Chantal; il l'avait visitée à Port-Royal des Champs et en avait reçu des religieuses pour la réforme de l'Abbaye de Tard en son diocèse. L'évêque devint, je ne sais pas trop pourquoi, Supérieur de Port-Royal, sans réaliser les espérances de la Mère Angélique. Tous deux voulaient la réforme, mais par des voies et des moyens différents, de sorte qu'après une série de mesures que l'abbesse réprouvait et des tiraillements intérieurs qu'il est inutile d'énumérer, Angélique, craignant que, si elle venait à manquer, une autre ne défît en un jour l'œuvre de beaucoup d'années, se démit de sa charge pour la rendre élective et triennale.

La religieuse qui la remplaça s'appelait Geneviève Le Tardif, une des novices ramenées de Maubuisson, fille de mérite et de vertu, plus malléable et moins austère que sa mère spirituelle. Elle revint de Tard pour prendre possession de sa charge, en rapporta l'esprit et, de concert avec le Supérieur, l'implanta à Port-Royal. Alors, adieu la pauvreté et la simplicité : la première devint un vice, presque un crime; on traita la seconde de *niaiserie*. On ne voulut plus recevoir que des filles *de qualité*. On inonda l'église de fleurs et de parfums; bref, ce n'était plus Port-Royal. La Mère Angélique désapprouvait par son silence, et ce silence même avait le don d'irriter.

On se servit d'elle, quoique à contre-cœur, pour fonder en 1633 l'*Institut du Saint-Sacrement* pour l'adoration perpétuelle. La Mère se consacra d'autant plus volontiers à cette œuvre que, depuis de longues années, cette pieuse pratique existait à Port-Royal. Les fondateurs, parmi lesquels l'évêque de Langres, avaient voulu que tout dans l'*Institut* fût *souverainement auguste*. Pour y être admise, la postulante devait apporter au moins 10 000 livres de dot; être de noble extraction, d'une éducation soignée, etc., etc. On pourrait appliquer à cette communauté naissante ce mot malicieux de La Bruyère : « Je connais telle jeune fille qui a de la piété, de la vertu, une bonne vocation, mais pas assez d'argent pour faire vœu de pauvreté. » Tout en obéissant, la Supérieure gémissait intérieurement de toutes ces folies et s'efforçait de faire prospérer une institution dont l'avenir lui paraissait fort incertain.

L'Institut tomba, en effet, après cinq ans d'une existence traversée de nombreuses difficultés. On le réunit au Monastère de Port-Royal. De ce moment date le changement opéré dans le costume religieux. Auparavant, il consistait en un grand manteau recouvert du scapulaire noir des Bernardins; on lui substitua le scapulaire blanc orné sur la poitrine d'une croix d'écarlate, pour symboliser les apparences du pain et du vin sous lesquelles Jésus-Christ voile sa présence dans le mystère de l'Eucharistie.

Il est bon de dire ici un mot du *Chapelet secret* parce que, à partir de ce moment, le soupçon d'hérésie commença à peser sur Port-Royal. La Mère Agnès, auteur de cet écrit aussi minuscule que singulier, avait imaginé seize attributs à Jésus dans l'Eucharistie avec des noms plus ou moins bizarres, et sur chacun d'eux avait brodé des réflexions mystiques souvent inintelligibles. On eût dit du quiétisme tout pur si le quiétisme eût été alors inventé. En fixant ses pensées sur le papier, la Mère Agnès ne songeait nullement à les répandre parmi ses compagnes. Somme toute, l'amour, le respect et la crainte avait inspiré ces élans d'une âme pieuse et tendre vers le Dieu caché de nos tabernacles. Condamné par la Sorbonne, approuvé par Louvain, le *Chapelet secret* fut déféré à Rome; et là, jugé peu capable de favoriser la vraie piété, on se contenta de le supprimer. L'abbé de Saint-Cyran qui l'avait soutenu prit plus solidement pied à l'Institut et au Monastère, et les religieuses s'abandonnèrent toutes à sa direction. Il jouissait au milieu d'elles d'une autorité incontestée, quand le cardinal de Richelieu le fit arrêter et écrouer au donjon de Vincennes. L'évêque de Langres, très habilement poussé hors de Port-Royal, la Maison reprit sa voie sous la direction de la Mère Agnès, alors abbesse, et de la Mère Angélique, maîtresse des novices, bien résolue à ne plus la quitter désormais.

Dans les premiers mois de 1641 mourut Mme Arnauld qui, comme nous l'avons vu, avait, à 52 ans, pris le voile et fait profession sous le nom de Catherine de Sainte-Félicité. Dans le monde, elle avait été un modèle de toutes les vertus chrétiennes et domestiques. On pourrait, sans exagération, lui appliquer les textes de la Sagesse parlant de la femme forte et décrivant dans un langage si poétique et si vrai ses qualités et ses vertus. Aussi, Dieu la combla-t-il de bénédictions et lui donna une nombreuse postérité qui fut, en ce monde, sa couronne et sa gloire. Restée veuve, elle se hâta de régler ses affaires temporelles et vint s'enfermer dans Port-Royal pour s'occuper uniquement de son âme et se préparer à la mort. Pendant les seize ans de sa vie religieuse, elle ne cessa d'édifier la Communauté par son humilité et sa résignation dans les plus cruelles souffrances. Accablée d'infirmités, ayant perdu la vue, elle quitta cette terre, âgée de 68 ans, entourée de ses six filles et s petites-filles, qu'elle bénit, à la manière des patriarches, en leur donnant rendez-vous dans l'éternité!

On se souvient que la Mère Angélique s'était démise de sa charge d'abbesse perpétuelle pour la rendre élective et triennale. A l'élection de 1642, les suffrages unanimes se portèrent sur elle; car, en réalité, bien qu'au second plan, elle était restée l'âme de la Maison. Son nouveau gouvernement dura douze ans pendant lesquels Port-Royal commença à subir les épreuves sanglantes qui remplissent toutes les pages de cette histoire. Avant de les raconter, il est nécessaire à l'intelligence du récit de présenter au lecteur trois personnages qui, à des titres divers, ont joué un rôle considérable à Port-Royal : Jansénius, Saint-Cyran et le docteur Antoine Arnauld. Puis, laissant à Paris Angélique et ses filles, nous nous transporterons à l'Abbaye des Champs pour étudier la vie des solitaires qui s'y installèrent après le départ des religieuses.

CHAPITRE IV

Jansénius et Saint-Cyran.

Les deux hommes célèbres dont nous allons esquisser la vie, se ressemblent en plus d'un point. Ils sont du même âge, à quatre ans près, ont le même tempérament froid, énergique et austère, une égale ardeur pour l'étude et la même manière d'envisager certains côtés de la théologie aussi difficiles que mystérieux.

Jansénius naquit en Hollande en 1585 et du Verger de Hauranne, plus tard abbé de Saint-Cyran, nom sous lequel on le désigne plus communément, à Bayonne en 1581. Le premier étudia à Utrecht et à Louvain, le second fit ses humanités dans sa ville natale et vint à Paris pour y commencer ses études théologiques. Il suivit quelques mois seulement les cours de Sorbonne; puis, changeant tout à coup, partit à Louvain où il acheva sa théologie au collège des Jésuites. Ses succès rapides et brillants lui valurent les louanges et l'estime de ses maîtres. Bientôt après il revint à Paris. Jansénius avait rencontré de Hauranne à Louvain, et quand il arriva à Paris en 1605, il lui fut facile de le retrouver. Saint-Cyran lui procura une place de précepteur chez un conseiller de la

Cour des Aides, ce qui lui permit, tout en suivant les cours de Sorbonne, de subvenir à ses besoins.

Vers 1611, les deux amis se retirèrent à Bayonne et s'installèrent dans une terre appartenant à du Verger de Hauranne. Là, tourmentés du désir de retrouver la pure doctrine évangélique qui, croyaient-ils, s'était perdue dans l'Église, ils s'enfoncèrent dans l'étude de l'antiquité chrétienne, particulièrement de saint Augustin. Leur avidité de savoir n'avait d'égale que leur ardeur pour le travail. On dit même que Jansénius passait souvent les nuits à étudier et que sa santé, déjà délicate, en fut ébranlée. L'évêque de Bayonne les tira de leur solitude, nomma du Verger chanoine de sa cathédrale et Jansénius, principal du collège qu'il venait de fonder. Le transfert de l'évêque sur le siège de Tours leur rendit la liberté. Tous deux regagnèrent Paris, y séjournèrent peu de temps, puis se séparèrent. Le Hollandais retourna à Louvain, y prit le bonnet de docteur en 1619, obtint la direction du collège Sainte-Pulchérie et professa l'Écriture Sainte. En 1636, Philippe IV le nomma à l'évêché d'Ypres, mais il ne gouverna cette église que fort peu de temps et mourut inopinément de la peste en 1638.

L'évêque d'Ypres laissa plusieurs écrits pleins d'érudition qui n'importent pas à notre sujet. Le plus considérable, qui a fait grand bruit dans le monde, est le célèbre *Augustinus* dont nous parlerons plus loin. L'évêque d'Ypres, en l'écrivant, croyait sa doctrine orthodoxe, puisqu'il la donnait pour celle de saint Augustin, et il la soumit par deux fois au jugement du chef de l'Église. De sa main défaillante et déjà glacée par la mort, il écrivit à Urbain VIII : « Si le siège de Rome veut y faire quelque changement, je suis enfant d'obéissance et enfant obéissant de l'Église romaine dans laquelle j'ai toujours vécu jusqu'à ce lit de mort : telle est ma dernière volonté. »

Les adversaires de Jansénius ont contesté la franchise de cette déclaration. Ils ont prétendu que par les expressions : « y faire quelque changement, » l'auteur ne permettait que des corrections insignifiantes. Ils s'appuient sur les lettres que l'évêque d'Ypres écrivit à Saint-Cyran, lettres dans lesquelles il avoue que sa doctrine serait condamnée à Rome si elle y était connue ; et en même temps il est persuadé que cette doctrine est celle de saint Augustin. Contradiction étrange, il est vrai, mais qui s'explique sans difficulté en disant qu'à l'heure suprême Jansénius dressa le seul acte authentique de son obéissance et de sa soumission au Saint-Siège apostolique.

Revenons à Saint-Cyran.

Après avoir quitté son ami, du Verger de Hauranne se rendit à Poitiers. Sur la chaude recommandation de M. de Tours, l'évêque le reçut avec bonté, le nomma son vicaire général et lui céda l'Abbaye de Saint-Cyran en son diocèse.

Le premier personnage de Port-Royal qui connut Saint-Cyran fut Arnauld d'Andilly, frère de la Mère Angélique, l'aîné des vingt enfants vivants de la famille Arnauld. Vers 1620 d'Andilly passait à Poitiers avec M. de Schomberg, surintendant des finances, auquel il était attaché. On le présenta à l'abbé et alors commença cette étroite amitié qui devait ouvrir à Saint-Cyran les portes de Port-Royal. Presque aussitôt M. d'Andilly le mit en rapport, par lettres, avec sa sœur Angélique. Les premiers épîtres de l'abbé à l'aîné des Arnauld sont d'une désespérante obscurité. On voit qu'il a peur de se livrer, de se découvrir à un profane. Ces réticences sont calculées ; car, dans l'une d'elles, il promet à son ami de lui découvrir toutes ses pensées « quand, dit-il, je vous verrai débrouillé de certaines images qui enveloppent encore vos lumières et les chaleurs passagères que vous avez pour Dieu ».

Saint-Cyran, ayant appris la belle conduite de la Mère Angélique envers les trente religieuses de Maubuisson ramenées à Port-Royal, lui écrivit pour la féliciter de sa charité. Il vint même la voir à l'Abbaye, fit à la grille du chœur quelques conférences très goûtées des religieuses.

Saint-Cyran se lia insensiblement avec les personnages les plus en vue du monde ecclésiastique. A Poitiers, il avait fait la connaissance du Père de Condren de l'Oratoire; le Père de Bérulle l'aimait tendrement et c'est chez lui qu'il rencontra pour la première fois saint Vincent de Paul. Enfin Richelieu, n'étant encore qu'évêque de Luçon, l'avait vu à Poitiers quand il était vicaire général de l'évêque de cette ville. Devenu tout-puissant, Richelieu voulut se l'attacher par ses bienfaits. Il demanda qu'on l'inscrivît comme premier aumônier d'Henriette, reine d'Angleterre : l'abbé refusa. Le cardinal lui offrit successivement cinq évêchés, d'autres disent huit, plusieurs abbayes; mais par une fatalité inexplicable, ou plutôt par le peu d'empressement de Saint-Cyran, toutes ces combinaisons échouèrent l'une après l'autre.

J'ai dit que, durant le séjour des religieuses à Port-Royal de Paris, l'évêque de Langres avait pris la direction de la Maison et obtenu l'établissement de l'Institut du Saint-Sacrement pour l'adoration perpétuelle. L'affaire du *Chapelet secret,* soutenu par M. de Langres et pour lequel Saint-Cyran écrivit une apologie, mit au mieux l'évêque et l'abbé : celui-ci, introduit dans la maison, en devint bientôt l'oracle. Il continua au Saint-Sacrement et à Port-Royal de Paris les instructions commencées aux Champs, parla avec chaleur et onction de la réforme religieuse et gagna tous les cœurs. La tâche était d'autant plus facile que M. de Langres, en partant pour son diocèse, lui avait donné pleins pouvoirs. La Mère Angélique se sentait inondée de joie; son âme se dilatait en Dieu, car ses aspirations répondaient exactement à la doctrine sévère du zélé directeur. Quand l'évêque revint, les choses ne lui plurent qu'à moitié; il n'eut pas le dernier mot et Saint-Cyran resta maître de la place. M. de Langres, habilement poussé hors de Port-Royal, s'en prit à Saint-Cyran et adressa à la Cour contre lui un violent réquisitoire. L'abbé sembla céder à l'orage, s'éloigna de Port-Royal après y avoir introduit un disciple fidèle, M. Singlin, dont nous parlerons en son lieu : mais son sort était jeté !

Son Éminence, mécontente du peu d'empressement de Saint-Cyran à lui faire la cour et à répondre à ses avances, jalouse de l'ascendant qu'il prenait sur beaucoup de personnes considérables dans le monde, irritée de ses relations avec Jansénius qui, dans un récent ouvrage : *Mars Gallicus*, avait malmené la France et critiqué la politique du cardinal-ministre, craignant de le voir dogmatiser et jeter le trouble dans l'État, comme l'avaient fait Luther et Calvin, et pour d'autres raisons encore, le fit arrêter et enfermer au donjon de Vincennes en 1638. C'était expéditif et arbitraire selon la mode du temps des lettres de cachet; en tous cas, le puissant cardinal n'atteignit pas le but qu'il s'était proposé. On vit, ce qu'on voit en pareille circonstance, une foule de personnes auparavant indifférentes, hostiles peut-être, prendre le parti de l'opprimé contre l'oppresseur. Les esprits s'échauffèrent : la justice et le droit réclamèrent contre la violence, transformèrent le prisonnier en martyr et le donjon de Vincennes le couronna d'une auréole de gloire et de sainteté. Des amis influents, Mathieu Molé, premier président, et Bignon, avocat général, se rendirent chez le ministre et plaidèrent chaudement sa cause. Peine perdue ! Tout ce qu'ils obtinrent fut que le prisonnier, qui manquait de tout, serait transféré dans un galetas voisin du donjon où il devait être un peu moins mal.

Un an après son internement, un docteur de Sorbonne, M. Lescot, confesseur de Son Éminence et depuis évêque de Chartres, muni de pouvoirs en règle, vint trouver le prisonnier pour examiner sa foi. Il fallut dix séances pour l'interroger. L'abbé répondit à tout et se justifia victorieusement, réfutant, par ses propres écrits, les erreurs qu'on lui imputait touchant l'attrition, les sacrements de Pénitence et d'Eucharistie, l'Église, l'autorité du Concile de Trente, etc., etc. En le quittant, son inquisiteur l'engagea à écrire au cardinal pour solliciter son élargissement. C'était peu connaître le caractère du prisonnier; aussi rejeta-t-il cette proposition avec indignation.

La détention de Saint-Cyran n'était pas oisive. Quand sa santé, fort ébranlée par de si rudes assauts, le lui permettait, il offrait dévotement le saint sacrifice. A son bréviaire il joignait la récitation du chapelet et d'autres offices de piété. En même temps il dirigeait par lettres les personnes placées sous sa conduite dont le nombre augmentait de jour en jour. Le docteur Antoine Arnauld lui ouvrit son âme et devint un de ses disciples zélés.

Richelieu étant mort en décembre 1642, le prisonnier fut élargi au mois de février, ce qui prouve que sa détention était l'œuvre personnelle du Premier Ministre. Qu'on se figure la joie des amis et les transports d'allégresse des religieuses de Port-Royal! Ses premières visites furent pour ses bienfaiteurs; puis, il courut à l'Abbaye. On chanta le *Te Deum*. Le lendemain il descendit aux Champs consoler les solitaires, tous fils spirituels de ce père vénéré!

Cependant la mort frappait déjà à la porte. Saint-Cyran, le corps brisé par les austérités et par cinq années d'une dure prison, mourut au moment où il méditait un grand ouvrage contre les calvinistes. Il avait reçu avec beaucoup de piété et de résignation les derniers sacrements des mains du curé de Saint-Jacques-du-Haut-Pas, sa paroisse. L'inhumation eut lieu dans le sanctuaire de l'église en présence des prélats alors à Paris. De son côté, le peuple accourut en foule lui rendre les derniers devoirs ; et Mathieu Molé, premier président, traduisit la pensée de tous en disant : « Cette vie pleine d'honneur méritait ce tombeau honorable ! »

On reproche à Saint-Cyran d'avoir exagéré la sévérité du christianisme et enseigné qu'on dût en plein XVIIe siècle, sous peine d'éternelle réprobation, revenir à l'ancienne discipline ecclésiastique. Les règles établies par l'Église pour la conduite des fidèles sont proportionnées à leurs forces et à leurs besoins. Ces règles varient suivant les circonstances de temps et de lieu contre lesquelles nulle puissance ne peut réagir. Qui s'imagine de bonne foi qu'il serait possible aujourd'hui de soumettre les catholiques, même les plus fervents, à l'observance des canons disciplinaires de l'antiquité chrétienne ? Autres temps, autres mœurs peut-on dire ici en toute vérité. A l'époque des pénitences publiques et des satisfactions corporelles qui nous paraissent excessives, les fidèles participaient très fréquemment aux divins mystères ; et pour donner une haute idée de la sainteté des sacrements et des dispositions qu'on doit apporter à leur réception, l'Église châtiait sévèrement les coupables. Au Moyen-Age la communion fréquente est délaissée ; le Concile de Latran se voit obligé de prescrire à tous l'accomplissement du devoir pascal. La Renaissance imprégna le christianisme des idées payennes et les classes dirigeantes, éblouies par la résurrection des merveilles du siècle d'Auguste, oublièrent le Dieu caché de l'Eucharistie ou ne s'en approchèrent qu'avec une coupable légèreté. Il était nécessaire de susciter une réaction, dans le sens opposé au protestantisme, et de ramener les âmes vers la nourriture céleste qui console et fortifie. La prudence demandait qu'on se contentât des dispositions suffisantes sans les amoindrir ni les exagérer, et Saint-Cyran les exagéra jusqu'à décourager les meilleures volontés. Ces idées, qu'on pourrait appeler funestes, procédaient aussi d'une fausse conception de Jésus-Christ dans l'Eucharistie. Il voyait trop dans le Sauveur la divinité, inaccessible, incommunicable, et pas assez l'humanité qui, unie inséparablement à la divinité, se donne dans le Sacrement d'amour. Il voulait, ainsi que s'exprime la Mère Agnès sa fille spirituelle dans le *Chapelet* du Saint-Sacrement, « qu'il s'élève glorieusement dans toutes ses prééminences, qu'il fasse une séparation de grandeur entre lui et la créature ; que les âmes acceptent leur bassesse en hommage à cette grandeur ; qu'il soit un Dieu-Dieu, c'est-à-dire se tenant dans les grandeurs divines selon lesquelles il ne peut être dans rien moindre que lui » — « que les âmes adorent en Jésus-Christ la possession qu'il a de lui-même et qu'elles n'aient point de vue s'il lui plaît de les posséder ou non, étant assez qu'il se possède lui-même. » Si telle était la vraie doctrine, à quoi bon l'Eucharistie ? La sublimité de la vertu ne consisterait pas dans l'union étroite de l'âme avec Jésus-Christ, mais bien dans la séparation de l'Homme-Dieu, d'avec la créature. Tandis que la vérité est que l'alliance avec le Sauveur commence ici-bas le bonheur du fidèle en le faisant vivre de la vie divine qui s'épanouira éternellement dans les splendeurs des cieux !

De là aussi son désespérant rigorisme dans tout ce qui touche au sacerdoce. Le prêtre, pour ne pas rester indigne du ministère sacré, devait avoir dépouillé l'humanité, ignorer les faiblesses de toute sorte inhérentes à notre nature. Aux yeux de Saint-Cyran, la masse des ministres de Jésus-Christ étaient incapables ou indignes de leur vocation. Il lui semblait qu'on pût à peine trouver *un bon confesseur sur mille* et *qu'il fallait choisir son directeur entre dix mille*. L'Église souffrait, il est vrai, de l'intrusion de pasteurs mercenaires guidés par des vues ambitieuses et l'espoir de gros bénéfices. Mais pour extirper ce mal honteux, pas n'était besoin de se jeter dans l'excès contraire, de fermer l'accès au sacerdoce sous prétexte que plusieurs y entraient trop librement. Le prêtre, dit l'apôtre, est lui-même revêtu d'infirmités pour qu'il puisse compatir aux faiblesses de ceux qui se trompent et s'égarent.

Dans le même sens le poète avait écrit :

> Haud ignora malis, miseris succurrere disco.
> Qui ne sait compatir aux maux qu'il a soufferts.

Si Dieu confiait à des anges le soin de la gouverner, je ne pense pas que l'humanité soit meilleure, moins exempte d'erreurs et de folies. La perfection n'est pas une fleur terrestre et celle, très relative, que les fidèles sont en droit d'exiger de leurs pasteurs ressemble de bien loin à l'idéal rêvé par l'abbé de Saint-Cyran !

Amis et ennemis de Saint-Cyran invoquent, pour l'absoudre des erreurs qu'on lui impute ou pour le condamner, le témoignage de saint Vincent de Paul. Une amitié sincère, qui persévéra jusqu'à la fin, unit toujours ces deux vrais serviteurs de Dieu : cela est incontestable[1]. Cependant, que signifie-t-elle ? Sinon que Vin-

---

[1]. Ce n'est point là une affirmation gratuite. Elle repose sur les faits suivants. 1° Au moment de l'arrestation de l'abbé, saint Vincent se rendit chez M. de Barcos, lui en exprima son chagrin. 2° Durant sa prison, saint Vincent recommanda à Saint-Cyran de bien tracer son papier afin qu'il fût impossible de rien ajouter à son écriture,

cent de Paul aimait la personne tout en rejetant les théories hasardées, ou bien que les erreurs susdites ne lui parurent pas si monstrueuses qu'on les fit plus tard, ou enfin que les phrases incriminées lui semblaient des exagérations de langage d'un esprit sombre et chagrin.

La vie de saint Vincent de Paul se résume en trois mots : *Je crois, j'aime, j'espère;* celle de Saint-Cyran en trois également : *Je crois, je crains, je tremble.* Tous deux avaient raison; ils sont donc frères en Jésus-Christ puisqu'ils ont eu la même foi, la même Église et le même Dieu !

montrant ainsi que ses ennemis étaient capables d'une telle scélératesse. 3º Vincent accourut un des premiers pour le féliciter de son élargissement. 4º Enfin le fondateur des Filles de la Charité assista à l'enterrement de l'abbé ou tout au moins alla jeter de l'eau bénite sur le corps dans la maison mortuaire.

CHAPITRE V

Antoine Arnauld. — Le livre de la *Fréquente Communion*.

Antoine Arnauld, le plus illustre des disciples de Saint-Cyran, l'âme de Port-Royal, était le dernier des vingt enfants d'Arnauld l'avocat, dont M. d'Andilly fut l'aîné. Il naquit en 1612, doué des plus heureuses qualités de l'esprit. Quand-il eut terminé ses humanités et fait sa philosophie au collège de Lisieux, il s'appliqua quelque temps à l'étude du droit, avec son neveu Le Maître, un peu plus âgé que lui. Mais bientôt il quitta cette voie où l'autre réussit merveilleusement et commença sa théologie. Il soutint, aux applaudissements unanimes, les quatre thèses pour le doctorat et se révéla, dès lors comme un des plus solides esprits de l'illustre société de Sorbonne.

Pendant le cours de ses études, au plus fort de ses argumentations d'école, Arnauld entra en relations avec l'abbé de Saint-Cyran. Le prisonnier de Vincennes, homme tout d'intérieur et de réflexion, ne goûtait guère ces disputes si souvent stériles et vaines, qui servent plutôt d'aliment à l'orgueil au détriment de la piété. Aussi écrivit-il à son jeune ami ces étranges paroles : « La dignité doctorale vous a déçu comme la beauté déçut les deux vieillards. » L'hôte de Sorbonne, étonné et découragé, voulait tout abandonner. Saint-Cyran, au contraire, se voyant maître de son âme, lui ordonna de poursuivre, de recevoir la prêtrise et le bonnet de docteur.

Avant de célébrer sa première messe, Arnauld avait fait don, intérieurement, de tous ses biens, à Port-Royal. Il se mit incontinent à l'œuvre et commença à tracer ce sillon profond qu'il creusa si persévéramment dans le domaine de la théologie. Guidé par sa propre expérience, surtout par l'expérience de son directeur, en homme observateur et réfléchi, il débuta en maître par la publication du livre de la *Fréquente Communion*. L'ouvrage eut un incroyable succès. On s'arrachait les feuilles toutes fraîches à mesure qu'elles sortaient de l'impression; on les dévorait, et cette vogue fit pour un instant oublier l'*Augustinus*. Arnauld avait dirigé cet écrit contre les directeurs trop faciles qui, selon la charmante expression de Bossuet, « mettent des coussins sous les coudes des pécheurs »; permettent à leurs pénitents de se réjouir le matin avec Jésus-Christ et le soir de se divertir avec le démon. Il paraît que le Père de Sesmaisons, jésuite, conduisait Mme de Sablé par ces sentiers fleuris et lui permettait le bal le jour de sa communion. Arnauld l'apprit et en parla dans la préface de son *livre*. L'auteur se proposait d'exposer la discipline ancienne de l'Église touchant les sacrements de Pénitence et d'Eucharistie. Dans un langage noble, précis, débarrassé de la forme scolastique qu'il chérissait pourtant, et cependant d'une inflexible logique, il montre la doctrine de l'Écriture, des Pères, des Conciles, et établit, d'après eux, l'absolue nécessité de la conversion intérieure avant l'absolution et de la pénitence vraie et sincère avant la communion. L'auteur avait raison; et les jésuites qu'il semble combattre plus directement, ne pensaient pas autrement sur ce grave sujet, bien que plusieurs se montrassent d'une excessive douceur. Mais si les jésuites dont nous parlons péchaient par excès d'indulgence, il faut dire que, de son côté, Arnauld se montrait trop rigoureux. On dit même qu'il force son interprétation, tire à lui les textes, les dénature quelque peu afin de porter des coups plus rudes à ses adversaires. Le Père Nouet de la puissante Compagnie, dans ses sermons, partit en guerre le premier contre l'ouvrage. Ce fut un déchaînement de fureur et d'épithètes injurieuses ne prouvant rien assurément, mais qui excitait les esprits. Cette sortie était souverainement imprudente. Le fougueux prédicateur avait oublié que le livre de la *Fréquente Communion* portait l'approbation de dix-neuf archevêques et évêques et de plus de vingt docteurs de Sorbonne dont l'honneur se trouvait engagé. Aussi fut-il contraint de faire de très humbles excuses qui servirent son humilité, mais nuisirent à son prestige. Les adversaires s'échauffent, analysent l'écrit, le retournent en tous sens, l'interprètent à leur fantaisie et persuadent à Mazarin qu'il doit envoyer l'auteur à Rome pour défendre sa doctrine. Arnauld ne désirait rien tant que ce voyage destiné à le venger d'accusations injustes, à le faire paraître, à grandir sa réputation. Les Gallicans se récrièrent et invoquèrent les vieilles coutumes du royaume. L'abbé de Barcos, neveu de Saint-Cyran, qui devait accompagner Arnauld, se déroba à la dernière heure et celui-ci disparut à son tour. Les évêques approbateurs écrivirent plusieurs lettres au pape, députèrent à Rome, pour plaider la cause du livre incriminé, un docteur de Sorbonne qui parvint à le faire absoudre par la congrégation du Saint-Office.

Au point de vue pratique, que faut-il penser du livre de la *Fréquente Communion?* Produisit-il d'heureux effets dans l'Église ? Pour Port-Royal, oui, puisque tous ceux qui sous le nom de *solitaires* ou de *pénitents* s'y sont retirés affirment y avoir été conduits par la lecture et la méditation de cet ouvrage. Considéré en dehors de ce cadre restreint, il est permis d'en douter. Ce qu'il y a de certain, c'est qu'à partir de sa publication, les communions pascales ont très sensiblement diminué dans toutes les paroisses de Paris et que des personnes autorisées attribuent ce triste changement, en grande partie, au livre d'Arnauld. Voici ce qu'en dit saint Vincent de Paul : « Il peut se faire que plusieurs aient profité de la lecture de cet ouvrage ; mais, s'il a servi à une centaine en les rendant plus respectueux à l'égard des sacrements, il y en a pour le moins dix mille à qui il a nui en les en retirant tout à fait. On ne voit plus que la sainte communion soit fréquentée comme elle l'était autrefois, pas même à Pâques. Plusieurs curés de Paris s'en plaignent... Il est vrai qu'il y a trop de gens qui abusent de l'Eucharistie, mais il ne faut pas corriger un abus par un autre. C'en est un d'éloigner de la sainte table, non pour huit ou dix jours, mais pour cinq ou six mois de bonnes religieuses qui vivent dans une grande pureté. » Attribuer la diminution des communions uniquement au livre qui nous occupe, serait outrepasser la vérité : l'abandon de la table sainte tenait à beaucoup d'autres causes !

Néanmoins Arnauld mérite les reproches que nous avons adressés plus haut à Saint-Cyran, son inspirateur et son modèle. Ce sont les mêmes idées fausses ou exagérées touchant les deux sacrements si nécessaires aux chrétiens. L'auteur, en effet, dans la préface, va jusqu'à louer la piété de ceux qui voudraient différer la communion jusqu'à la mort, comme s'estimant indignes d'approcher de Jésus-Christ. Il dit aussi que c'est parler indignement du Roi du Ciel que d'affirmer qu'il soit honoré de nos communions. Ces assertions hardies ne doivent pas être prises isolément ; car elles sont rectifiées et adoucies par d'autres passages des Pères. Ce qui ne signifie pas qu'Arnauld agissait en hypocrite pour dissimuler le venin de sa doctrine : je crois à la pureté de ses sentiments et à la sincérité de ses paroles lorsqu'il affirme qu'il n'en veut qu'aux abus, mais nous montre combien la question est délicate et difficile. Les approbateurs s'y sont trompés, la congrégation du Saint-Office n'a pas condamné, et il est impossible de déterminer exactement l'influence du Livre sur les chrétiens de ce temps-là[1].

Je pourrais suivre tout d'un trait Antoine Arnauld jusqu'à la fin de sa carrière si agitée et si féconde et ne le quitter qu'à sa mort en 1694. Ce serait à tort ; car dans le cours de cette histoire nous retomberions nécessairement dans des redites aussi inutiles qu'ennuyeuses. Pour le moment nous le connaissons suffisamment. Je le laisse sur ce premier et éclatant succès, caché dans une demi-obscurité qui ne nuit point à sa gloire, pour l'en tirer à propos au gré des événements.

1. Plus tard, le livre de la *Fréquente Communion* a été mis à l'index.

CHAPITRE VI

Les Solitaires : MM. Le Maître — de Séricourt — de Sacy — de Valmont — de Saint-Elme — Lancelot — Pallu — de la Rivière — De la Petitière — Fontaine.

Portons maintenant nos regards vers ces pieux personnages que l'histoire désigne sous le nom de *Solitaires* ou de *Messieurs* de Port-Royal.

Le saint Paul de ces nouveaux ermites fut Antoine Le Maître, avocat, fils aîné de M. Le Maître, conseiller du Roi et Maître des Comptes, et de Mlle Arnauld, sœur de MM. d'Andilly, d'Antoine et de la Mère Angélique. Il fut élevé par sa mère, séparée de son mari, homme sans moralité qui avait embrassé la religion dite réformée et s'était fait huguenot.

A vingt et un ans, Antoine Le Maître était déjà célèbre dans le barreau, et à vingt-huit il obtenait le brevet de conseiller d'État avec pension. Ses admirateurs rapportent que la chaire chrétienne se taisait quand M. Le Maître devait parler et affirment avec enthousiasme que « sa gloire dépassait celle de M. le Cardinal ». Quoi qu'il en soit de cette éloquence entraînante, chargée d'érudition et se sentant de la prolixité de l'âge précédent, elle ne devait pas retentir longtemps au Palais.

M. Le Maître rayonnait de tout l'éclat de la gloire, songeait à se marier, quand soudain le vent qui le portait vers le monde et ses plaisirs changea subitement et le poussa dans la solitude et ses austérités. Il reçut ce coup de la grâce à l'agonie de sa tante Mme d'Andilly. L'abbé de Saint-Cyran l'assistait et les dernières prières pour la recommandation de l'âme récitées gravement lui percèrent le cœur si profondément qu'il crut entendre la voix même de Dieu et sortit dans le jardin pour donner libre cours à ses larmes. Le brillant avocat dit adieu au barreau, à ses applaudissements et se plaça sous la direction de Saint-Cyran. Sa mère, à cette nouvelle, pleura de joie ! De son côté, le chancelier Séguier crut que son jeune ami avait perdu la tête. Cependant ses parents, craignant que ce beau zèle ne fût qu'un feu de paille allumé sur la pierre glacée, selon l'expression de Saint-Cyran, le supplièrent de ne rien précipiter. On lui conseilla aussi, puisqu'il voulait quitter le monde, d'entrer dans les ordres afin de mettre son beau talent au service de l'Église ; il demeura ferme dans sa première résolution.

Presque en même temps, par une coïncidence providentielle, M. de Séricourt son frère, bon jeune homme et brave soldat, qui s'était échappé d'une forteresse d'Allemagne, se sentit également appelé et vint rejoindre son aîné. Leur mère fit construire à l'ombre du cloître de Port-Royal de Paris un petit logis pour les recevoir. Les deux jeunes néophytes s'y installèrent tout joyeux. Saint-Cyran leur adjoignit MM. Singlin, que nous connaissons déjà, et Lancelot, un nouveau dont nous aurons longuement à parler dans la suite. Puis vinrent les trois frères des deux premiers, MM. Le Maître de Sacy, de Valmont et de Saint-Elme, si bien qu'après six mois la petite communauté comptait une dizaine de personnes. Elle dut, peu de jours plus tard, quitter cette première retraite sur l'ordre de l'archevêque de Paris qui jugea peu convenable de laisser vivre ensemble, en dehors d'une maison religieuse, un si grand nombre de jeunes gens. Port-Royal des Champs les attendait.

Depuis le départ des religieuses qui l'avaient évacuée, l'Abbaye se trouvait dans un état lamentable; n'importe, nos *Messieurs* s'y établissent plus heureux que d'habiter les palais des grands. M. Singlin, nécessaire à Paris, n'accompagna pas pour lors ses amis. On arrêta peu après l'abbé de Saint-Cyran et nos reclus en ressentirent le contre-coup dans leur solitude : on voulait trouver le prisonnier coupable et avec lui ses disciples.

Un beau matin de juillet, M. de Laubardemont[1] fondit sur Port-Royal avec mission d'examiner la foi des solitaires. Des enfants de huit à dix ans qu'on y élevait subirent un interrogatoire en règle. M. Le Maître, réservé pour la fin, dut passer par les griffes du terrible inquisiteur, qui au besoin l'aurait *rôti* sans pitié. Mais l'avocat, habile dans les ruses du métier, mit les rieurs de son côté. De Laubardemont lui demanda gravement, paraît-il, s'il n'avait pas de visions. Le Maître, ouvrant ses deux fenêtres, lui répondit : « Effectivement, Monsieur, j'ai des visions : si je regarde par cette fenêtre, je vois Vaumurier ; si je mets les yeux à celle-ci, j'aperçois Saint-Lambert. » Mais comme

La raison du plus fort est toujours la meilleure,

il fallut vider les lieux, les abandonner de nouveau aux reptiles exempts de *visions* et regagner Paris.

La petite communauté, en attendant des temps meilleurs, se dispersa. Lancelot partit à La Ferté-Milon, chez

---

1. Ce de Laubardemont, lieutenant civil, est celui qui avait présidé au barbare supplice d'Urbain Grandier, curé de Loudun, accusé d'avoir ensorcelé les religieuses du couvent des Ursulines.

le père de son élève, M. Vitart, et s'y installa. M. de Sacy tomba malade; aussitôt rétabli, on le mit au logis de M. de Saint-Cyran sous la conduite de M. de Barcos, et MM. Le Maître et de Séricourt rejoignirent Lancelot à La Ferté. Tous trois continuèrent autant que possible le genre de vie qu'ils avaient adopté. Leur hôte, M. Vitart, connaissait Port-Royal par sa belle-sœur, Suzanne des Moulins, grand'tante de Racine, religieuse au Monastère, et c'est ce qui explique comment il avait confié aux *Messieurs* l'éducation de son fils. Plus tard une tante du poète prendra le voile et deviendra abbesse sous le nom d'Agnès de Sainte-Thècle Racine.

Le séjour de La Ferté, si hospitalier qu'il fût, ne plaisait que médiocrement à nos *solitaires;* Port-Royal répondait beaucoup mieux aux aspirations de leur cœur à leur désir de sanctification : aussi, vers la fin de 1639, jugèrent-ils à propos de regagner sans bruit leur Thébaïde. M. Vitart les accompagna et devint intendant de la maison. Les pénitents inaugurèrent un nouveau genre de vie. Dignes émules des disciples de saint Bernard, ils se mirent à défricher la terre, à arracher les ronces et les épines, à tracer des jardins, à planter des vergers. On en parla dans le monde. Le bruit se répandit même qu'ils creusaient des sabots et leurs ennemis les appelèrent par dérision : les *Sabotiers* de Port-Royal. Cette plaisanterie, d'un goût douteux, tirait son origine de ce qu'au nombre des solitaires vivait un cordonnier nommé Charles de la Croix, neveu d'un gardien de Vincennes que Saint-Cyran avait envoyé. Ce brave homme continua son métier, fit des souliers que les *Messieurs* portèrent sans doute et voilà tout. Quand dans la suite ils devinrent plus nombreux, chacun se fit gloire de travailler de manière à pouvoir se passer complètement de l'extérieur en toutes choses.

On rapporte au sujet des *sabotiers* de Port-Royal un très bon mot du chanoine Boileau qui montre que le digne abbé, comme son frère, ne manquait pas d'esprit. Un Père jésuite lui demandait un jour s'il était vrai que Pascal eût fait des sabots à Port-Royal. Boileau lui répondit : « Mon Révérend Père, je ne sais si Pascal a fait des sabots, mais avouez qu'il vous a porté de fameuses bottes! « L'histoire ne dit pas ce que le bon Père répliqua. En tout cas, le mot courut et on en rit autant que des *visions* de M. Le Maître.

Nos solitaires, à l'abri des sollicitudes du dehors, virent arriver d'importantes recrues. Ce fut d'abord M. Pallu, gentilhomme tourangeau, médecin du comte de Soissons. Ce docteur connaissait M. de Saint-Cyran et avait même eu le bonheur d'assister à ses derniers moments, ce qui acheva de le déterminer. Les bonnes paroles de M. Le Maître, quand il arriva à Port-Royal, l'attachèrent irrévocablement à ce lieu béni. Il venait, disait-il, pour souffrir la privation des choses dont il avait abusé. Nos *Messieurs*, qui possédaient déjà comme premier cordonnier Charles de la Croix, eurent en M. Pallu leur premier médecin. Les malades des environs s'en réjouirent, car le docteur pénitent prodiguait à tous les malheureux les soins les plus assidus et les plus délicats. Son amabilité et le charme de sa conversation le rendaient si agréable aux affligés qu'un chroniqueur de Port-Royal assure « qu'on avait presque de la joie de tomber malade afin d'avoir le plaisir de jouir de ses entretiens ». Mais l'impitoyable mort, insensible à de si précieuses qualités, sans égard pour les services rendus aux membres de l'humanité souffrante, le frappa à l'âge de quarante-trois ans, après six années de retraite.

Quelque temps après arrivait au désert M. de la Rivière, cadet de la maison d'Éragny, cousin germain du duc de

Saint-Simon, dont les camps et armées du roi célébraient la bravoure. Il embrassa la vie pénitente avec une ardeur extraordinaire et jamais on ne vit homme plus dur envers soi-même. S'étant donné la tâche de garder les bois de l'Abbaye, il passait toutes ses journées dans une retraite sauvage, occupé à prier, à lire et à contempler. Son intelligence, très déliée, pénétrait sans peine les secrets de la science et il l'exerçait si constamment qu'il apprit seul les langues grecque et hébraïque, tant il désirait lire l'Écriture dans les originaux. Outre le latin, il savait l'espagnol et l'italien. M. de la Rivière mourut en 1668 et fut enterré à Magny.

M. de la Petitière, gentilhomme du Poitou, se sentit également humilié sous la main de Dieu. D'un caractère farouche, brave comme un lion, il passait pour la meilleure épée de France. Les adversaires qui osaient se mesurer sur le terrain étaient sûrs de mordre la poussière. Un jour il se battit avec un parent de Richelieu, l'étendit mort sur la place et s'enfuit de toute la vitesse de son cheval, emportant, enfoncée dans le bras, la pointe du fer de son adversaire, si profondément que pour l'arracher on dut se servir de la tenaille d'un maréchal.

Ce fougueux ferrailleur dut se cacher longtemps pour échapper à la colère du Ministre et dans sa retraite Dieu parla à son âme. Il conçut dès lors une si grande horreur de ses crimes qu'il courut s'enfermer à Port-Royal pour les pleurer le reste de sa vie. Là, afin de s'humilier le plus possible, il apprit le métier de cordonnier et fit des chaussures aux religieuses.

Le trait suivant, que je veux rapporter, donnera une juste idée de l'ardeur belliqueuse de notre héros. Un jour qu'il revenait du moulin conduisant un âne chargé de mouture, il fut assailli par des soldats qui battaient la campagne. Croyant naïvement qu'un bon solitaire doit se laisser piller sans mot dire, il abandonne bête et farine à ses agresseurs et rentre tristement au monastère. Il court chez M. Le Maître, lui conte l'aventure et lui demande s'il ne lui aurait pas été permis de se défendre. Sur la réponse affirmative, notre homme part comme un trait, s'arme d'un bâton, rejoint les soldats dans la plaine, les attaque, les désarme et les amène triomphalement à l'Abbaye, suivi du noble animal, fier de la victoire de son maître et tout heureux de regagner son écurie !

D'une humeur tout opposée était M. Fontaine, fils d'un maître écrivain demeurant au pied de l'église Saint-Merry. Ayant perdu son père tout jeune, il fut élevé par les soins du Père Grisel, son parent, au collège des Jésuites. Ses humanités terminées, il demanda à s'engager dans la Compagnie. Le Père Grisel l'en dissuada. Il avait dix-sept ou dix-huit ans quand il entra en relation avec M. Hillerin[1], curé de la paroisse, et par lui, fit la connaissance de la famille Arnauld. M. Hillerin, disciple de Saint-Cyran et de Singlin, s'était démis de sa cure pour se retirer dans un prieuré qu'il avait en Poitou, emmena avec lui le jeune Fontaine. L'année suivante il le donna à Port-Royal. Le nouveau solitaire s'attacha particulièrement à M. de Sacy qu'il aima d'un amour tendre et désintéressé, dont il partagea les travaux, la Bastille, les joies et les peines ! Nous en parlerons souvent dans la suite. Il eut le malheur de survivre à tous ses amis, et la douleur d'assister à l'agonie de Port-Royal, car il ne mourut qu'en 1709 à Melun. Ce patriarche avait quatre-vingt-quatre ans. Collaborateur de M. de Sacy dans ses travaux sur l'Écriture sainte, il est juste de lui attribuer la part qui lui revient dans cet immense travail et que son humilité se refusait d'accepter. Les figures de la Bible

---

1. Voir p. 300.

de Royaumont sont un de ses ouvrages, ainsi qu'une traduction de saint Jean Chrysostome sur les épîtres de saint Paul. Mais son plus beau titre de gloire littéraire sont ses *Mémoires*, monument pieux et tendre élevé à la gloire de Port-Royal. Fontaine les écrivit sur la fin de sa vie avec un parfum de jeunesse et une fraîcheur de souvenir vraiment admirables. Sans eux nous ne connaîtrions qu'imparfaitement l'histoire à laquelle il s'est mêlé si longtemps. C'est un témoin fidèle qui parle avec son cœur, les larmes aux yeux, d'un passé toujours présent, qui ressuscite les morts aimés, ranime la solitude déserte, où s'écoulèrent les plus heureux jours de sa vie !

Tels étaient ces nouveaux pénitents, à la figure si originale, au caractère si franc, que Dieu conduisit dans la solitude, qui les premiers peuplèrent le *saint désert* et dont la vie mortifiée rappelait, autant que possible, les austérités des premiers Pères du désert. J'en passe à regret qui ont leur valeur, pour rejoindre M. Arnauld d'Andilly que nous connaissons et l'amener à son tour à Port-Royal : il devrait y être depuis longtemps.

CHAPITRE VII

M. Arnauld d'Andilly. — Règlement de vie des Solitaires.

Nous ne devons pas oublier que si M. de Saint-Cyran est le premier père spirituel des solitaires, M. d'Andilly en est le second, puisque c'est par lui que nos *Messieurs* connurent l'austère directeur. Ses neveux et son fils de Lusancy l'appelaient de tous leurs vœux et l'attendaient impatiemment. On eût dit qu'il manquait de force pour rompre les dernières chaînes qui l'attachaient au siècle. Quand son parti fut pris irrévocablement, il écrivit à son neveu : « Je ne saurais vous exprimer jusqu'où va la violence de mon désir. — Plaignez-moi de ce que je ne suis pas encore avec vous. — Si mon corps est encore retenu à Paris, mon cœur est déjà où vous êtes. — S'il y avait un paradis sur terre, il me semble qu'il serait impossible qu'il fût ailleurs. — Tenez-moi dès cette heure pour présent. — Mettez un petit siège pour moi dans l'église qui vous fasse souvenir de moi, ce me sera une extrême consolation. » Voyons dans tout ceci un peu de déclamation, car il faut avouer que son désir n'était pas aussi irrésistible que l'affirme le digne oncle qui prit presque deux ans pour gagner le « Paradis terrestre » de Port-Royal.

Les liens qui l'attachaient au siècle furent plus difficiles à rompre qu'il ne se l'était imaginé ; encore, ne les rompit-il qu'à moitié. D'autres moins résolus fussent restés en chemin.

M. d'Andilly, en relation d'amitié avec beaucoup de personnages influents de l'époque, avait ses entrées à la Cour, et la Reine Mère, qui le tenait en particulière estime, le recevait en audience privée quand les plus puissants seigneurs se morfondaient dans les antichambres[1]. Esprit vif, avec une légère pointe de vanité, ami dévoué, cœur d'or, parleur agréable, écrivain abondant, facile et parfois élégant, poète à ses heures, d'une irréprochable intégrité, d'une piété sincère, mais non farouche, ne rougissant point des vertus chrétiennes, dit Balzac, tel était M. d'Andilly. Il refusa par deux fois de faire partie de l'Académie naissante où l'appelaient la pureté et la correction de son style. Saint-Cyran qui le connaissait à merveille écrivait de lui peu avant de mourir : « Il est vrai qu'il n'a pas la vertu d'un anachorète et d'un bienheureux, mais je ne sache aucun homme de sa condition qui soit si solidement vertueux. » Cependant cette vertu au milieu du monde ne rassurait pas entièrement l'abbé sur l'avenir de son ami. Il voulut qu'il fît plus et mieux ; et si, en mourant, il lui légua son cœur, ce fut à la condition qu'il se retirerait à Port-Royal et l'emporterait pour l'y enterrer.

Cependant la retraite de M. d'Andilly n'était pas aussi complète qu'on pourrait se l'imaginer. Port-Royal n'est pas loin de Paris et quand on laisse deux fils[2] dans les embarras et les sollicitudes du siècle, comment être insensible à leur bonne ou à leur mauvaise fortune? La

---

1. Voir ses titres énumérés dans son épitaphe, p. 276.
2. M. de Pomponne, plus tard secrétaire d'État puis Ministre de Louis XIV, et Antoine Arnauld, abbé de Chaumes.

piété de notre solitaire dans le *désert*, comme sa vertu dans le monde, n'avait donc rien d'effrayant et je me persuade que Saint-Cyran, du fond de sa tombe, n'était qu'à moitié satisfait.

Avant d'arriver à Port-Royal, d'Andilly avait pris le nom de *surintendant des jardins;* aussi son premier soin fut-il de transformer les lieux. Sous sa direction, le *désert* changea de face et devint un vrai *paradis terrestre*. Les terrasses s'élevèrent comme par enchantement. Pour assainir les lieux, un canal est creusé ou agrandi; des espaliers superbes, admirablement exposés au soleil du midi, croissent avec une rapidité prodigieuse : il dépense sans compter; tous ses revenus y passent! L'habile créateur de toutes ces merveilles soignait ses arbres avec tant d'art et de sollicitude qu'ils produisaient des fruits magnifiques et délicieux. En prenant congé de la reine, M. d'Andilly avait eu raison de lui dire qu'il n'allait pas à Port-Royal pour y faire des sabots. « Si on dit à Votre Majesté que je fais des sabots à Port-Royal, je la prie de n'en rien croire. » On le vit bien quand arrivaient à la cour les produits de ses vergers que Mazarin, en les savourant, appelait des *fruits bénits*. Il accompagnait ses envois aux dames du grand monde de petits billets fort bien tournés où respirait le contentement de l'amateur satisfait.

Quoi de plus innocent et de plus agréable à la fois? Partager son temps entre la prière, la culture des jardins, le travail intellectuel, quelques sorties nécessaires, les visites de ses nombreux amis, quelle vie plus heureuse et plus calme peut-on rêver pour ses vieux jours? Dans tout cela, dira-t-on, s'il y a pénitence, la pénitence est douce et ne semble pas dépasser les forces humaines. Oui, mais il y a le revers de la médaille : c'est le règlement sévère auquel le *surintendant des jardins* se soumettait comme les autres ; on verra tout à l'heure qu'il n'était pas des plus commodes. Aussi j'aime la noble figure de M. d'Andilly, elle était nécessaire à Port-Royal ; j'aime la démarche vive, alerte de ce vieillard vigoureux comme un jeune homme ; j'aime à voir ses « beaux cheveux blancs qui s'accordaient merveilleusement avec le vermillon de son visage » ; j'aime à le regarder, maniant avec une égale habileté, la plume et la serpe ; j'aime son infatigable activité.

Maintenant trêve de biographie! Nous n'en sortirions pas si je parlais avec quelque détail de tous les arrivants. Chaque année, ou plutôt chaque jour en fournit d'illustres : MM. de Pontis, Hamon, Baudry de Saint-Gilles d'Asson, de Pontchâteau, etc., etc. Puis ce sont les alliés du dehors, le duc de Liancourt, le duc de Luynes, MM. du Gué de Bagnolz[1], de Bernières, du Fossé, personnages que nous retrouverons à mesure que nous avancerons dans notre récit.

J'ai fait la part de quelques solitaires en particulier et essayé de montrer le côté original de chacun d'eux ; il est temps de jeter un coup d'œil d'ensemble sur le règlement de la maison et de suivre les exercices qui s'y pratiquaient en commun. Nous verrons que ce nom de *pénitents* donné à nos Messieurs n'était pas un vain mot et que leurs ancêtres dans la voie étroite des conseils évangéliques n'ont été ni plus mortifiés ni plus courageux.

A quatre heures du matin, en toutes saisons, sonnait le réveil, et sitôt habillés, tous descendaient à l'église pour réciter Matines et Laudes. Après cet exercice, qui durait une heure et demie environ, chacun remontait dans sa chambre pour la lecture de l'Écriture sainte et la méditation. On redescendait à six heures et demie pour Prime.

A neuf heures, Tierce et la messe. Sexte se disait à onze

---

1. Voir les biographies et les tombes de MM. Baudry d'Asson (p. 318), de Pontchâteau (p. 356) et Du Gué de Bagnolz (p. 279).

heures et demie ; None, Vêpres, Complies à deux, quatre et sept heures du soir. On se couchait à huit heures. Si à ces prières nous ajoutons la récitation du Chapelet, l'examen particulier, et d'autres exercices spirituels plus courts, nous aurons un ensemble complet du règlement de la maison. Les solitaires se confessaient assez souvent. Les uns communiaient tous les quinze jours, d'autres tous les huit jours, les dimanches et fêtes et quelquefois la semaine selon l'avis du directeur.

De son côté, la table n'était ni abondante ni délicate. Chaque pénitent recevait sa chétive portion dans un grossier plat de terre, la prenait en écoutant la lecture du Nouveau Testament et la vie des Saints. On faisait maigre l'Avent et le Carême et on jeûnait rigoureusement tous les jours prescrits par l'Église. Huit mois de l'année, les solitaires ne prenaient qu'un repas et une collation. Quelques-uns, par nécessité absolue, se permettaient l'usage du vin; les autres buvaient de l'eau ou du cidre. Tous enfin couchaient sur la paille et dans des chambres sans feu.

On le voit, Port-Royal, ce *paradis terrestre*, ce saint désert, ce vallon sacré comme on l'appelait, avait son intérieur âpre, dur et austère. Il serait donc injuste de reprocher à nos pénitents les délassements bien gagnés qu'ils prenaient dans leurs jardins. L'esprit a besoin de relâche, l'austérité de répit ; et c'est pour l'avoir compris et pratiqué qu'ils purent bravement remplir leur tâche, tenir jusqu'au bout leurs bonnes résolutions, sous la conduite des zélés directeurs dont nous allons parler.

CHAPITRE VIII

Les directeurs de Port-Royal : MM. Singlin, de Sainte-Marthe, de Sacy.

Nous venons d'assister aux commencements et aux premiers développements de cette communauté religieuse, d'un genre à part, hommes vraiment admirables qu'on nomme les solitaires de Port-Royal.

La règle, dont j'ai tracé les grandes lignes, montre par sa sévérité qu'en s'y soumettant de bon cœur et par amour de la pénitence, les hôtes du Désert prenaient au sérieux la mortification. Ils ne marchaient point à l'aventure, mais guidés dans les affaires de la conscience par des directeurs sûrs et éclairés dont ils écoutaient la voix comme la voix de Dieu même. On peut dire que ces nouveaux personnages qui vont entrer en scène sont l'âme de la Communauté; qu'ils incarnent l'esprit de Port-Royal, qu'ils l'ont fait grand, qu'ils l'ont aimé dans la prospérité, soutenu sans faiblir dans les temps les plus sombres et les plus douloureux.

Le premier de ces directeurs dans l'ordre des temps, Saint-Cyran excepté, est M. Singlin.

Antoine Singlin, né à Paris en 1607, fut d'abord destiné

au commerce; mais à vingt-deux ans, ses idées se modifièrent et il voulut se consacrer à Dieu. Il alla trouver saint Vincent de Paul qui l'accueillit avec bonté et lui persuada d'entrer dans l'état ecclésiastique. Ses études terminées, Vincent le fit ordonner sous-diacre et le plaça à la Pitié dont il était supérieur, pour faire le catéchisme aux enfants. Peu après, M. Singlin, s'étant lié avec Saint-Cyran, quitta la Pitié et gagna Port-Royal où on l'occupa quelques mois à l'instruction des élèves qui s'y trouvaient réunis. Rentré à Paris, Saint-Cyran lui confia la direction des novices du Monastère et l'introduisit dans la maison du Saint-Sacrement. Quand l'abbé fut interné à Vincennes, Singlin dut se charger des religieuses de Port-Royal de Paris. Son humilité lui persuadait sans cesse de quitter un ministère qui semblait au-dessus de ses forces; mais plus il cherchait à se dérober, plus se développait et grandissait son influence sur les âmes. Il reçut M. Le Maître et ses amis des mains de M. de Saint-Cyran. Comme son ministère le retenait auprès des religieuses, il ne faisait à Port-Royal des Champs que de rares et courtes apparitions. La Providence pourvut à cette disette spirituelle en amenant dans la solitude un chanoine de Beauvais, docteur de Sorbonne, appelé Manguelin. M. Singlin le pria d'être son suppléant; il obéit. Un an après la fièvre emporta ce confesseur qu'on remplaça par M. de Sacy.

La réputation de Singlin, comme directeur des âmes et comme prédicateur, s'étendait de plus en plus. On ne pouvait pas cependant attribuer ces succès aux talents naturels de l'orateur : il parlait difficilement d'une manière embarrassée, ni à sa profonde connaissance de la science ecclésiastique : il ne savait que le strict nécessaire, mais à l'onction pénétrante avec laquelle il exposait les vérités chrétiennes. On dit même que MM. Arnauld et de Sacy composaient ses instructions sur un plan donné;

le prédicateur les apprenait, en retenait quelque chose, y ajoutait au gré de l'inspiration du moment, et pénétrait si profondément dans le cœur de son auditoire que tous s'en retournaient charmés, touchés, convaincus, changés! Le doux Fontaine nous apprend que « s'il n'éclatait pas par le don de la science, de l'éloquence, il avait une sagesse qui le rendait maître des savants et des éloquents. L'onction du Saint-Esprit l'instruisait plus que tous les livres. Elle l'éclairait dans ses doutes et, selon la promesse du fils de Dieu, lui apprenait toutes choses. Sa bouche était vraiment comme un oracle par lequel Dieu faisait entendre sa volonté. » De son côté, la Mère Angélique écrivait à la reine de Pologne : « Le Seigneur a tellement augmenté sa grâce depuis un an que ses sermons, qui ont toujours été solides, le sont encore davantage et Dieu l'a rendu éloquent pour satisfaire à la faiblesse du temps. » Oui, M. Singlin était vraiment éloquent, non pas de cette éloquence tapageuse qui passe comme un bruit sonore sur la tête des auditeurs, les laisse froids et insensibles, mais de cette éloquence qui pénètre l'âme, touche le cœur, persuade et convertit.

Un jour de fête de Saint-Augustin, l'orateur s'aventura dans le domaine épineux de la grâce. Les assistants n'étaient pas tous des amis, les faux frères le dénoncèrent. L'archevêque, absent de Paris, et sans plus ample information, lança l'interdit. A cette sentence aussi injuste qu'inattendue, la tristesse s'empara de tous les cœurs et les amis de Port-Royal se mirent en campagne pour faire lever la censure. Cinq évêques, beaucoup de docteurs, des personnages considérables qui avaient ouï le discours rendirent témoignage de sa parfaite orthodoxie. L'accusé se justifia par une lettre et après trois mois put reprendre la parole. M. de Gondi assista au sermon de reprise, combla l'orateur d'éloges et lui témoigna son affection. L'autorité du directeur s'accrut par cet éclat et devint absolue dans les deux maisons de Paris et des Champs.

Les années qui suivirent, M. Singlin conduisit successivement dans le Désert : Pascal du Gué de Bagnolz, l'avocat Richer, l'abbé de Pontchâteau, etc. Il est parvenu au faîte de sa gloire, dirige dans les voies difficiles des dames du grand monde, des docteurs, des avocats, des ministres d'État, des curés, des évêques et une foule de pénitents de toutes conditions.

L'épreuve ne pouvait manquer à ce serviteur fidèle : elle vint à l'occasion du Formulaire. Une lettre de cachet l'exilait à Quimper-Corentin. On l'avait averti, il se déroba avant l'arrivée de l'exempt chargé de l'arrêter et se cacha avec MM. Le Maître et de Sacy dans une maison amie. Il y demeura trois ans sans cesse tourmenté de la mauvaise tournure que prenait l'affaire. Toutes ces disputes déplorables répugnaient à son caractère timide et doux ; et il est probable que si son conseil eût prévalu, on aurait tout simplement signé le Formulaire. Port-Royal, je le crains, n'eût pas été sauvé par cet acte d'obéissance aux volontés d'un monarque prévenu. M. Singlin n'approuvait pas les premières *Provinciales* dont le ton railleur lui semblait peu conforme aux principes de la charité chrétienne. Accablé d'ennuis, épuisé par les austérités, il tomba malade sur la fin du Carême de 1664, et fut emporté par la fièvre, sans agonie et sans souffrance, à l'âge de cinquante-sept ans. Au bruit de sa mort, Mlle de Vertus accourut pour contempler une dernière fois ce visage aimé. L'inhumation se fit à Port-Royal de Paris, et le cœur envoyé à la maison des Champs fut réuni à celui de Saint-Cyran, son maître vénéré !

Après la mort de M. Singlin, la direction de Port-Royal passa aux mains de M. de Sacy, aidé, aussi longtemps que ce fut possible, des conseils de son oncle le docteur Arnauld. Simultanément, à côté du directeur prend place le confesseur dont le champ moins vaste et le rôle plus modeste se borne strictement aux affaires de la conscience. M. de Sainte-Marthe nous fournit un modèle accompli de ce confesseur de Port-Royal. C'est une figure sympathique, touchante, à la fois douce et sévère, dont l'infatigable dévouement consola bien des cœurs dans les sombres jours de notre histoire.

Claude de Sainte-Marthe, né à Paris en 1620, était fils d'un avocat au Parlement et appartenait à l'illustre famille du même nom. Ses études terminées, et pour éviter la contagion du siècle, il se retira en Poitou dans une terre de son père, puis entra dans une communauté ecclésiastique. Parvenu au sacerdoce, il refusa, par esprit de pauvreté, les bénéfices qu'on lui offrit et auxquels ses talents et sa naissance lui permettaient d'aspirer. La réputation de M. Singlin l'attira, il devint un de ses disciples et collaborateurs dans l'œuvre de Port-Royal. Envoyé d'abord aux Champs, il y mena la vie des solitaires, et ne quitta le vallon que pour se rendre au diocèse de Sens diriger une paroisse appartenant à l'Abbaye et que la deuxième guerre de Paris avait totalement ravagée. Le vicaire avait été tué d'un coup de feu par les factieux, et le pauvre curé, saisi d'épouvante, en était mort de frayeur! La misère extrême qui régnait à Mondeville et surtout le peu de docilité de ses paroissiens remplirent de tristesse l'âme du pasteur. Pourtant il se mit courageusement à l'œuvre, donnant l'exemple des plus sublimes vertus et se contentant pour toute nourriture d'un peu de pain et d'eau. Le zélé curé tomba bientôt malade et, après dix-huit mois de séjour, dut revenir à

Paris, puis au Monastère des Champs pour exercer les fonctions de confesseur.

Lorsque survinrent les premières difficultés au sujet du Formulaire, M. de Sainte-Marthe écrivit à M. de Péréfixe, archevêque de Paris, une lettre pressante dans laquelle il conjurait le prélat d'avoir pitié de la *tendresse de conscience* des religieuses et le suppliait de ne point agir avec elles en toute rigueur. Cette requête, inspirée par l'amour de la paix, demeura sans effet et le confesseur, triste, désolé, dut quitter la Maison !

Alors commença la série de ses apparitions nocturnes à Port-Royal investi par les archers, dont le récit servirait de thème à un roman d'une charmante et délicieuse naïveté. L'hiver sévissait avec rigueur déversant sur la plaine et dans la vallée des torrents de neige fondue. L'intrépide consolateur partant de Paris ou de sa maison de Corbeville, paroisse d'Orsay, arrivait la nuit au Désert. Dans un lieu fixé d'avance, il montait sur un arbre assez près du mur de l'Abbaye derrière lequel les religieuses, trompant la vigilance des gardes, se tenaient assemblées. Là, de cette chaire improvisée, il consolait ses chères filles, leur adressait des paroles de résignation et d'espérance, les encourageait à la patience en leur promettant des jours meilleurs ! Racine va plus loin, et, dans une note destinée à l'histoire de Port-Royal, rapporte que de Sainte-Marthe « sautait par-dessus les murailles pour porter la communion aux malades, et ce, de l'avis de M. d'Aleth, de sorte qu'il n'en est pas mort une seule sans sacrement ». Ceci pourrait bien ne pas être rigoureusement vrai ; en tous cas, il montre la sollicitude de ce prêtre dévoué jusqu'à la mort pour les chères âmes qui lui étaient confiées.

Et pourtant cet homme si plein de cœur et de dévouement ne gâtait pas ses pénitentes. Il leur répétait sans cesse que les religieuses n'ont besoin que de savoir quelle est la passion principale dont naissent les plus grands défauts pour en gémir devant Dieu et s'en corriger ; qu'elles ne doivent avoir des yeux que pour connaître leurs imperfections et en faire pénitence, une langue que pour prier et demander pardon.

A la paix de l'Église, M. de Sainte-Marthe reparut à Port-Royal et y resta jusqu'au dernier assaut livré en 1679. Il s'éloigna tristement et pour jamais de cette chère solitude où il espérait rendre le dernier soupir et se retira à Corbeville. Il y vécut dix ans en véritable ermite jusqu'en 1690, année de sa mort. Son corps, transporté à Port-Royal, fut inhumé dans l'intérieur du Monastère et reposa au milieu des amis et des chères filles qu'il avait tant aimées.

M. de Sacy est, si je puis ainsi parler, la troisième personne de cette trinité de directeurs dont MM. de Saint-Cyran et Singlin sont les deux premières. Chacune de ces personnes, avec les attributs qui la distinguent, forme un tout bien complet ; et cependant il semble qu'il manquerait quelque chose à Port-Royal si M. de Sacy y manquait.

Le Maître de Sacy, frère de M. Le Maître, avocat, premier solitaire, neveu du docteur Antoine Arnauld et de la Mère Angélique, naquit à Paris en 1613. Sa piété précoce faisait l'édification de la paroisse de Saint-Merry et on pouvait entrevoir dès lors ce qu'il serait un jour.

Étudiant, il ne parut pas goûter la philosophie, ni s'enthousiasmer pour la théologie ; et s'il suivit quelque temps les cours de Sorbonne, ce fut uniquement pour satisfaire au désir de sa famille.

Nous avons déjà vu M. de Sacy à Port-Royal, lors de la première dispersion opérée par le farouche Laubardemont et nous l'avons laissé au logis de M. de Saint-Cyran travaillant sous la direction de M. de Barcos. Après l'apparition du livre de la *Fréquente Communion,* il collabora avec Antoine Arnauld dont il chercha à tempérer l'expression trop rude et à modérer l'humeur batailleuse. Son vrai théâtre était Port-Royal où l'envoya M. Singlin après la mort de M. Manguelin. Il y célébra sa première messe à l'âge de trente-sept ans.

M. de Sacy prit aussitôt la direction de la Maison et tous les solitaires se rangèrent sous sa conduite. Peu de temps après, il eut la consolation d'assister sa mère à ses derniers moments. Quelle scène attendrissante! « Mon fils, lui disait-elle de sa voix défaillante, mon fils, aidez votre mère à bien mourir! à la mettre au Ciel, elle qui ne vous a mis que dans cette misérable vie! » Sept ans plus tard il rendit les mêmes devoirs à son frère M. Le Maître.

M. de Sacy rimait, d'une façon plus ou moins heureuse, les racines grecques, quand en 1653 parut l'almanach des jésuites intitulé *la Déroute et la confusion des Jansénistes.* Une gravure représentait le pape lançant la sentence de condamnation contre les cinq propositions et Jansénius, effrayé, revêtu des habits pontificaux, avec des ailes de diable, s'enfuyant vers Calvin qui l'attendait dans un coin et lui tendait les bras.

Le grand tort de M. de Sacy a été de prendre au sérieux cette caricature de collégien et de s'amuser à la réfuter. Les amis eux-mêmes s'en plaignirent et Arnauld s'emporta jusqu'à montrer par force citations qu'on avait eu raison.

Au moment où nous sommes, les affaires de Port-Royal commençaient à se gâter; et, en 1661, M. de Sacy, obligé de quitter le Monastère, se cacha dans un logis à l'extrémité du faubourg Saint-Antoine, avec Fontaine et du Fossé. La police qui les cherchait découvrit leur retraite. Un beau jour elle les *fila* et les arrêta, présage sinistre! juste en face de la Bastille. Reconduits à leur domicile, ils subirent un interrogatoire en règle, mais le lieutenant de police ne découvrit, chez ces *ennemis de l'État*, ni complot, ni imprimerie secrète, ni trame d'aucune sorte : ce qui n'empêcha pas le bon roi d'*embastiller* pour deux ans MM. de Sacy et Fontaine. Du Fossé, grâce aux démarches de sa mère, fut élargi après une trentaine de jours de détention.

Heureusement, au bout de trois mois de très pénible séparation, on réunit les deux *criminels*. Dès lors la prison leur parut si douce qu'ils ne cessaient de rendre grâce à Dieu, s'appliquant les beaux passages de l'Écriture relatifs à leur condition et répétant ces paroles des Machabées aux Spartiates : « Nous nous consolons par la lecture de nos saints Livres. »

M. de Sacy avait commencé la traduction de la Bible. Le Nouveau Testament achevé et se voyant à l'abri des distractions inévitables au milieu du monde, il commença le même travail sur l'Ancien Testament. Une ardeur extraordinaire le poussait vers l'étude de l'Écriture sainte ; et c'est dans ces pages sublimes qu'il puisa ses plus heureuses inspirations et la haute idée qu'il avait de la grandeur et des perfections de Dieu. Il se demandait souvent si, après avoir goûté les charmes des Livres inspirés, il était possible d'estimer même les plus belles productions du génie humain. Dans de telles dispositions n'est-on pas bien partout ? Qu'importe la solitude de Port-Royal, un logis au faubourg ou une cellule à la Bastille ? Aussi rien de plus calme et de plus uniforme que ces journées entièrement consacrées à la prière et au travail : les prisonniers étaient plus heureux, couchés sur la paille de leur cachot, que Louis XIV sur son trône tout rayonnant de gloire terrestre !

Cependant les parents et les amis influents s'agitaient pour obtenir l'élargissement de M. de Sacy. On mit deux ans à réussir. M. de Pomponne, son cousin, lui apporta tout joyeux l'heureuse nouvelle juste au lendemain du jour où il venait de terminer sa version. M. de Sacy accueillit sa délivrance sans le moindre transport de joie et franchit l'enceinte de la redoutable forteresse l'esprit aussi calme, l'âme aussi tranquille que quand il y était entré. La première visite fut pour Notre-Dame, afin de rendre grâce à Dieu ; la seconde, pour l'archevêque. M. de Pomponne, en lui présentant son cousin et son ami Fontaine, dit au prélat d'un air enjoué : « Ce sont, Monseigneur, de bien méchantes gens, mais avec tout cela, j'espère que vous les aimerez. » M. de Paris le promit ; on s'embrassa et on se quitta sur des paroles de paix. Le roi, comme pour réparer son injustice, reçut à son tour M. de Sacy qui, aussitôt après, regagna Port-Royal.

En 1679, il dut quitter définitivement sa chère solitude. Les cinq années qui suivirent, M. de Sacy les passa en partie avec Fontaine, soit à Paris, soit à Pomponne où il mourut en 1684 à l'âge de soixante et onze ans.

Comme tous ceux qui l'avaient précédé dans la tombe, il demanda à être inhumé au Monastère des Champs. On sollicita la permission nécessaire de M. de Harlay, successeur de M. de Péréfixe, et le corps, ramené de Pomponne à Paris, resta quelques heures à Saint-Jacques du Haut-Pas. Il devait y passer la nuit ; mais craignant que l'archevêque, qui n'était pas la fermeté même, revînt sur sa décision, on jugea prudent de partir sans attendre au lendemain. On était au mois de janvier, par un temps affreux, au milieu des neiges et des glaces.

Le cortège funèbre arriva à l'abbaye à cinq heures du matin. Les religieuses ne l'attendaient que le soir. Après des funérailles solennelles, on déposa dans la terre « ce qui n'était que néant », au milieu des larmes et des sanglots de la Communauté.

La traduction de la Bible fait le plus grand honneur au talent de M. de Sacy ; elle est son plus beau, ou plutôt son seul titre de gloire littéraire, et il suffit. Les travaux postérieurs sur le même sujet se sont inspirés de celui-ci et le reproduisent, sauf quelques légères variations.

Le traducteur adopta, d'après le conseil des *Messieurs* formés en académie pour juger la question, un style *mitoyen* comme ils l'appelèrent, également éloigné de la trop grande recherche et de la vulgarité. Bossuet, qui l'appréciait comme il convient, y trouvait cependant encore trop « d'industrie de paroles et une affectation de politesse et d'agrément que le saint Esprit avait dédaigné dans l'original ».

Le Nouveau Testament imprimé à Amsterdam, sous le nom de Nouveau Testament de Mons, souleva d'assez vives polémiques : on y trouva des traces et des tendances jansénistes[1]. Plus tard on permit de le faire paraître en France à la condition que le texte serait suivi de notes explicatives pour l'intelligence des passages obscurs et difficiles. M. de Sacy, qui ne demandait pas mieux, se mit incontinent à l'œuvre. Il ne put expliquer qu'une partie de l'Écriture, selon le sens littéral et spirituel. MM. Fontaine et surtout du Fossé achevèrent ce grand ouvrage qui forme un nombre considérable de volumes.

---

1. Il a été condamné par la Sacrée Congrégation de l'Index. Le texte autorisé aujourd'hui a subi les corrections nécessaires.

CHAPITRE IX

Les médecins de Port-Royal. — MM. Hamon, Hecquet, Dodart.

« Après un bon directeur, disait la Mère Angélique, il n'est rien de plus précieux qu'un bon médecin. » Port-Royal eut les uns et les autres.

Les médecins des âmes, MM. Saint-Cyran, Singlin, de Sacy, nous sont connus suffisamment ; nous devons étudier les médecins des corps dont M. Hamon est la plus brillante personnalité. Un mot suffira pour nous faire apprécier ceux qui lui succédèrent sans le remplacer.

Jean Hamon, né à Cherbourg, fit tout jeune d'excellentes études. Il se rendit à Paris, où, grâce à son savoir, il devint précepteur de M. de Harlay, plus tard premier président du Parlement. En même temps il étudiait en médecine et prenait rang parmi les plus habiles de la docte Faculté.

A trente et un ans, déjà célèbre, ayant une clientèle nombreuse et choisie, alors que la fortune lui souriait et lui tendait les bras, il quitta tout pour travailler uniquement à son salut. M. Singlin, consulté dans cette grave affaire, lui conseilla d'entrer chez les Chartreux. L'essai qu'il en fit ne réussit pas, parce que le nouveau converti nourrissait au fond du cœur la pensée de se retirer à Port-Royal. Son directeur accéda à son désir et lui permit d'aller rejoindre les solitaires.

M. Hamon se logea dans une sorte de réduit, tout en haut de la maison, sous le toit, et pratiqua de si grandes austérités qu'on a peine à les concevoir. Les vingt dernières années de sa vie, il mangea seul, afin de pouvoir se mortifier en toute liberté. Souvent il donnait sa portion aux pauvres, se contentant du pain grossier destiné aux chiens, qu'il se faisait apporter à la dérobée. Son piteux accoutrement faisait presque honte aux autres solitaires, habitués cependant à une grande simplicité. M. Hamon, loin d'en rougir, ne craignait pas de se montrer ainsi aux docteurs de la Faculté lorsqu'il se rendait à Paris pour quelque cérémonie scientifique. Solitaire entre tous, et ennemi du repos, on pouvait le voir dans son galetas, placé devant un livre ouvert, étudiant, méditant et tricotant tout à la fois, avec une extrême dextérité.

Le premier médecin, M. Pallu, étant mort, M. Hamon recueillit son héritage. Ses compagnons ne s'accommodèrent pas tout d'abord de son humeur sévère et j'imagine qu'aucun deux « n'eût presque désiré tomber malade pour jouir de ses entretiens », comme disait Fontaine en parlant du docteur tourangeau. Avec Pallu on pouvait raisonner, avec Hamon il fallait obéir !

Deux empiriques, inventeurs l'un de pilules merveilleuses, l'autre d'une poudre incomparable, vinrent lui faire concurrence jusque dans Port-Royal. M. d'Andilly patronnait M. Duclos et ses pilules; M. de Luynes avait introduit M. Jacques avec sa poudre. Pilules et poudre devinrent tellement à la mode, bien que ne guérissant rien du tout, que le pauvre Hamon, avec sa vieille méthode datant d'Hippocrate, semblait avoir perdu tout crédit. Pour guérir cette maladie d'un genre spécial qui n'a pas disparu de l'humanité toujours dupe et victime des charlatans, et qui s'explique chez nos Messieurs par le tumulte de la deuxième guerre de la Fronde, il employa ce remède innocent qui ne gâte jamais rien et réussit souvent : le silence. N'étant pas sourd, il résolut d'être muet. M. de Sacy calma les esprits ; les bruits de guerre ayant cessé, les solitaires reprirent leur vie tranquille et régulière et le bon docteur triompha sur toute la ligne.

Outre les hôtes du Monastère qu'il soignait, M. Hamon exerçait son zèle charitable dans les environs. On le rencontrait souvent, parcourant la campagne monté sur un âne, lisant et priant toujours. Il eut l'ingénieuse idée d'adapter sur le devant de la selle une sorte de pupitre qui lui permettait, en même temps de lire et de guider sa monture. Jamais médecin ne fut plus scrupuleux, ni plus attentif à étudier les maladies et chaque fois qu'il appliquait un remède il demandait à Dieu de lui communiquer quelque efficacité. « Je confesse, disait-il, ô mon Dieu, que ce n'est point une herbe ou un cataplasme appliqués sur le mal des malades qui les a guéris. Vous êtes seul le médecin dont les soins empêchent de mourir et sans les soins duquel personne ne vit. » Ambroise Paré, son maître, avait dit avant lui : « *Je le soignai, Dieu le garit.* »

La belle période, la période héroïque de M. Hamon à Port-Royal, s'étend de 1664 à 1669 durant l'interdit qui pesa si lourdement sur le monastère.

M. de Péréfixe fit une visite aux Champs, à la suite de laquelle il interdit les sacrements même à l'article de la mort et priva les religieuses défuntes de la sépulture ecclésiastique. Un exempt et des gardes furent envoyés pour expulser les amis et faire bonne garde autour de l'Abbaye. M. Hamon, assez heureux pour être pris, dit-il, « *pour un gros niais* », s'échappa par une porte dérobée et gagna Paris. L'année suivante les maladies se multiplièrent tellement que le zélé médecin obtint de l'archevêque la permission d'aller soigner les religieuses atteintes. Tout d'abord, les gardes le traitèrent durement. Ils l'enfermaient dans sa chambre à double tour et ne tiraient le verrou qu'à l'heure de la messe qu'il servait dévotement et pour la visite des malades. Une tourière intruse, rêche à l'excès, dans son zèle aigre-doux, l'observait constamment et ne lui permettait pas de dire un mot à voix basse pendant ses consultations. Les gens de la Maison, à l'exemple des archers, se raillaient de lui, l'appelaient par dérision *Monseigneur* ou *Jean* tout court. Je ne dis pas tout ! Pendant ces tristes années, le médecin but jusqu'à la lie la coupe des humiliations et des douleurs. Cinq religieuses succombèrent malgré les soins et sous les yeux du plus dévoué des amis ! Il les encourageait de son mieux, composait de petits traités spirituels pour les fortifier dans l'épreuve et les consolait sur la privation des sacrements en leur disant : « Quand on a l'esprit de Jésus-Christ, on ne peut pas être séparé de Jésus-Christ. »

A la paix Clémentine, M. Hamon reprit ses libres allures et ses tournées dans la campagne. Il fit aussi un voyage à Aleth pour soigner l'évêque dangereusement malade, et divers pèlerinages à Tours, à Saint-Cyran, à la Trappe, à Clairvaux, etc. Étant allé un jour à Paris pour présider une thèse à la Faculté, il eut l'imprudence de revenir à pied par les plus mauvais jours de l'hiver. Le lendemain, il se mit au lit, ou plutôt sur la planche qui lui servait de couche et ne tarda pas à succomber sous les yeux de M. Dodart en disant : « Dieu m'appelle, il est doux d'aller à lui et de se laisser tomber entre ses bras. » Le matin même il avait encore assisté à Prime et reçu la communion. M. Hamon était âgé de 69 ans, en avait vécu 37 à Port-Royal où il laissait un impérissable souvenir.

La Faculté de médecine, qui l'avait honoré durant sa vie comme un de ses membres les plus capables, s'honora à son tour en plaçant son portrait dans la galerie de ses grands hommes.

Le trait distinctif du caractère de M. Hamon est une grande simplicité avec une tendance marquée vers le mysticisme. Quoique son esprit fût orné des connaissances les plus variées et les plus solides, il ne songeait guère à en tirer vanité. La seule science qu'il ambitionnât fut de savoir vivre avec Jésus-Christ, en Jésus-Christ et par Jésus-Christ comme le témoigne cette belle prière qu'il composa et récitait chaque matin à son réveil : « Je vivrai avec vous parce que tout autre entretien est un danger ; je vivrai de vous parce que tout autre aliment est un poison ; je vivrai pour vous parce que celui qui ne vit pas pour vous ne vit pas, mais il est mort ! »

M. Hamon a beaucoup écrit en latin et en français. Ses lettres respirent une piété tendre et douce qui rappelle saint François de Sales. Les épitaphes nombreuses qu'il composa[1] donnent une idée de l'ampleur et de la correction de son style en la langue de Cicéron.

M. Hecquet succéda à M. Hamon dans sa charge de médecin. Il marcha exactement sur les traces de son prédécesseur, l'imita dans son dévouement pour les malades, sa charité pour les pauvres, dans ses austérités et ses mortifications. Aussi sa santé, moins robuste que celle de son confrère, s'altéra-t-elle rapidement et il dut rentrer à Paris où il continua ses bienfaits. Ses nombreux écrits lui donnent un rang honorable parmi les médecins de son temps.

---

1. Voyez les épitaphes latines des tombes de l'église de Magny.

Je dois aussi mentionner M. Dodart, qui n'habita pas, il est vrai, le Port-Royal, mais y vint souvent comme ami et comme médecin dans les cas graves. C'est lui qui reçut le dernier soupir de M. Hamon. Il composa en beau latin plusieurs épitaphes qu'on peut lire sur les tombes de l'église de Magny, entre autres, celle magnifique de l'abbé de Pontchâteau.

CHAPITRE X

Premier retour des religieuses. — Port-Royal pendant
les guerres de la Fronde.

Nous avons raconté les tribulations de la Mère Angélique pendant son séjour à Paris lors de l'établissement de l'*Institut du Saint-Sacrement* et nous l'avons laissée en 1642, au moment où elle venait d'être réélue abbesse de Port-Royal.

En quittant le Monastère des Champs, la Mère emportait dans son âme un secret chagrin : aussi était-elle résolue d'y retourner aussitôt que les circonstances le permettraient. Plusieurs fois, à la dérobée, elle avait revu sa chère solitude et suivi les travaux entrepris par son frère et les autres solitaires. Au mois de mai 1648, avec les premiers beaux jours et le retour des hirondelles, par permission de l'archevêque et après de très touchants adieux à celles qui restaient à Paris, l'abbesse et neuf de ses filles revinrent au Monastère des Champs. Le bruit de cet événement se répandit dans la contrée et une foule nombreuse se porta à la rencontre de la bonne Mère. Les vieilles qui l'avaient connue vingt-deux ans auparavant, transportées de joie, lui sautaient au cou et l'embrassaient avec effusion, tandis que les Messieurs, graves et recueillis, se tenaient, croix en tête, à la porte de l'église. Quand tous y furent entrés, ils entonnèrent le *Te Deum* auquel les arrivantes mêlèrent leurs voix avec un saint enthousiasme.

Plusieurs solitaires se retirèrent à la ferme des Granges. M. d'Andilly resta dans le vallon; et, trois jours après, la clôture était strictement rétablie.

La première guerre de la Fronde, qui éclata peu après, fut pour l'abbesse l'occasion d'exercer son inépuisable charité. Elle recueillit un grand nombre de religieuses des environs, chassées de leurs couvents ou qui ne s'y croyaient pas en sûreté; des dames du monde qui voulaient échapper à la brutalité des partis qui battaient la campagne : vraies bandes indisciplinées qui pillaient tout sur leur passage[1]. Les paysans des alentours remplirent les cours de l'Abbaye de leurs bestiaux et l'église de leurs objets les plus précieux pour les soustraire à leur rapacité. La Mère Angélique se multiplia en ces tristes jours et fit des merveilles de charité. Elle put subvenir aux besoins de tous : nourrir un grand nombre de pauvres, et même expédier des provisions de farine à ses sœurs de Paris.

En même temps nos ermites, quittant leur retraite, s'étaient mis aux murailles, réparaient à la hâte les endroits démolis et gardaient, le mousquet sur l'épaule. Les vieux militaires, tout joyeux de reprendre le métier, semblaient décidés à vendre chèrement leur vie. Cependant le calme se rétablit sans effusion de sang.

Les armes de guerre se rouillaient dans un coin quand

---

1. « Au commencement de cette année 1648, la garde de la ville de Paris arriva à Magny et tous les habitants effrayés s'enfuirent. Le presbytère et l'église furent pillés plusieurs fois par les soldats qui brisèrent les portes, forcèrent les coffres et les armoires de l'église. » Note de M. Retart, curé de Magny, extraite du registre paroissial.

le cri d'alarme retentit de nouveau dans Port-Royal, en 1652. Cette fois les choses prirent une tournure plus inquiétante et les religieuses jugèrent prudent de rentrer à Paris. Alors les Messieurs plus libres mirent l'Abbaye en sérieux état de défense.

M. de Luynes et M. d'Andilly conduisaient les travaux de fortification. A ce moment, le noble duc bâtissait le château de Vaumurier dans l'enceinte même du Monastère et allait s'y retirer avec sa vertueuse épouse, Louise de Séguier, quand celle-ci fut ravie à son affection avec les deux enfants qu'elle venait de mettre au monde[1]. M. de Luynes s'enferma à Port-Royal pour la pleurer plus à son aise; et quand le château fut terminé, il appela tous les solitaires qui s'y entassèrent comme ils purent : ils étaient plus de cent! Vaumurier devint donc le quartier général de ces travailleurs-soldats, car tous maniaient, avec une égale habileté, la truelle et le mousquet. De solides murailles flanquées de tours de trente pieds de haut sortent de terre et s'élèvent comme par enchantement! Onze de ces bastions de forme quadrangulaire avec créneaux, meurtrières et mâchicoulis furent élevés en trois semaines, tant cette fourmilière d'infatigables travailleurs déployait d'activité! Puis on les arma en les confiant à la garde de soldats éprouvés sous le commandement des vieux officiers que nous connaissons.

M. de Sacy, directeur, ne paraissait que médiocrement satisfait de tout ce branle-bas tumultueux et tâchait de conserver, au milieu du bruit, le recueillement de la solitude. Il se riait de tant d'efforts, répétant en lui-même ces paroles du Psaume : « Si le Seigneur n'édifie la maison, c'est en vain que travaillent ceux qui la construisent. » On fit en effet beaucoup de besogne pour rien, et le di-

---

1. Voir sur la duchesse de Luynes ce qui est dit à la page 234.

recteur consulté montra, par force raisons, qui parurent spécieuses aux vieux du métier, qu'en cas d'attaque il ne serait pas permis de tirer à balle, mais seulement à poudre, pour effrayer les coureurs. En sorte que nos défenseurs, tous braves comme des lions, campés sur leurs remparts superbes, devinrent aussi redoutables à l'ennemi que des soldats de carton ! L'ennemi eut le bon esprit de ne pas se présenter, l'aspect de la forteresse l'ayant effrayé, et on n'eut pas même la maigre satisfaction de tirer à blanc quelques coups d'arquebuse.

Conjointement aux travaux dont nous parlons, on s'occupa du Monastère. On bâtit deux grands dortoirs et on porta à soixante-douze le nombre des cellules des religieuses. Le sol de l'église trop humide fut exhaussé de huit pieds.

MM. de Luynes et Dugué de Bagnolz fournirent à tout et ce dernier dépensa plus de 40 000 livres à cette restauration. On avait rêvé de bâtir autour du monastère douze ermitages réguliers comme chez les Chartreux où se seraient retirés douze des Messieurs plus directement appelés à la vie de reclus. Les vides causés par la mort auraient été comblés par des disciples sérieusement éprouvés. Ce projet, vrai idéal de perfection religieuse, ne s'est pas réalisé.

Quand le calme fut rétabli, la Mère Angélique et ses filles, plus nombreuses que la première fois, revinrent à Port-Royal et les solitaires regagnèrent leurs domiciles respectifs. Les esprits curieux et avides de science redescendaient de temps en temps à Vaumurier pour causer de la nouvelle philosophie de Descartes très en honneur à Port-Royal qui faisait grand bruit parmi les savants. On y parlait aussi théologie, littérature, éducation. Les Arnauld, de Sacy, Pascal, Lancelot, Nicole et tant d'autres formaient une sorte d'académie qui servit à l'avancement et à la correction des lettres françaises. Le duc de Luynes, fort instruit, aimait ces réunions, animait ces intéressantes discussions qui calmaient peu à peu son chagrin. Puis la plaie causée à son cœur par la mort de sa femme se cicatrisa; il quitta Vaumurier et s'éloigna de plus en plus de Port-Royal. Le château abandonné fut démoli plus tard par ordre de l'abbesse, la Mère Angélique de Saint-Jean, dès qu'elle eut appris que le Dauphin désirait le faire servir à un usage plus que profane.

Port-Royal, à ce moment de son existence, est parvenu à un très haut degré de prospérité. MM. Singlin, de Sacy, ses directeurs, jouissent d'une incontestable autorité. Le livre de la *Fréquente Communion* a gagné son procès en cour de Rome et grandi son auteur, le docteur Arnauld; le jansénisme n'est pas encore condamné ou plutôt n'existe pas; l'archevêque se montre favorable et le coadjuteur bienveillant. La Maison des Champs, restaurée et agrandie, renferme 75 sœurs tant professes que novices; celle de Paris en compte 120; les solitaires ont construit aux Granges, et leur ardeur pour la pénitence s'accroît au lieu de diminuer; les Petites Écoles fonctionnent dans un ordre parfait; en un mot, tout, au temporel comme au spirituel, permet d'espérer de longs jours de calme, de paix et de bonheur.

CHAPITRE XI

Les Petites Écoles de Port-Royal.
Principaux maîtres : MM. Wallon de Beaupuis, Lancelot et Nicole.
Les Méthodes.

L'éducation des enfants, d'une importance capitale pour le bonheur de l'individu, le repos et l'honneur des familles, si nécessaire à la tranquillité, à la grandeur et à la prospérité de l'État, peut se donner de trois manières : individuellement, au sein de la famille; collectivement, dans les collèges; ou en suivant une voie moyenne préconisée par Érasme, qui consisterait à confier à chaque maître cinq ou six enfants seulement de manière qu'il lui fût possible d'exercer une surveillance constante et pleine de sollicitude. Pour peu qu'on y réfléchisse, on verra que cette dernière méthode est bien préférable aux deux autres. D'abord elle sauve l'élève de l'isolement souvent funeste et lui procure l'émulation qu'on pourrait appeler le nerf de l'étude; ensuite, elle le garantit contre la contagion du grand nombre, lui épargne les exemples pernicieux qui, sans calomnier, gâtent un trop grand nombre de jeunes gens de nos établissements universitaires; enfin, elle permet au professeur de se consacrer à chacun de ses élèves, de lui donner des soins proportionnés à ses facultés et au développement de son intelligence. C'est dans cette vie moyenne que furent instituées les Petites Écoles de Port-Royal qui ont jeté un si vif éclat tant par les maîtres illustres qui y ont professé, que par les méthodes sagement conçues qu'on y suivit et les élèves distingués qui en sont sortis. Malheureusement leur sort était intimement lié à celui de Port-Royal et elles disparurent dans la mêlée après vingt-cinq ans d'une existence aussi agitée que glorieuse.

« J'avais dessein, écrit Saint-Cyran, de bâtir une maison..... Je ne désignais de la faire que pour six enfants que j'eusse choisis dans toute la ville de Paris selon qu'il eût plu à Dieu de me les faire rencontrer..... Ce dessein ayant été ruiné par ma prison, je n'y ai plus songé... j'ai bien depuis souhaité qu'on continuât dans Port-Royal la charité que j'avais commencé de faire aux enfants de M. Bignon... » Telle fut la pensée génératrice des Petites Écoles. L'abbé avait commencé à la réaliser en 1637 en élevant avec ses neveux, aux dehors de Port-Royal de Paris, quelques jeunes gens, parmi lesquels les fils de M. Bignon, avocat général, son ami. Ce petit collège comptait dix ou douze personnes, maîtres et élèves, lorsqu'il fut dispersé par ordre de l'archevêque de Paris et transféré au Monastère des Champs, ainsi que je l'ai rapporté plus haut. La société s'accrut par l'arrivée des trois fils de Thomas Du Fossé, je dirai comment. Mais à peine installées les Petites Écoles furent troublées par la brusque apparition du farouche Laubardemont, lieutenant de police. Quatre ans plus tard, à la publication du livre de la *Fréquente Communion,* on jugea prudent de transférer les écoliers au Chesnai près Versailles, dans la maison de M. de Bernières. Ils y arrivèrent dix-neuf sous la conduite de plusieurs maîtres dévoués. Le calme rétabli l'année suivante, ils revinrent à Port-Royal. Puis, quand les religieuses eurent repris possession du Monastère, on les transporta à Paris au faubourg Saint-Jacques, non loin du Luxembourg. Le petit établissement atteignit en ce moment la perfection désirée par le fondateur. Il comptait 24 élèves divisés en quatre classes de six enfants chacune dirigées par MM. Lancelot, Nicole, Guyot et Coustel. M. Wallon de Beaupuis, chanoine de Beauvais, devient comme principal de ce collège modèle où tout se passe dans l'ordre le plus parfait. Lancelot professe le grec et les mathématiques; Nicole, les humanités et la philosophie; et leurs disciples avancent aussi rapidement dans les sciences que dans la piété. Bientôt cependant des bruits défavorables circulent dans le public. Les ennemis assurent qu'on pervertit l'âme des enfants, qu'on leur enseigne l'hérésie et voulant faire de l'esprit les appellent par dérision « *les Petits Frères de la Grâce* ». Alors vite le lieutenant civil, gardien de l'orthodoxie et des bonnes mœurs, pour faire cesser le scandale! Néanmoins cette visite n'eut, pour l'instant, rien de fâcheux; c'était à recommencer, on recommença. Port-Royal para le coup prévu et dispersa les élèves. Les uns retournèrent au Chesnai; les autres vinrent chez le curé de Magny, M. Retart, où ils restèrent six mois avant de s'installer aux Granges; le troisième groupe enfin gagna le château des Trous et reçut l'hospitalité de M. Dugué de Bagnolz : on était en 1650.

Pendant les six années qui suivirent, les Petites Écoles prospérèrent beaucoup. M. Wallon de Beaupuis dirigeait plus de vingt élèves au Chesnai et parmi eux le jeune de Tillemont; Lancelot et Nicole enseignaient aux Granges, où étudiait le *petit* Racine. En 1656, nouvel et terrible assaut. Les trois groupes sont frappés en même temps et le coup porté devient mortel! Cependant ces écoles ne voulaient pas périr! Le tronçon du Chesnai semble avoir été le plus vivace, puisque cinq ans après, il comptait encore 7 élèves et deux professeurs. On l'acheva en 1661. Les lieux durent être évacués en vingt-quatre heures et l'infortuné M. de Bernières, exilé à Issoudun, y mourut peu après.

Ainsi finit cette excellente institution, en tous points digne d'un meilleur sort. La religion, base essentielle, présidait à l'éducation, conservait les mœurs irréprochables au grand avantage des études. Les maîtres, graves et doux tout à la fois, n'employaient jamais les châtiments corporels, fort en usage ailleurs; la seule menace de renvoyer un élève constituait la plus grande et la plus sensible punition qu'on pût lui infliger. A l'exemple de leurs professeurs, les jeunes écoliers se prévenaient d'honneur et se donnaient gravement le titre de *Monsieur*. Le règlement ressemblait à beaucoup d'autres quant à la lettre, mais différait en ce qu'il était scrupuleusement observé. Je n'en parle pas plus au long afin d'arriver plus vite à faire connaître les excellents maîtres de ces excellentes écoles et apprécier leurs méthodes d'enseignement. Les principaux qui personnifient et résument tous les autres sont MM. Wallon de Beaupuis, Lancelot et Nicole. Je les présente de suite au bienveillant lecteur.

Celui qu'on peut appeler le Recteur des Petites Écoles de Port-Royal, Wallon de Beaupuis, né à Beauvais, y commença ses humanités et vint à Paris en 1637 achever sa rhétorique chez les Jésuites. Il fit ensuite, avec éclat, sa philosophie au collège du Mans, où Antoine Arnauld, très jeune encore, professait, tout en préparant sa licence en Sorbonne. Ses études terminées, M. de Beaupuis rentra dans sa ville natale et ne pensait nullement à Port-Royal quand M. Manguelin, son compatriote, lui apporta le livre de la *Fréquente Communion*. Sa lecture le toucha si vivement et lui inspira une si grande vénération pour l'auteur qu'au printemps suivant, 1644, il rejoignit les solitaires aux Champs. On le plaça presque aussitôt à la tête des Petites Écoles qu'il dirigea, tant à Port-Royal, à Paris qu'au Chesnai, jusqu'à leur entier anéantissement. Depuis, M. de Beaupuis passa dans la famille Périer et suivit l'éducation des deux neveux de Pascal, ferma les yeux à ce grand homme, et regagna Beauvais quand tous ses amis se furent éclipsés pour échapper à la police. L'évêque, M. de Buzanval, favorable à Port-Royal, lui conféra la prêtrise, car il n'était encore que diacre, et le nomma supérieur du séminaire. Après la mort de son protecteur, son successeur, timide et peureux, le releva de ses fonctions; enfin M. de Beaupuis, disgracié, interdit à cause de ses opinions, se retira chez sa sœur, où il vécut vingt-neuf ans dans une exacte solitude et une rigoureuse pénitence. Priant toujours et travaillant sans cesse, on ne le vit jamais une minute inoccupé. Toute la distraction qu'il se permît fut que, tous les ans au commencement de l'été, un bâton à la main et à jeun, il accomplissait son pèlerinage à Port-Royal. Ces lieux si chers à son cœur lui rappelaient de si doux souvenirs, et cette terre bénie renfermait les restes de tant d'excellents amis ! Après avoir bien prié, bien pleuré, il retournait tristement, se promettant de revenir au printemps suivant. Il tint parole et on le vit, fidèle au rendez-vous, jusqu'à cette terrible année 1709 ! Puis il ne revint plus !... La mort l'avait uni aux siens... ! Ce vénérable disciple de Port-Royal, âgé de quatre-vingt-sept ans, emporta dans sa tombe ses illusions touchant l'avenir de sa chère solitude. Il espéra contre toute espérance ! mais sa cendre, à peine refroidie, les restes de ses amis profanés et jetés aux chiens étaient dispersés aux quatre vents du ciel !

Lancelot, de dix ans plus âgé que Nicole, naquit à Paris en 1615 et allait entrer au séminaire de Saint-Nicolas-du-Chardonnet, récemment fondé, quand Nicole, fils d'un avocat au Parlement, vint au monde dans la ville de Chartres. Lancelot resta longtemps à Saint-Nicolas sans y trouver sa voie, et les études qu'on y faisait, trop élémentaires à son gré, ne satisfaisaient pas son ardent désir d'avancer dans la science ecclésiastique. Comme il priait Dieu de l'éclairer, il se crut appelé à l'état religieux et voulut entrer chez les Jésuites; mais, dit-il, « son dessein échoua par un coup de Dieu ». Il avait vingt-deux ans, et ses maîtres, pour se l'attacher définitivement, le pressaient d'entrer dans les ordres. Lancelot reculait toujours quand un prêtre, ami du supérieur, vint loger à Saint-Nicolas. L'ecclésiastique lui parla de Saint-Cyran comme du prêtre de Paris le plus versé dans la connaissance de l'antiquité chrétienne. Aussitôt un immense désir de voir l'abbé s'empara de son âme. Pourtant Lancelot hésitait pour deux raisons : la crainte de ne pas être agréé, et l'ennui de déplaire à ses maîtres, qu'il aimait tendrement. Enfin, un beau jour, au sortir de son cours de philosophie, il partit résolument se disant en chemin : « S'il est homme de bien autant que je m'imagine, et que mon dessein soit de Dieu, il est impossible qu'il me rejette; et s'il ne me reçoit pas, au moins je saurai la volonté de Dieu. » Lancelot, accepté, quitta Saint-Nicolas, prit congé de ses maîtres, qui parurent en concevoir quelque dépit. L'abbé de Saint-Cyran le mit en relation avec M. Le Maître, qui venait de dire adieu au barreau, et M. Singlin, le futur directeur de Port-Royal. L'heureux disciple goûtait dans son nouvel état une telle effusion de joie et de bonheur, qu'il nous la décrit en ces termes : « L'abondance des grâces dont il plaisait à Dieu de me combler et la paix dont il me remplissait étaient si grandes, que je ne pouvais presque m'empêcher de rire en toutes rencontres..... Je ne m'étais jamais trouvé à une pareille fête. »

Nous sommes en 1638, Nicole n'a que treize ans, et déjà il commence à dévorer les volumes de la bibliothèque de son père, un lettré bel esprit; car, de très bonne heure, il manifesta un goût prononcé pour les belles-lettres. Une éducation religieuse soignée, qui l'établit fermement dans la foi, ne lui permit jamais de s'égarer; et, s'il chercha la perfection par des voies un peu obliques, en feuilletant tous les bons auteurs de toutes les époques, il conserva toujours assez de sagacité et de réflexion pour discerner le poison caché sous les fleurs du beau langage. Envoyé à Paris pour sa philosophie, il étudia aussi la théologie avec l'ambition d'arriver jusqu'au doctorat.

La porte de Port-Royal lui fut ouverte par sa tante, la célèbre Mère Marie des Anges Suireau [1]. Il en connaissait les principaux personnages lorsque vint l'affaire des cinq propositions dénoncées en Sorbonne. Nicole, découragé par ces vaines disputes d'école, renonça à pousser plus loin; il resta clerc tonsuré et simple bachelier. Lancelot, lui, était sous-diacre et ne voulut jamais monter plus haut.

A partir de ce moment, et pendant la période des Petites Écoles, la vie des deux amis marche de pair à travers mille difficultés, mais en 1656, elle bifurque, et chacun suit sa destinée.

Lancelot entreprend l'éducation du duc de Chevreuse, fils du duc de Luynes, et celle des fils de la princesse de Conti, restée veuve avec deux enfants. Sa tâche terminée, il se retira à l'abbaye de Saint-Cyran, près de

---

[1]. Voyez la biographie et la tombe de la Mère des Anges, p. 326.

M. de Barcos, abbé de ce monastère, et s'y fit bénédictin. Après la mort de M. de Barcos, Lancelot, pour cause de jansénisme, fut exilé à Quimperlé, au monastère de Sainte-Croix, où il mourut en avril 1695, à l'âge de quatre-vingts ans.

Nicole, de son côté, s'attacha plus particulièrement au docteur Arnauld, auquel il prêta sa plume élégante et facile, et à Pascal, dont il traduisit en latin les *Lettres Provinciales*. En 1659, il court à Cologne pour les faire imprimer, rejoint Arnauld à Paris et se cache avec lui, sous un nom emprunté, dans la maison de M. Angran[1]. Après plusieurs années de luttes et de controverses brillamment soutenues, mais stériles en pratique, Nicole appelait de ses vœux les plus ardents un état plus conforme à ses goûts paisibles et à sa santé délicate. La paix de l'Église vint à propos le délier d'un engagement qui, d'ailleurs, n'avait plus sa raison d'être. A la reprise des hostilités, Arnauld, fuyant en Hollande, voulait l'emmener. Nicole ne put s'y résigner ; il se sépara de son chef, trop batailleur à son avis, et chercha même à négocier avec l'archevêque sa paix particulière. Les amis de Port-Royal, irrités, s'emportèrent et manifestèrent tant de mauvaise humeur, que peu s'en fallut qu'ils ne le considérassent comme un lâche déserteur, un apostat de la *vérité*. Cela ressemblait, en effet, à une défection. Mais à quoi bon s'obstiner à défendre une cause depuis longtemps perdue ? quel avantage d'éterniser des disputes qui causent tant de mal à l'Église ?

Assez, se disait-il, de ces condamnations dont on ne se relève jamais, car l'Église romaine, juge de la foi, est si perspicace, si prudente et si forte dans ses décisions que « rien n'est plus difficile de se relever d'une condamna-

---

1. Voyez sur les Angran, p. 333.

tion et de ne pas être opprimé sous sa puissance ». Remarquons que Nicole, bien entendu, n'admettait pas l'infaillibilité pontificale pour mieux comprendre le sens et la portée de ses paroles. Voilà de la prudence humaine, mais Nicole avait d'autant plus raison de s'incliner qu'il ne voyait pas très clair dans ces ténébreuses questions de la grâce et de la prédestination. Arnauld le comprit, et moins sévère que ses amis, blâma leur attitude et entretint avec lui jusqu'à la fin un commerce de lettres plein de cordialité.

Rien ne serait plus fastidieux que de suivre notre héros dans les pérégrinations volontaires ou forcées à Troyes, à Sens, à Angers, à Aleth chez le *saint* évêque Pavillon, à Grenoble, à Bruxelles, à Liège, à Orval dans les Ardennes, et autres lieux. Il circulait entre Bruxelles, Liège et Orval, allait voir Arnauld dans sa retraite, mais n'osait, malgré sa lettre à M. de Harlay, archevêque de Paris, rentrer en France. Lui qui n'avait pas voulu se condamner à l'exil pour conserver sa liberté ne tenait nullement à faire connaissance avec la Bastille. Cependant un chanoine de Paris, son compatriote, lui obtint la permission de retourner à Chartres, puis à Paris au bout de deux ans. Nicole se logea près de l'hospice de la Pitié et continua, malgré ses infirmités, sa vie laborieuse. Bossuet l'avait engagé à écrire contre le *quiétisme* et il lisait les ouvrages renfermant cette mysticité outrée pour les réfuter, lorsqu'il fut frappé d'apoplexie sur la fin de 1695. Ses bons amis MM. Hecquet et Dodart accoururent, mais ne purent le sauver et il rendit son âme à Dieu à l'âge de soixante-dix ans. Son cœur, suivant son pieux désir, devait reposer à Port-Royal auprès de celui d'Arnauld, mais la soudaineté de sa mort, ou peut-être un oubli, ne permit pas d'avertir à temps celui qui devait exécuter sa dernière volonté.

Nicole laissa une œuvre considérable et personne ne pourra jamais dire la part qui lui revint dans les immenses travaux du docteur Arnauld. Ses deux plus remarquables ouvrages sont la *Perpétuité de la Foi* contre les protestants et le ministre Claude qu'il réfute victorieusement, et les *Essais de Morale*, que Mme de Sévigné ne pouvait se lasser d'admirer. D'autres diront ce qu'ils en pensent, y trouveront des longueurs ou des redites, des endroits faibles ou des passages surannés; ceci est œuvre de critique et n'entre pas dans le cadre de mon sujet.

Bossuet voyait souvent Nicole et l'estimait beaucoup, ce qui vaut tout un éloge et me dit de m'arrêter.

J'ai conduit jusque dans la tombe, à six mois de distance, ces deux maîtres des Écoles de Port-Royal, sans cependant leur dire adieu. Nous les retrouverons plus d'une fois dans le cours de notre récit; alors cet abrégé de leur vie servira à nous les faire mieux connaître et apprécier.

Le croirait-on? Au moment de la fondation des Petites Écoles, en plein xviie siècle, on apprenait à lire aux enfants non pas dans le français, mais dans le latin, de sorte que ces pauvres petits êtres, pour qui la lecture dans la langue maternelle est déjà si pénible et si ingrate, subissaient un véritable supplice à la vue de cet inintelligible et indéchiffrable latin! Nos maîtres brisèrent résolument avec cette vieille et abominable routine et leurs élèves apprirent en quelques mois ce qui auparavant demandait deux ou trois années d'effort. Outre son bon sens pratique et le soulagement qu'elle apporta aux écoliers, cette méthode eut l'immense avantage de *franciser*, si je puis ainsi parler, les jeunes intelligences en empêchant qu'elles s'encombrassent de tournures latines qui s'y gravaient nécessairement et dont il était impossible de les débarrasser plus tard. De sorte que, suivant l'expression très exacte de nos maîtres, l'enfant devenu homme « parlait latin avec des termes français ».

Pour le commencement du latin, le professeur s'efforce de rendre la vie aux auteurs en les traduisant devant les élèves qui en retiennent et en répètent ce qu'ils peuvent. Mais point de thèmes! Guerre aux thèmes! Car il est absurde « de vouloir faire écrire en une langue que l'enfant ne comprend pas encore ».

Quant au grec, Lancelot veut que l'écolier l'aborde dès qu'il sait un peu de latin; qu'il le travaille trois ou quatre ans, directement, sans le faire passer par aucune transformation latine qui le dénature et complique les difficultés; parce que, dit-il, le génie de la langue grecque est moins éloigné du tour de notre langue que le latin.

Afin de faciliter la tâche aux élèves, Lancelot composa, en s'aidant de travaux antérieurs, deux grammaires ou méthodes : la méthode latine et la méthode grecque. L'auteur, loin de cacher ses emprunts, attribue à ces devanciers tout le mérite de son travail, ne donnant, dit-il au public « que sa peine et non aucune production de son esprit ». Nous savons la part qu'on doit faire à la modestie de Lancelot, et, quoi qu'il en dise, on ne trouve que lui dans ses Méthodes; sa simplicité, sa clarté, sa logique, sa manière, en un mot, la manière de Port-Royal, également ennemie de la vulgarité et de la pédanterie.

Le grec était très négligé dans les écoles, et pour le remettre en honneur, nos maîtres le faisaient étudier longuement, trois ou quatre ans, d'une façon sérieuse. Comme on n'avait pas de dictionnaire, Lancelot composa le *Jardin des racines grecques,* que M. de Sacy, pour en faciliter l'intelligence et la mémoire, fit rimer d'une façon aussi heureuse que le pouvait permettre cette ingrate matière. Les gens du métier prétendent que dans ce *Jardin* se rencontrent des *racines* qui ne sont que de vulgaires *rameaux*. Quoi d'étonnant? Si l'auteur a donné pour primitifs quelques mots dérivés, doit-on lui en faire un crime? Mais ce qui est plus grave, c'est que le Père Labbe, jésuite, auteur d'un recueil semblable, se prétendit *pillé*. Lancelot lui rappela fort à propos qu'il avait tort de crier : *au voleur!* et que le plus voleur des deux ne se trouvait pas à Port-Royal. Ceci, dira-t-on, est mesquine jalousie d'auteurs. Aussi une préoccupation plus grave hantait-il l'esprit du Révérend Père. N'apercevait-on pas, sous cette ardeur apparente pour l'étude du grec, le dessein diabolique de ruiner l'Église catholique? Et comment? « En infectant de grec les esprits, pour empêcher le commerce que nos Français avaient eu avec Rome depuis plus de douze cents ans. » Et voilà pourquoi le Père Labbe appelle nos Messieurs *la secte des Hellénistes de Port-Royal*.

Lancelot rédigea encore deux autres Méthodes pour l'italien et l'espagnol; quatre traités de poésie latine, française, italienne et espagnole et participa aux traductions en usage dans les écoles.

Les deux plus solides ouvrages de Port-Royal sont l'admirable *Grammaire Générale* et la *Logique* que personne n'osa attaquer. La première est l'œuvre du docteur Arnauld, esprit universel, pour le fond, et de Lancelot pour la rédaction. Ce fut également ce docteur qui traça les grandes lignes de la *Logique*. Nicole vérifia ce vaste corps, l'agrandit encore, l'embellit, et le perfectionna jusqu'à en faire une œuvre en tous points très remarquable. Outre deux discours préliminaires, la *Logique* comprend quatre divisions générales répondant aux quatre opérations de l'esprit humain qui sont : *Concevoir, juger, raisonner* et *ordonner*. Impossible d'entrer ici dans aucun détail d'analyse et de suivre l'auteur dans ses conclusions d'un rare bon sens et d'une parfaite netteté. Assurément, l'ouvrage, quoique vieux de deux cents ans, peut encore être lu avec fruit : la raison humaine restant toujours la même, agissant de la même manière et les auteurs récents n'ayant guère mieux fait que leurs devanciers.

CHAPITRE XII

Les Petites Écoles de Port-Royal (*suite*). — Les principaux élèves. MM. du Fossé, — de Tillemont, — Racine.

Il est impossible de dire exactement le nombre des élèves qui passèrent par les Petites Écoles. Cette belle institution ne dura qu'une vingtaine d'années; et, en prenant comme moyenne dix entrées par an, on arrive au total de deux cents. C'est peu relativement, mais c'est beaucoup si nous tenons compte des difficultés de toutes sortes suscitées à l'œuvre du premier jour jusqu'au dernier; c'est beaucoup surtout si nous *pesons* les élèves au lieu de les compter. Je passe sous silence ceux qui ont paru dans le monde avec éclat : les Bignon, les de Bernières, les de Bagnolz, les de Harlay, les de Conti, etc., pour ne parler que de ceux qui s'illustrèrent dans la république des lettres. Ils sont trois : du Fossé, de Tillemont et Jean Racine. Racine suffirait seul à la gloire de tout un siècle ! Port-Royal a donc droit d'être fier, car ceux-ci valent une légion ! Voici leur vie dans l'ordre chronologique et dans le sens inverse de leur talent.

Pierre-Thomas du Fossé, fils d'un maître des Comptes de la ville de Rouen, converti par Saint-Cyran, fut envoyé

LES PETITES ÉCOLES DE PORT-ROYAL. 83

aux Petites Écoles avec deux de ses frères, en même temps trois de ses sœurs étaient confiées aux religieuses de Port-Royal.

Le Nain de Tillemont est né à Paris en 1637. Son père, Maître des Requêtes, le plaça tout jeune à Port-Royal pour y faire ses études et il se lia d'une étroite amitié avec le jeune du Fossé qui venait d'y arriver aussi. Les deux écoliers débutèrent aux Champs, continuèrent à Paris et terminèrent : de Tillemont au Chesnai sous M. de Beaupuis et du Fossé aux Granges avec Lancelot et Nicole. En l'année 1656, les deux amis se rejoignirent à Paris sous la direction d'un ecclésiastique, M. du Mont-Akakia. Chez lui, du Fossé apprit l'hébreu et de Tillemont étudia l'antiquité en vue de l'histoire ecclésiastique. Quand M. Le Maître regagna Port-Royal, il pria du Fossé de l'accompagner. Ils s'occupèrent de différentes traductions et du Fossé recueillit les mémoires de M. de Pontis, ce soldat courageux, dont la vie fut une alternative de fortune et de revers, de faveurs et de disgrâces, et qui, malgré sa science et sa bravoure, ne put dépasser le grade de capitaine. M. Le Maître étant mort, du Fossé s'attacha à M. de Sacy qui occupa son infatigable activité à divers travaux littéraires. M. de la Rivière lui enseigna l'espagnol.

A Vaumurier, il apprit l'italien et nous le retrouverons en 1660 avec de Tillemont chez M. Burlugai[1], curé des Trous. On devine aisément l'occupation de ces trois ardents travailleurs, occupation d'autant plus féconde que M. Burlugai, fort instruit, connaissait à fond l'histoire des premiers siècles chrétiens.

En 1661 et les huit années qui suivirent, de Tillemont

1. M. Burlugai a été ensuite curé de Magny. Voir la note de la p. 245.

se fixa à Beauvais où l'évêque, M. de Buzanval, le reçut avec les marques de la plus flatteuse distinction. Sa modestie s'en effraya et il mandait à son père que M. de Beauvais « le considérait trop et qu'il craignait que les suites n'en fussent fâcheuses ».

De son côté, du Fossé, après avoir habité le petit Port-Royal, s'être caché avec MM. Singlin et Fontaine au faubourg Saint-Marceau, partageait la retraite de MM. de Sacy et Fontaine au faubourg Saint-Antoine, quand la police vint les arrêter. *Embastillé* avec ses deux amis, du Fossé ne resta qu'un mois en prison; mais, en même temps qu'il obtint sa liberté, une lettre de cachet le reléguait en Normandie dans la terre dont il portait le nom. Cet exil dura deux ans jusqu'à la paix et il rejoignit à Paris son ami de Tillemont qui avait, de son côté, quitté Beauvais en compagnie du célèbre prédicateur Le Tourneux. Tous trois prirent un logis rue Saint-Victor non loin de celui d'Arnauld et de Nicole qu'ils visitaient souvent. Dans la suite, du Fossé s'établit avec sa mère venue de Rouen; et de Tillemont, attiré vers Port-Royal, se fixa dans les environs, sur la paroisse de Saint-Lambert. M. de Sacy, qu'il voyait souvent, usa de son influence pour lui faire recevoir les ordres sacrés. Ordonné prêtre à quarante ans, il chanta sa première messe à l'abbaye le jour de Saint-Augustin 1676. Ce lien spirituel l'attacha si fortement au monastère qu'il se fit faire un petit logement, dans la cour devant l'église, qu'il habita deux ans. Alors des bruits sinistres retentirent dans le vallon. Il fallut abandonner ces lieux si chers à son cœur et si favorables à ses études. M. de Tillemont se retira alors dans la terre qui lui donna son nom à quelque distance de Vincennes. Il ne quitta cette retraite que pour un voyage en Flandres et en Hollande, où il visita Antoine Arnauld et l'évêque d'Utrecht. Pendant l'hiver de 1697, l'infatigable historien fut pris d'une toux sèche qu'il crut d'abord sans gravité. Mais le mal augmentant, et sur l'ordre de son vieux maître M. de Beaupuis, il alla à Paris pour se faire traiter par M. Dodart. Les soins les plus empressés ne purent le sauver et il expira doucement le 10 janvier suivant entre les bras de son secrétaire, M. Tronchai.

M. de Tillemont avait ardemment désiré d'être enterré à Port-Royal et il en fit aux religieuses la demande en ces termes : « Les Révérendes Mères de Port-Royal des Champs m'ayant accordé l'honneur de me recevoir comme clerc de leur église, j'espère qu'elles ne me refuseront pas la grâce de la sépulture et les prières ardentes qu'elles ont accoutumé de faire pour ceux que Dieu a unis avec elles. » Son vœu fut exaucé, et l'humble prêtre reposa dans l'église même, devant la grille de la chapelle de la sainte Vierge.

Quant à du Fossé, après qu'il eut fermé les yeux à sa vénérable et sainte mère, il habita avec son frère M. de Boroger et sa belle-sœur, nièce de M. de Sacy. Ils allèrent ensemble à Angers voir l'évêque Henri Arnauld, grand-oncle de Mme de Boroger, et du Fossé occupa les années calmes de sa vieillesse à composer ses intéressants *Mémoires*. Il mourut d'apoplexie dix mois après M. de Tillemont, cette même année 1698. Son corps reposa à Saint-Étienne-du-Mont et son cœur transporté à Port-Royal y reçut les honneurs de la sépulture.

Ce pieux et savant élève de Port-Royal composa les ouvrages suivants : *Mémoires de M. de Pontis*[1]. — *Vie*

---

[1]. Ces *Mémoires* de M. de Pontis sont si remplis d'aventures extraordinaires qu'on les prendrait plutôt pour une tragi-comédie inventée de toutes pièces par une imagination folle. — Aussi Voltaire et après lui plusieurs autres, s'appuyant sur certaines erreurs de temps et de lieu, en ont-ils nié l'authenticité et relégué le héros de ces aventures parmi les personnages fabuleux. Et pourtant

de Dom Barthélemy des Martyrs, traduite de l'espagnol. — *Vie de saint Thomas de Cantorbéry.* — *Vie de Tertullien et d'Origène.* — *Une vie des Saints pour les deux premiers mois de l'année.* — *Les explications de la Bible* selon le sens littéral et spirituel faisant suite au travail de M. de Sacy et portant sur vingt-six livres tant de l'Ancien que du Nouveau Testament. Enfin les *Mémoires sur Messieurs de Port-Royal*, remplis de détails intéressants sur la vie des solitaires.

M. de Tillemont, lui, est né historien; c'est l'homme d'un seul livre ou plutôt d'une seule science et on peut dire qu'il y réussit complètement. Tout jeune, sa tendance en ce sens se manifeste d'une façon non équivoque : il fait de Tite-Live son auteur favori et goûte un charme infini à la lecture des *Annales de Baronius*. A Paris, aux Trous, à Beauvais, à Port-Royal, à Tillemont l'histoire, toujours l'histoire! Il avoue ingénument qu'à partir de quatorze ans, il n'a rien étudié que par rapport à l'histoire des premiers siècles de l'Église. Son œuvre comprend vingt-deux volumes in-4° dont six de l'*Histoire des Empereurs* et seize de « *Mémoires pour servir à l'histoire ecclésiastique des six premiers siècles* ». Ces derniers publiés en grande partie après sa mort par M. Tronchai, son secrétaire. C'est, de l'aveu de tous, un magnifique monument d'un ordre, d'une exactitude et d'une précision qui révèlent un véritable génie historique. La critique moderne y voit quelques imperfections, mais ces taches inévitables qu'on peut facilement effacer ne nuisent point à l'ensemble de l'œuvre de l'humble et savant historien.

Jean Racine, un des plus beaux génies du grand siècle

M. de Pontis a été cinquante ans soldat, a servi sous trois de nos rois, s'est retiré à Port-Royal des Champs, a été enterré à Port-Royal de Paris et son éloge se trouve au Nécrologe!

et, après Corneille, le plus parfait de nos poètes tragiques, naquit sur la fin de 1639 à la Ferté-Milon. Orphelin de père et de mère dès l'âge de trois ans, on l'envoya tout jeune au collège de Beauvais faire ses premières études. Il vint à Port-Royal vers 1655. L'année suivante, les Petites Écoles furent dispersées et le *petit* Racine, qui était de la famille, dont M. Le Maître s'occupa d'une manière particulière, resta à Port-Royal et continua d'étudier sous Lancelot et Nicole. Il est bien probable que, pendant les trois ou quatre ans de son séjour, Racine travailla avec Du Fossé, ramené de Paris, et le jeune duc de Chevreuse, au château de Vaumurier.

Je viens de dire qu'à Port-Royal Racine était chez les siens. En effet, son grand-oncle Vitart y mourut en 1642; sa grand'tante, Suzanne des Moulins; sa grand'mère, Marie des Moulins; sa tante, Agnès de Sainte-Thècle Racine, fille de cette dernière, et une cousine germaine, Marie de Sainte-Geneviève Racine, toutes quatre religieuses, habitaient le Monastère. D'autre part, Mme Vitart, une des Moulins, cachait, dans les mauvais jours, les amis poursuivis en son logis du faubourg Saint-Marceau. On le voit, le futur poète était en famille avec nos Messieurs et nous comprenons pourquoi on l'appelait le *petit* Racine, la tendre sollicitude dont M. Le Maître l'entoura et l'affection qu'il lui témoigne dans ses lettres. L'une d'elles se termine ainsi : « Bonjour, mon cher fils, aimez toujours *votre papa* comme il vous aime. Écrivez-moi de temps en temps. »

Le génie poétique de Racine s'éveilla en face de cette belle nature, à la fois riante et sauvage. Dans ses promenades solitaires, à l'ombre des grands bois, à la vue des vergers, des prairies et des fleurs, en présence de ce cloître silencieux, séjour de prière et de sacrifice, les rimes abondantes et riches se pressaient sur ses lèvres. On rapporte que Lancelot brûla un poème grec que le jeune rêveur aimait à relire, et que s'en étant procuré un autre exemplaire, il l'apprit par cœur pour le mettre à l'abri d'une nouvelle exécution.

M. de Sacy, poète aussi, mais médiocre, ne vit pas d'un bon œil les premiers essais de Racine et prétendit même qu'il manquait de vocation. L'élève avait vingt ans quand il partit pour le collège d'Harcourt où il fit sa philosophie. A peine échappé de l'école, il composa, à l'occasion du mariage du roi, une *Ode à la Nymphe de la Seine* qui lui valut de Colbert une bourse de cent louis. Encouragé par ce premier succès, il fit un *Sonnet* et différentes petites pièces que ses maîtres étaient loin d'approuver. L'élève mécontent se détacha insensiblement de Port-Royal et on pourrait dire qu'il vit avec satisfaction la dispersion de 1661. Alors ses relations avec son cousin Vitart, qui, des Petites Écoles, était passé à l'intendance du duc de Luynes, devinrent plus suivies. L'intendant, presque un personnage, le recevait à Chevreuse, l'aidait de sa bourse et le présentait aux écrivains en renom. La famille voyait avec peine cette vie oisive et dissipée; et, pour préserver le rêveur de plus grands dangers, l'envoya à Uzès chez un oncle, frère de sa mère, chanoine de mérite comblé de dignités ecclésiastiques, tout disposé en sa faveur. Racine ne trouva pas dans le Midi ce que les siens l'envoyaient y chercher. La carrière ecclésiastique lui parut sans attrait et l'espérance d'un bon bénéfice ne put le retenir à Uzès. Les efforts du digne oncle restèrent stériles, et, l'année suivante, le futur auteur de *Phèdre* et d'*Athalie* revenait à Paris, bien décidé à suivre sa vocation théâtrale.

Racine connaissait déjà La Fontaine; il vit Molière et commença avec Boileau cette intimité qui lui fut si avantageuse et ne se démentit jamais. Après l'apparition de ses deux premières pièces : la *Thébaïde* et *Alexandre*, il se brouilla complètement avec ses maîtres déjà bien délaissés. L'occasion, ou, si l'on veut, le prétexte de cette rupture, fut une phrase de Nicole répondant aux attaques de Desmarets de Saint-Sorlin. Ce Desmarets, mauvais poète, obscène romancier, devenu bigot et visionnaire sur ses vieux jours, semblait s'être acharné contre Port-Royal. C'était sa manière à lui de faire sa cour. Nicole lui lança en plein visage : « Qu'un faiseur de romans et un poète de théâtre est un empoisonneur public non des corps, mais des âmes des fidèles » et, par suite, un triste défenseur de l'orthodoxie et de la morale chrétiennes. Racine, atteint par ce trait vigoureux qui vraisemblablement le visait aussi, répliqua durement. Il attaqua Nicole, Le Maître, de Sacy, la Mère Angélique, etc., déversa l'injure et l'outrage sur ces respectables maîtres qui l'avaient tant aimé. Une seconde lettre plus mordante que la première allait partir quand Boileau empêcha cette autre lâcheté. Les pauvres maîtres, accablés de douleur, ne répondaient pas, attendant cet enfant prodigue, qui leur revint en effet. Si fâcheux que soit cet incident, nous ne devons pas le regretter, puisqu'il tourna si heureusement à l'avantage de la tragédie française.

Les liens qui l'attachaient à l'austère Port-Royal rompus, Racine s'abandonna à toute l'ardeur de son génie et d'*Andromaque* à *Phèdre* écrivit sept chefs-d'œuvre en dix ans. Les jaloux ourdirent une infernale cabale et cette dernière pièce, la plus belle avec *Athalie,* fut outrageusement sifflée; de sorte que le poète, dégoûté du théâtre, résolut de quitter une si ingrate carrière et de dormir sur ses premiers lauriers. Il n'avait que trente-neuf ans ! Une autre mésaventure vint au même moment lui déchirer le cœur, et dans la violence de son dépit, la grâce de Dieu aidant, il voulut dire au monde un éternel adieu et s'enfermer chez les Chartreux. Son confesseur lui conseilla de se marier, et, la même année, il épousait la fille du trésorier de France, d'Amiens.

Cependant Racine traînait péniblement la chaîne qui le rattachait à Port-Royal et que, malgré tout, il n'avait pas entièrement brisée ; il rougissait de son ingratitude et gémissait en secret de sa conduite envers ses bienfaiteurs. Par l'entremise de Boileau, il tenta un rapprochement qui aboutit à une complète et franche réconciliation, on s'embrassa et tout fut oublié !

Sa vie de courtisan commence où finit sa vie de poète : « On l'a tiré de sa poésie, dit M. de La Fayette, où il était inimitable pour en faire, à son malheur et à celui de ceux qui ont le goût du théâtre, un historien très imitable. » Historiographe avec Boileau, anobli, gentilhomme ordinaire de la Chambre, conseiller du roi, aimé du prince qui se plaisait à l'entendre causer, lire et déclamer, maniant la louange jusqu'à l'exagération ; il était alors en grand crédit à la cour. Bien qu'il eût renoncé au théâtre, il écrivit néanmoins, à la prière de Mme de Maintenon, pour les demoiselles de Saint-Cyr : *Esther* et *Athalie*, deux tragédies religieuses tirées de la Bible que Port-Royal ne désavoua pas, car elles « n'empoisonnaient pas les âmes des fidèles ». *Athalie* est la plus parfaite des tragédies de Racine et le chef-d'œuvre des pièces de ce genre que possède la scène française. Le courtisan, si habile qu'il fut à manier la louange, subit le sort commun. Le roi, qui s'était lassé de tant d'autres, s'en lassa et lui retira ses bonnes grâces, par la faute de Mme de Maintenon ; voici à quelle occasion. Elle avait prié Racine de rédiger un *Mémoire* sur les misères du peuple qui contrastaient tristement avec les splendeurs de Versailles. Le roi surprit le *Mémoire*, s'en irrita et dit : « Parce qu'il est poète, veut-il être ministre ? » Telle est du moins la version de Racine le fils qui devait être bien informé. Si elle est vraie, on se demande ce qu'est devenu ce fameux *Mémoire*, tout à la louange de son auteur? S'il eût existé, on n'eût pas manqué de le produire. Il est donc plus probable que Racine, qui gémissait sans doute sur les misères du peuple, n'en parla point au roi; d'autres l'avaient fait avant lui et le prince les connaissait trop! La vraie cause de sa disgrâce se rattache directement à Port-Royal et cela rachète bien des abaissements et l'absout de bien des hyperboliques flatteries. Racine se serait donc permis d'intercéder pour ses amis et les religieuses du Monastère. Mais Louis XIV, de plus en plus résolu à les exterminer, ne put souffrir tant de hardiesse. *Jupiter* fronça le sourcil et le pauvre Racine en mourut! Il quitta la Cour blessé au cœur, car il aimait son roi! Mais si son roi lui manquait, il lui restait son Dieu. Dieu, en effet, le consola, et il lui rendit sa belle âme le 21 avril 1699. Notre grand poète n'avait que soixante ans!

De Tillemont était parti l'année précédente; Du Fossé, « son plus ancien ami », quelques mois seulement avant lui! Tous trois en même temps et du même âge!

Voici le testament de Racine, suprême éloge et amende honorable à Port-Royal :

Au nom du Père, du Fils et du Saint-Esprit :
Je désire qu'après ma mort mon corps soit porté à Port-Royal des Champs et qu'il y soit inhumé dans le cimetière au pied de la fosse de M. Hamon. Je supplie très humblement la Mère abbesse et les religieuses de vouloir bien m'accorder cet honneur, quoique je m'en reconnaisse très indigne par les scandales de ma vie passée et par le peu d'usage que j'ai fait de l'excellente éducation que j'ai reçue autrefois dans cette maison, et les grands exemples de piété et de pénitence que j'y ai vus et dont je n'ai été qu'un stérile admirateur. Mais plus j'ai offensé Dieu et plus j'ai besoin des prières de cette sainte communauté pour attirer sa miséricorde sur moi. Je prie aussi la

Mère abbesse et les religieuses de vouloir bien accepter une somme de 800 livres.

Fait à Paris dans mon cabinet le 10 octobre 1698.

Le roi, qui n'avait manifesté aucun regret en apprenant la mort de celui qu'il avait admis de longues années dans son intimité, — les grands princes n'ont pas toujours le cœur bien placé, — accorda la permission nécessaire pour le transport du corps à Port-Royal des Champs où il fut inhumé auprès de celui de M. Hamon.

Si j'ai conduit le lecteur un peu loin et devancé les événements, c'est qu'il ne m'a pas semblé facile de faire autrement. Je voulais lui présenter les principaux acteurs de notre drame historique ; il fallait bien esquisser leur vie. Je désirais aussi terminer cette partie si intéressante des Petites Écoles. Je dirais donc, si j'osais, que j'ai déblayé le terrain, approché les matériaux qui vont entrer en œuvre.

Ceci posé, je reviens à l'*Augustinus* et aux cinq propositions.

CHAPITRE XIII

L'*Augustinus*. — Les cinq propositions. — Le Formulaire.
Affaire d'Arnauld en Sorbonne.

Le livre de Jansénius reproduit, d'après lui, la pure doctrine de saint Augustin, touchant la grâce, le libre arbitre et la prédestination. « Si je me suis trompé en quelque endroit, dit-il, je sais bien sûrement du moins que cela ne m'est pas arrivé en prétendant définir la vérité catholique, mais simplement en voulant produire l'opinion de saint Augustin, car je n'ai pas enseigné ce qui est vrai ou faux, ce qu'on doit tenir ou rejeter selon la doctrine de l'Église catholique, mais ce qu'Augustin a soutenu qu'on doit croire. »

Cet énorme volume est le fruit de vingt-deux années de travail et d'efforts et l'évêque d'Ypres affirme qu'avant de l'écrire, il a lu dix fois toutes les œuvres de saint Augustin et trente fois ses traités contre les pélagiens et les semi-pélagiens.

L'*Augustinus* parut à Louvain en 1640, deux ans après la mort de son auteur; et à peine échappé des presses, répandu à profusion, fut accueilli avec un intérêt extraordinaire par les théologiens et les catholiques instruits.

Les protestants y trouvèrent la confirmation de la doctrine de Calvin et le comblèrent d'éloges.

Toute la théorie de l'*Augustinus* repose sur le principe suivant. Dans l'état d'innocence, c'est-à-dire avant la chute originelle, l'homme, à la vérité, avait besoin de la grâce pour faire le bien, mais sa volonté plus forte lui permettait d'en suivre les impressions ou de les rejeter à son gré. La chute a tout changé et vicié radicalement la volonté humaine qui se porte nécessairement vers le mal, si la grâce, à son tour victorieuse, ne l'incline vers le bien ; de sorte que l'homme n'a plus maintenant la grâce proprement *suffisante,* ainsi que l'appellent les théologiens, cette grâce à laquelle la volonté peut obéir ou résister à son choix. Jansénius construit sa thèse sur ces paroles de saint Augustin qu'il faut bien se garder de prendre dans un sens trop absolu : « *Quod amplius nos delectat secundum id operemur necesse est.* » Nous faisons nécessairement ce qui nous plaît davantage et peut se résumer ainsi. Par la chute originelle, nos premiers parents ont perdu cette liberté précieuse qui par elle-même et de son plein gré se portait vers le bien ou vers le mal, et dans l'état actuel de notre nature déchue, la volonté quand elle agit a besoin d'être excitée par une certaine *délectation* ou plaisir qui l'entraîne vers l'objet qui lui plaît davantage. Cette délectation est de deux sortes : *céleste* ou *terrestre;* céleste, c'est la grâce ; terrestre, la concupiscence sous toutes ses formes. Dans le premier cas, elle entraîne notre volonté à l'amour de Dieu et au bien ; dans le second, elle le détermine au mal, de sorte que notre volonté est *nécessairement* dominée par l'une ou par l'autre de ces deux délectations. Si la grâce l'emporte, l'homme fait le bien ; si c'est la concupiscence, il opère le mal ; si toutes deux sont d'égale force, elles s'annihilent, et cela, *nécessairement*. Il n'y aurait donc pas cette grâce qu'on appelle *suffisante,* car il faut bien un terme pour l'exprimer, c'est-à-dire ce secours du moment auquel la volonté peut résister ou coopérer à son choix, et toute grâce serait toujours nécessairement victorieuse. On a comparé très exactement cette théorie à une balance. Dans l'un des plateaux serait placée la délectation céleste, dans l'autre la délectation terrestre. La balance ainsi armée oscillerait dans un sens ou dans l'autre selon la force de pression exercée sur chacun des plateaux ou bien, à pression égale, resterait immobile. Ainsi, je le répète, d'après l'*Augustinus*, l'homme dans l'état actuel peut seulement suivre les inspirations de la grâce et non leur résister, ni se soustraire à l'influence divine quand souffle le vent céleste, ni résister à l'action terrestre lorsque la concupiscence le sollicite au mal. Alors c'en est fait de la liberté véritable qui seule nous rend maîtres de nos actions; et par conséquent point de mérite ni de démérite; point de peines ni de récompenses: c'est la fatalité toute pure!

Urbain VIII lança la première bulle contre l'*Augustinus* en 1643. Le pape n'en condamnait pas la doctrine qu'il ne connaissait pas encore suffisamment, mais le prohibait comme renouvelant la controverse sur la grâce et rompant le silence prudent ordonné par ses prédécesseurs. La première charge à fond partit de la Sorbonne et fut dirigée par le syndic Cornet qui résuma la doctrine du livre en *cinq propositions*. Bientôt les esprits s'enflammèrent, et, comme il arrive toujours dans les discussions importantes, la docte Faculté se divisa en trois groupes : les partisans et les adversaires résolus; puis les prudents du centre, ni chair ni poisson, mais assez habiles pour se ménager une issue et se ranger du côté du plus fort. Le Parlement dut intervenir et imposer silence à ces trop bruyants champions jusqu'au jour où Innocent X condamna formellement les cinq propositions en 1653.

Les voici avec la note qui s'attache à chacune d'elles.

1° Quelques commandements sont impossibles aux justes à raison de leurs forces présentes, quelque volonté qu'ils aient et quelques efforts qu'ils fassent, et la grâce par laquelle ces commandements seraient possibles leur manque. — Cette proposition est déclarée téméraire, impie, blasphématoire, frappée d'anathème et hérétique.

2° Dans l'état de nature déchue, on ne résiste jamais à la grâce intérieure. Déclarée hérétique et condamnée comme telle.

3° Pour mériter ou démériter dans l'état de nature déchue, il n'est pas nécessaire que l'homme ait la liberté opposée à la nécessité ; il suffit qu'il ait la liberté opposée à la contrainte. Déclarée hérétique et condamnée comme telle.

4° Les semi-pélagiens admettaient la nécessité de la grâce intérieure, prévenante pour toutes les actions même pour le commencement de la foi, mais ils étaient hérétiques en ce qu'ils voulaient que cette grâce fût telle que la volonté pouvait lui résister ou lui obéir. Déclarée fausse et hérétique.

5° C'est une erreur semi-pélagienne de dire que Jésus-Christ est mort et a répandu son sang généralement pour tous les hommes. Déclarée fausse, téméraire, scandaleuse, impie, blasphématoire, injurieuse, hérétique et condamnée comme telle [1].

1. *Texte latin :*
1° Aliqua Dei præcepta hominibus justis volentibus et conantibus, secundum præsentes quas habent vires, sunt impossibilia : deest quoque illis gratia qua possibilia fiant.
2° Interiori gratiæ, in statu naturæ lapsæ nunquam resistitur.
3° Ad merendum aut demerendum, in statu naturæ lapsæ non requiritur in homine libertas a necessitate, sed sufficit libertas a coactione.
4° Semipelagiani admittebant prævenientem gratiæ necessitatem ad singulos actus etiam ad initium fidei, et in hoc erant hæretici,

Naturellement, pour avoir le sens orthodoxe de ces propositions, il suffit de leur faire dire le contraire de ce qu'elles expriment. Mais sont-elles bien dans le livre de Jansénius? Littéralement non, mais elles en découlent naturellement et sont *inférées*, comme disent les théologiens, de la doctrine résumée plus haut. En effet, on peut à chacune, pour s'en convaincre, appliquer le raisonnement suivant.

1° Les commandements de Dieu sont impossibles, dans l'état présent, à ceux qui n'ont pas la grâce supérieure et victorieuse, puisque Jansénius n'admet pas la grâce suffisante. Or cette grâce victorieuse manque aux justes lorsqu'ils commettent le péché : donc quelques commandements leur sont impossibles malgré leur bonne volonté, et la grâce qui les rendrait possibles leur manque effectivement.

2° Résister à la grâce, c'est l'empêcher de produire l'effet pour lequel Dieu l'a concédée à l'homme. Or, d'après les principes posés, la grâce obtient nécessairement son effet, qu'elle soit plus forte ou moins forte que la volonté; donc, dans l'état de nature déchue, on ne résiste pas à la grâce intérieure.

3° L'homme agit ici-bas poussé par une invincible délectation céleste ou terrestre, et malgré cette nécessité qui le détermine, Jansénius affirme qu'il *mérite* ou *démérite*. Donc, pour mériter ou démériter, il n'est pas besoin que l'homme ait la liberté opposée à la nécessité, il suffit qu'il ait celle opposée à la contrainte.

4° La première partie de la quatrième proposition est fausse. Les semi-pélagiens n'admettaient nullement la

---

quod vellent eam gratiam talem esse cui possit humana voluntas resistere vel obtemperare.

5° Semipelagianum est dicere Christum pro omnibus hominibus mortuum esse aut sanguinem fudisse.

nécessité de la grâce prévenante pour le commencement de la foi, ce qu'ils appelaient le *velle credere*. Ils n'enseignaient donc pas qu'on pût résister ou obéir à cette grâce prévenante et s'ils l'eussent enseigné, ils n'eussent point été hérétiques.

5° Supposé enfin que la volonté ne puisse résister à la grâce, il faut admettre que ceux qui ne sont pas sauvés n'ont pas eu la grâce du salut, alors Jésus-Christ n'est pas mort pour eux : donc, c'est une erreur de dire que Jésus-Christ est mort et a versé son sang pour tous les hommes.

Nous avons traversé ce défilé étroit et épineux des cinq propositions ; il fallait y passer pour bien connaître la nature de la question, et l'importance de la querelle du jansénisme, cause principale de la ruine de notre Port-Royal.

La bulle d'Urbain VIII, la première dirigée contre l'*Augustinus*, n'avait fait qu'exciter les esprits, suscité des contradictions, et on se disputait depuis plusieurs années pour ou contre les cinq propositions lorsque quatre-vingt-cinq évêques français, lassés de tout ce bruit, sollicitèrent du pape Innocent X une sentence formelle touchant la doctrine incriminée. Une douzaine d'autres prélats écrivirent à Rome en sens contraire, tandis que la Reine-Régente suppliait le Saint-Père d'établir nettement la foi catholique.

Les deux partis expédièrent des députés ardents à la lutte. A la tête des jansénistes figuraient le bouillant docteur Saint-Amour et le Père Des Mares de l'Oratoire. Le pape, sollicité en sens contraire, nomma une congrégation particulière chargée d'examiner à fond la question. Il assista à toutes les séances avec une attention digne d'une cause si importante dans des circonstances aussi graves. Cependant ce qui irrita les députés jansénistes, c'est qu'on ne voulut pas les entendre, excepté à la onzième et dernière séance alors que la bulle était arrêtée dans ses lignes principales. Elle parut effectivement le 9 juin 1653. Leur mission terminée sur cet éclatant échec, les délégués *Augustiniens* prirent congé du pape qui les reçut avec une extrême bonté et leur dit que par sa constitution il n'entendait point porter préjudice à la grâce efficace elle-même ni à la doctrine de saint Augustin, et ils rapportèrent à Paris cette maigre fiche de consolation.

En France, la bulle fut enregistrée et reçue par tous les évêques et si à ce moment décisif les défenseurs de Jansénius avaient déposé la plume, la grâce divine et la liberté humaine n'y perdraient rien et beaucoup de maux eussent été épargnés à l'Église. Mais, non, quelques évêques publièrent dans leurs mandements des explications équivoques qui entretinrent la division. Aussi, croyant couper court à tous les subterfuges et fermer les issues à toutes les restrictions, l'archevêque de Toulouse, M. de Marca, rédigea le *Formulaire* suivant qu'il proposa de faire signer à tous les ecclésiastiques et à toutes les religieuses du royaume.

« Je me soumets sincèrement à la constitution de Notre Saint-Père le pape Innocent X du 30 mars 1653, selon son véritable sens qui a été déterminé par la constitution de Notre Saint-Père le pape Alexandre VII du 16 octobre 1656, et je condamne de cœur et de bouche la doctrine des cinq propositions de Cornélius Jansénius contenues dans son livre intitulé l'*Augustinus* que le pape et les évêques ont condamnée, laquelle doctrine n'est point celle de saint Augustin que Jansénius a mal expliquée contre le sens de ce saint docteur. » Le roi expédia une déclaration, enjoignant à tous les ecclésiastiques et religieuses de signer le susdit Formulaire.

Le plus vigoureux champion d'une cause à jamais

perdue, le docteur Antoine Arnauld, résigné à s'incliner en silence, avait accepté la constitution d'Innocent X. Mais les Jésuites continuaient toujours d'accuser Port-Royal et appelaient ses partisans « *grenouilles du lac de Genève* ». Le Père Brisacier ne ménageait pas non plus les religieuses. « Il en vint, dit Racine, jusqu'à cet excès d'impudence et de folie que d'accuser les religieuses, dans un livre public, de ne point croire au Saint-Sacrement, de ne jamais communier, non pas même à l'article de la mort, de n'avoir ni eau bénite ni images dans leur église, de ne prier ni la Vierge ni les saints, de ne point dire leur chapelet, les appelant *sacramentaires,* des vierges folles, et passant même jusqu'à cet excès de vouloir insinuer des choses très injurieuses à la pureté de ces filles[1]. »

En même temps, le duc de Liancourt, paroissien de Saint-Sulpice et ami de Port-Royal, se vit refuser l'absolution parce qu'il entretenait des relations avec les solitaires, donnait l'hospitalité à un ami commun et faisait élever sa petite fille par les religieuses du Monastère. Le duc, très surpris et ne voulant ni retirer sa fille, ni chasser son ami, ni excommunier les solitaires, quitta le confessionnal. Le bruit de cette affaire se répandit et souleva de nouvelles colères. Arnauld, attaqué de toutes parts, crut qu'il serait naïf de garder plus longtemps le silence. Une première lettre provoqua une grêle de réponses. Dans une seconde il établit la fameuse distinction du *droit* et du *fait,* qui lui valut cette affaire en Sorbonne à laquelle nous arrivons. En *fait,* Arnauld prétendait que beaucoup de personnes ayant lu attentivement et sans parti pris le livre de Jansénius n'y avait pas trouvé les cinq propositions et que quand même elles se trompe-

---

1. *Abrégé de l'histoire de Port-Royal.*

raient on ne pourrait les accuser d'hérésie, mais tout au plus les obliger à garder le silence. En *droit*, il reprenait la première proposition condamnée, en disant : « Les Pères nous montrent un juste dans la personne de saint Pierre, à qui la grâce, sans laquelle on ne peut rien, a manqué dans une occasion dans laquelle on ne peut pas dire qu'il n'ait point péché. » Cet écrit, déféré à la Sorbonne, fut examiné par huit commissaires qui condamnèrent les deux points indiqués et déclarèrent le premier injurieux au Saint-Siège, et le second hérétique et déjà condamné. Pendant les délibérations qui durèrent deux mois, Arnauld, retiré à Port-Royal des Champs, prépara une réfutation ou plus exactement une rétractation. Il envoya à la Faculté des explications capables de satisfaire les esprits les plus prévenus : rien n'y fit! C'est en vain qu'il se repentit d'avoir écrit sa lettre, qu'il la rétracta, en demandant pardon au pape et aux évêques; en vain qu'il condamna de nouveau les cinq propositions en quelque livre qu'elles se trouvent, sans restriction ni exception; en vain qu'il reconnut avec saint Thomas, le prince des théologiens, « que le juste a toujours le pouvoir d'observer les commandements de Dieu, qui lui est donné par la première sorte de grâce qui est le secours qui meut l'âme et sans lequel néanmoins saint Thomas enseigne que l'homme, quelque juste qu'il soit, ne saurait faire le bien ». On ne l'entendit pas, on voulait le flétrir et pour cela on viola tous les règlements de la Faculté.

1° Les quatre Ordres Mendiants n'avaient droit qu'à deux voix délibératives, en tout huit; on en fit venir quarante de tous les points de la France.

2° Le chancelier assista à toutes les séances environné de tout son appareil militaire, trop éloquent pour les indécis et les timides.

3º On ne permit pas aux défenseurs de parler plus d'une demi-heure, temps dérisoire pour traiter une question de cette importance.

4º Quoique le docteur Arnauld eût réuni plus du tiers des voix (71 contre 124 et 15 abstentions), ce qui devait le garantir contre toute censure, il fut néanmoins condamné.

Aussi quitta-t-il sans regret, avec soixante de ses amis, cette société de Sorbonne dont il avait été l'ornement et qui venait de se déshonorer par une lâcheté!!

Les Jésuites, vainqueurs sur toute la ligne, triomphaient bruyamment quand les *Provinciales*, comme une douche d'eau glacée, tombèrent sur eux à jet continu et calmèrent cet enthousiasme. La première fut lue en Sorbonne le jour de la conclusion de la censure le 31 janvier 1656.

Sans cette malencontreuse affaire de Sorbonne et le refus d'absolution de M. Picoté, les *Provinciales* n'eussent pas été écrites. Ce ne serait pas dommage pour la vraie théologie, mais la littérature française manquerait d'un chef-d'œuvre d'éloquence ironique et railleuse qu'il faut maintenant examiner; disons aussi quel fut le maître qui le produisit.

CHAPITRE XIV

Pascal. — Les *Provinciales*. — *Apologie des Casuistes*
par le Père Pirot. — Les *Pensées*.

Descendant d'une ancienne famille d'Auvergne berceau des Arnauld, Blaise Pascal, fils du président de la Cour des Aides, naquit à Clermont en 1623. Sa mère, d'une santé délicate, mourut à vingt-huit ans et le laissa orphelin avec plusieurs sœurs. Nous n'en connaissons que deux : une plus âgée, Gilberte, qui devint Mme Périer; une plus jeune, Jacqueline, qui se fit religieuse à Port-Royal.

Le jeune Blaise montra dès ses plus tendres années une précocité et une justesse d'esprit qui tiennent du prodige. Son père, qui redoutait pour lui les fatigues du cerveau, ne voulut pas qu'il eût d'autre maître que lui-même. Fin littérateur, habile mathématicien, il était d'ailleurs très capable de remplir la tâche qu'il s'était imposée. Ayant vendu sa charge à Clermont, il vint s'installer à Paris. Blaise n'avait que huit ans quand se fit cette transmigration, et, quoique si jeune, il assistait avec un intérêt extraordinaire aux conférences scientifiques qui se tenaient de temps en temps chez son père. Un invincible attrait le portait vers les mathématiques et la physique; à tel point qu'à douze ans, lorsqu'il commença l'étude du latin et du grec, on dut lui interdire de s'en occuper. L'enfant demanda un jour à son père ce que c'est que la géométrie. Celui-ci ayant satisfait d'une manière sommaire sa curiosité, il n'en fallut pas davantage; et pendant ses récréations, au moyen de *barres* et de *ronds* tracés avec du charbon sur le pavé de sa chambre, il parvint jusqu'à la 32e proposition du premier livre d'Euclide. « Il y avait un homme, dit Chateaubriand, qui, à douze ans, avec des *barres* et des *ronds* avait créé les mathématiques..... Cet effrayant génie se nommait Blaise Pascal. »

En 1638, un événement fâcheux faillit causer la ruine totale de sa famille. Son père avait placé une grande partie de sa fortune en rentes sur l'Hôtel de Ville et ces rentes furent sensiblement diminuées. Trois ou quatre cents intéressés s'étant assemblés se rendirent chez le Chancelier où ils firent grand tapage. Pascal en était. La Bastille à perpétuité pouvait seule punir un semblable forfait! Les rentiers n'avaient-ils pas mauvaise grâce de crier si fort? On ne faisait que les *plumer* tandis qu'on *écorchait* les paysans de Normandie qui eurent le grand tort de se révolter : aussi, les pauvres *Va-nu-pieds*, retranchés et assiégés dans Avranches, furent-ils massacrés ou pendus haut et court!

Donc Pascal, par une fuite précipitée, évita la Bastille et se cacha de son mieux en Auvergne. Sa fille Jacqueline, qui à douze ans tournait gentiment les vers, devait le sauver et refaire sa fortune compromise.

Il prit un jour fantaisie à M. le Cardinal de se faire jouer la comédie par des enfants. Les amis du fugitif virent là un moyen de salut et la jeune Jacqueline, chargée d'un rôle dans la pièce, s'en tira à merveille. Elle s'approcha ensuite de Richelieu qui la prit affectueusement sur ses genoux et lui récita en pleurant un compliment fort bien tourné pour lui demander la grâce de son père. La grâce fut accordée, Pascal revint et Son Éminence lui confia bientôt l'intendance de Normandie. Par suite du soulèvement des *Va-nu-pieds*, les choses se trouvaient en pitoyable état et ce fut au prix de mille difficultés qu'il rétablit l'ordre dans les finances de la Province.

De son côté, le jeune Blaise s'enfonçait de plus en plus dans les sciences physiques et mathématiques. Je laisse à ceux qui savent tout ce qu'on peut obtenir par la combinaison des *barres* et des *ronds*, le soin de nous apprendre combien vastes ont été ses connaissances dans les sciences exactes; de nous parler de ses expériences sur le vide et la pesanteur, de nous décrire sa machine arithmétique, si ingénieuse qu'on l'eût crue l'œuvre d'un sorcier, et de nous expliquer pourquoi les Jésuites lui contestèrent les premiers ses découvertes.

Ce labeur acharné acheva de ruiner la santé délicate du jeune savant. La paralysie atteignit toute la partie inférieure du corps; le malade ne pouvait marcher qu'avec des béquilles; et pour lui réchauffer les jambes, on les enveloppait de linges imbibés d'eau-de-vie. Les médecins lui défendirent tout travail intellectuel et lui ordonnèrent d'aller à Paris pour se distraire un peu. Sa sœur Jacqueline l'accompagna.

Pascal connaissait déjà Port-Royal par M. Guillebert, curé des environs de Rouen et disciple de Saint-Cyran. Le frère et la sœur se rendirent souvent au Monastère et entendirent les sermons de M. Singlin. La jeune fille en fut si touchée qu'elle sentit naître en elle la vocation religieuse et manifesta le désir d'entrer à Port-Royal. Son frère la confirma dans sa bonne résolution, tandis que leur père de retour à Paris ne voulut pas souffrir qu'elle le quittât tant qu'il serait de ce monde. Jacqueline attendit trois ans après lesquels nouvelles difficultés de la part du frère qui voulait la garder avec lui. Elle passa outre et entra au Monastère. Pascal mécontent montra beaucoup de mauvaise humeur. Au moment de la profession religieuse, comme elle voulait donner une partie de son bien, très réduit d'ailleurs, à Port-Royal, il lui suscita mille difficultés, prétendant que, d'après leurs arrangements, elle ne pouvait en disposer. L'intérêt engagea Pascal dans cette vilaine chicane. On s'arrangea pourtant et Pascal, sans rompre avec sa sœur, se lança dans le monde des savants. Il vit Descartes, un esprit de sa taille, mais il ne partageait pas ses vues en beaucoup de points. Il trouvait surtout que le philosophe n'accordait pas à Dieu la place qui lui convient dans l'Univers. « Il aurait bien voulu, dit-il dans toute sa philosophie, se passer de Dieu, mais il n'a pas pu s'empêcher de lui faire donner une chiquenaude pour mettre le monde en mouvement, après cela il n'a plus que faire de Dieu. » Sa santé s'était raffermie, il menait grand train, roulait carrosse, pensait à acheter une charge et à se marier, quand un tragique événement le ramena à Port-Royal. Un jour qu'il se promenait en voiture attelée de six chevaux superbes, ces intrépides coursiers s'emportèrent sur le pont de Neuilly et arrivèrent à un endroit qui manquait de parapet. Les deux premiers se précipitèrent dans le fleuve et allaient entraîner tout l'équipage, quand, soudain, les traits se rompirent et la voiture resta sur le bord de l'abîme. Pascal vit la main de la Providence qui venait de l'arracher à une mort certaine et résolut, sans plus tarder, de fuir le monde et ses dangers. Il n'était pas homme à faire les choses à demi, et, à trente-deux ans, le grand savant rejoignait les solitaires à Port-Royal des Champs. C'est à ce moment béni qu'il écrivit sur un parchemin qu'il portait toujours sur lui : « Joie, joie, plein de joie, réconciliation totale et douce ! » Jamais en effet il n'avait goûté une joie aussi complète et aussi pure et sa sœur pouvait lui écrire : « J'ai autant de joie de vous trouver gai dans votre solitude que j'avais de douleur quand je voyais que vous l'étiez dans le monde. Je ne sais comment M. de Sacy s'accommode d'un pénitent aussi réjoui. »

Et ce pénitent, réjoui au milieu des souffrances des plus aiguës, répétait souvent que « la maladie étant depuis le péché l'état naturel du chrétien on doit s'estimer heureux d'être malade puisqu'on se trouve alors par nécessité dans l'état où l'on est obligé d'être ». Port-Royal n'eut donc point de solitaires plus mortifié, plus détaché du siècle, plus amateur de la pauvreté et jamais il ne manqua de pratiquer ces deux maximes qu'il avait prises pour base de sa piété : *renoncer à tout plaisir ; renoncer à toute superfluité !* — Je le répète, Pascal ne faisait pas les choses à demi.

Il venait d'arriver au Désert et la cause d'Arnauld en Sorbonne était définitivement perdue. Ses amis attristés et furieux réunis à Port-Royal lui disaient : « Est-ce que vous vous laisserez condamner comme un enfant sans rien dire et sans instruire le public de quoi il est question ? » Le public, en effet, ne savait pas le premier mot de la dispute et la sentence de la docte Faculté lui paraissait aussi sérieuse qu'une décision du Saint-Siège. Il fallait avant tout le détromper, laisser de côté les argumentations scolastiques, les citations des Pères et des Conciles, les passages de l'Écriture, cet entassement d'arguties ou d'arguments, armes trop lourdes que le grand nombre ne peut remuer, et s'engager dans des voies moins rocailleuses. Cette première manœuvre décidée, les habiles tacticiens opérèrent un mouvement tournant et portèrent résolument la guerre en plein cœur du pays ennemi. Les Jésuites ont produit un grand nombre de théologiens fort habiles et de casuistes autorisés. Qu'ont dit tous ces écrivains ? Beaucoup de bonnes choses sans doute, mêlées à certaines extravagances. Dans ces livres imprimés avec l'agrément des supérieurs, la pure morale subissait plus d'une atteinte. « Ah! vous prétendez que les cinq propositions sont contenues en substance dans l'*Augustinus*? Soit. Vous croyez que l'*Augustinus* ne renferme pas la doctrine de la grâce selon saint Augustin ? Soit. Après tout, quelle importance pratique se dégage de tout cela ? Le christianisme est encore autre chose. Vous nous apprenez ce qu'il faut croire, voyons ce que vous faites et si la pureté de votre morale répond à l'ardeur de vos croyances ! » « On conviendra que la manœuvre était habile, le terrain solide et parfaitement choisi et cependant, sans Pascal, la victoire restait douteuse. Arnauld écrivit une lettre qui ne satisfit point : c'est alors que se tournant vers Pascal, il lui dit : « Vous qui êtes jeune, vous devriez faire quelque chose. »

Il se mit à l'œuvre, et écrivit sa première lettre qu'il apporta à la compagnie. Tous s'écrièrent : C'est excellent; cela sera goûté; il faut l'imprimer! Quelques jours après la première *Provinciale* paraissait aux applaudissements du public. La note juste venait de retentir, l'artiste n'avait qu'à céder à l'inspiration de son génie. Les Messieurs feuilletèrent les écrits des casuistes, apportèrent à Pascal ces matériaux que Bossuet appelait « les *prévarications*, les *erreurs monstrueuses,* les *ordures* des casuistes ». La matière n'étant ni « infertile ni petite », l'écrivain n'eut que l'embarras du choix.

Les trois premières et les deux dernières lettres se rapportent à l'affaire d'Arnauld en Sorbonne, aux cinq propositions qui sont ou ne sont pas dans l'*Augustinus* au *pouvoir* prochain et au *pouvoir* éloigné ; à la grâce *suffisante* qui ne *suffit* pas, etc. Les treize autres, de la quatrième à la seizième, roulent sur la morale relâchée. L'écrivain prend à partie les auteurs jésuites, et en particulier Escobar, et les accable sur un ton de fine raillerie, dans un style nouveau, châtié, net, précis, vigoureux, chef-d'œuvre d'éloquence ironique.

La première *Provinciale* parut le 23 janvier 1656. On dit qu'en la lisant le Chancelier entra dans une telle fureur qu'il faillit étouffer et qu'on fut obligé de le saigner jusqu'à sept fois ! La police était sur pied nuit et jour, visitant, fouillant toutes les imprimeries suspectes. Mais les Jansénistes, d'une remarquable habileté, déjouèrent tous les calculs. Jamais on ne put les découvrir et c'est par milliers d'exemplaires que les lettres volèrent dans tous les coins de la France. L'émotion à peine calmée, une autre tombait à propos pour ranimer toutes les colères, et cela pendant un an !

A peine terminées, Nicole, sous le pseudonyme de Wendrock, traduisait les *Provinciales* en latin avec dissertations et explications, et courait à Cologne les faire imprimer, de sorte qu'elles eurent un succès universel.

Les Pères Jésuites, passés au crible et qui payaient pour les autres casuistes, répondirent peu ou trop tard, et l'un d'eux, le Père Pirot, nous décrit en ces termes combien fut douloureux ce genre de tourment que Pascal leur infligea. « Les plus cruels supplices ne sont pas ceux que l'on endure dans les bannissements, sur les grils et sur les roues. Le supplice que l'on a fait souffrir à des martyrs que l'on frottait de miel, pour après les exposer aux piqûres des guêpes et bourdons, a été plus cruel que beaucoup d'autres qui semblent plus horribles, et qui font plus de compassion. La persécution qu'ont souffert les Jésuites par les bouffonneries de Port-Royal, a quelque chose de semblable ; leurs tyrans ont fait l'instrument de leur supplice des douceurs empoisonnées d'un enjouement cruel, et on les a abandonnés et laissés exposés aux piqûres sanglantes de la calomnie ? »

Cependant les curés de Rouen d'abord, et ceux de Paris ensuite, s'indignèrent contre la morale relâchée exposée dans les *Provinciales*. On examina sérieusement les textes et l'Assemblée du clergé réunie à Paris fut priée de condamner ces scandaleuses propositions. Mais l'Assemblée, au lieu de se prononcer, *enterra* la requête des curés. En même temps le Père Pirot publiait une *Apologie des casuistes* si malencontreuse que tous les siens le désavouèrent. Les curés alors se liguèrent avec Port-Royal et, aidés de Pascal et de Nicole, dénoncèrent l'*Apologie*. D'autre part, les évêques la flétrirent dans leurs mandements et la Sorbonne la censura.

L'indomptable ardeur avec laquelle Pascal combattit pendant ces années, le grand ouvrage qu'il méditait contre les philosophes sceptiques et les chrétiens indifférents, les mortifications de tous genres qu'il s'imposait, altérèrent profondément sa santé. Mais lui, loin de se plaindre et de s'affliger, s'estimait heureux « d'être dans l'état naturel du chrétien ».

En 1661, la Cour pressa la signature du Formulaire rédigé depuis quatre ans. Les grands vicaires de Paris aidés, dit-on, de la plume infatigable de Pascal, donnèrent un Mandement si ambigu qu'un arrêt du conseil d'État le révoqua. Ces mêmes vicaires généraux furent contraints de publier une Ordonnance qui enjoignait purement et simplement la signature du Formulaire. Messieurs de Port-Royal, pressés, l'épée dans les reins, s'assemblèrent pour délibérer et jugèrent que les religieuses devaient signer moyennant un *considérant*. Cette décision remplit de douleur l'âme de Pascal, beaucoup plus rigide que ses amis. Il ne voulut rien accorder, soutint qu'on ne devait ni *considérer*, ni *distinguer* quoi que ce fût, et qu'il fallait refuser tout net la signature. « Le pape, disait-il, en condamnant la grâce au sens de Jansénius, condamne du même coup la grâce efficace au sens de saint Augustin, puisqu'en réalité la doctrine de Jansénius est celle de saint Augustin lui-même. » Son opinion ne prévalut pas : ce que voyant, il fut si « accablé de douleur qu'il tomba évanoui ». Quand on lui demanda la cause de cet accident, il répondit : « Quand j'ai vu toutes ces personnes-là, que je regarde comme ceux à qui Dieu a fait connaître la vérité et qui doivent en être les défenseurs s'ébranler, je vous avoue que j'ai été saisi de douleur, que je n'ai pu la soutenir, et il a fallu succomber ! » Ce grave incident ne le brouilla pas avec ses amis, comme on l'a prétendu. Arnauld et Nicole le visitèrent dans sa dernière maladie, et M. de Sainte-Marthe reçut plusieurs fois sa confession.

Cependant le mal augmentait, et le curé de Saint-Étienne-du-Mont lui apporta le saint viatique. Ici nouvelle légende. On a dit qu'à son lit de mort, Pascal s'était rétracté. C'est une erreur. Le curé de Saint-Étienne connaissait-il au juste la nature de son différend avec Port-Royal ? C'est possible et peut-être lui a-t-il administré, malgré cela, les derniers sacrements. Ou bien a-t-il cru que l'illustre malade inclinait à la modération, tandis que ses amis ne voulaient rien concéder. Alors les rôles étant renversés, la conduite du prêtre s'explique naturellement. Mais deux ans après, quand le bruit de cette prétendue rétractation se fut répandu, la famille la démentit, et rétablit la vérité. Pour quiconque connaît Pascal, il ne devait ni ne pouvait se rétracter. Le miracle de la Sainte-Épine dont sa nièce fut l'heureux instrument et auquel il croyait comme à l'Évangile, lui sembla toujours une intervention manifeste de Dieu en faveur de Port-Royal. Dès lors, abandonner sa cause eût été une apostasie dont sa grande âme était incapable.

Il mourut à la fleur de l'âge, à trente-neuf ans, le 19 août 1662, et son corps fut inhumé à Saint-Étienne-du-Mont.

Après la mort de Pascal, on trouva dans ses papiers l'ébauche d'un grand ouvrage apologétique qu'il avait médité dans la solitude de Port-Royal. Ces fragments, jetés pêle-mêle, sans ordre, furent recueillis et classés par les soins de la famille et des amis et imprimés sous le titre de *Pensées*.

D'où vient l'homme? — où va-t-il? — Quel est-il? — que doit-il faire? — Autant de questions qui s'imposent à la raison humaine et qu'elle a le plus grand intérêt à résoudre. Les philosophes païens ont sur l'homme, son origne et sa fin, des idées diamétralement opposées. Les uns n'ont vu en lui rien que de grand, de parfait, de sublime : ils ont vanté la puissance de sa raison, la force de sa volonté, tous les dons qui en font le roi du monde, la merveille de la Création; et même, dans leur diabolique orgueil, l'ont égalé à Dieu! Lucifer avait dit : *Quó non ascendam?* « Jusqu'où ne pourrais-je pas m'élever? » Les autres l'ont dégradé. Sa faible raison ne sait rien des impénétrables mystères qui l'environnent; ses idées se modifient sans cesse; sa volonté impuissante, toujours mobile, jamais satisfaite, manque de force pour le bien. Et d'ailleurs qu'est-ce que la Vérité, le Bien, le Beau, la Justice, la Liberté, la Religion? Quand tout change et se renouvelle avec les siècles et les peuples! L'homme ne sait rien, ne peut rien, il est misérable dans tout son être, et mérite à peine le premier rang parmi les animaux!

Ils ont raison tous deux, ces philosophes, et leurs affirmations sont vraies par un côté. Oui, l'homme est un composé étrange de savoir et d'ignorance, de puissance et de faiblesse, de bien et de mal. Il sait beaucoup, mais il ignore davantage; libre et esclave en même temps! ange et démon! C'est un être tombé qui porte les traces de sa grandeur passée, et les meurtrissures de sa chute. Lamartine l'a dit avec raison :

> L'homme est un dieu tombé qui se souvient des cieux.

D'où vient ce mélange, cet assemblage de vices et de vertus, qui a fait cela? Le péché, la chute! — Mais ce péché est-il irrémissible? Non, le Sauveur, la grâce peuvent tout réparer. — Et par qui connaissons-nous ces vérités capitales? — Par la Religion. — Laquelle? La chrétienne, la seule vraie : ce que Pascal voulait démontrer aux philosophes incrédules, aux indifférents qui vivent sans souci du lendemain. Et si, par impossible, la religion chrétienne était fausse, que perdrait l'homme à la pratiquer? Rien. Cette vie est bien courte, elle passe « comme le jour d'hier qui a disparu ». Les sacrifices qu'elle nous impose sont si peu de chose! D'ailleurs une bonne action n'est-elle pas elle-même sa récompense? Et si elle est vraie, pour Pascal il y a certitude absolue, qu'a-t-il à perdre? Tout!

Un Dieu! — une âme immortelle! — un moment! — une éternité! — Jésus-Christ! — la grâce! — la prédestination! Vérités redoutables qui tourmentèrent l'âme du philosophe chrétien et lui inspirèrent ces pages admirables, pierres superbes que la mort impitoyable ne lui permit pas d'assembler en un temple digne de la postérité et de la Religion :

Voilà les *Pensées!*

CHAPITRE XV

Seconde dispersion des Solitaires. — Miracle de la Sainte-Épine.
Rigueurs contre Port-Royal. — Mort de la Mère Angélique.

L'affaire de Sorbonne et le succès irritant des *Provinciales* devait retentir douloureusement au fond du désert de Port-Royal. Dans le but d'effrayer la Cour, les ennemis grossirent à dessein le nombre des solitaires, les transformèrent en une légion aussi redoutable par la plume que par l'épée et capable de renverser le trône et l'autel. M. d'Andilly, le patriarche de tous, averti du danger, se mit en frais de diplomatie, écrivit au cardinal Mazarin, à la Reine-Mère, les assurant des dispositions pacifiques de tout son monde; mais inutilement: il fallut partir. Il obtint pourtant quelques jours de répit qu'il employa à faire sortir petits et grands: les solitaires et leurs élèves; si bien que quand le lieutenant civil arriva aux Champs, il n'y trouva plus personne. M. Daubray entra au Monastère, vit la Mère Angélique, qu'il interrogea en usant de toutes sortes d'égards, et reconnut combien les choses avaient été exagérées.

Cette dispersion ne fut pas de longue durée et M. d'Andilly, *exilé* à Pomponne, put dès le mois suivant regagner son cher vallon, où les siens le rejoignirent peu à peu.

De cette année 1656 jusqu'en 1661 le calme se rétablit. On s'occupa des « ordures de casuistes » et pour comble de bonheur, le Ciel lui-même prit en main la cause de Port-Royal. Une série de miracles opérés par la Sainte-Épine ranima l'ardeur de tous les pénitents et fit sur le public une impression profonde.

La nièce de Pascal, Mlle Périer, reçut la première de ces faveurs célestes. Cette enfant d'une douzaine d'années, élève de Port-Royal de Paris, souffrait d'une fistule lacrymale que les médecins déclaraient incurable. Cette terrible affection durait depuis deux ans, et, si on en croit la relation, elle était arrivée à un tel degré de gravité que les os du nez et du palais tombaient, rongés par l'horrible mal ! On n'espérait plus la guérison des moyens humains, quand une religieuse, la sœur Flavie, eut la pensée d'appeler le Ciel à son secours en appliquant sur la plaie un reliquaire contenant une épine de la Sainte Couronne que la Communauté avait le bonheur de posséder. A partir de ce moment le mal diminua comme par enchantement ; et huit jours après, la guérison était complète. Voilà le fait ; je n'ai pas à examiner l'authenticité de ce miracle ; toujours est-il que six médecins et cinq chirurgiens le constatèrent et déclarèrent que la guérison ne pouvait s'expliquer par les forces naturelles. Bien plus, un Mandement du grand vicaire de Paris donné après enquête canonique concéda un jour de fête et un *Te Deum* en actions de grâces. La Cour crut au miracle et le peuple se porta en foule au Monastère y prier et voir la miraculée. Pascal, convaincu plus que personne, touché et reconnaissant de cette faveur accordée à sa famille, s'écriait dans la seizième provinciale avec un légitime orgueil : « On l'entend aujourd'hui cette voix sainte et terrible qui étonne la nature et console l'Église ! Et je crains que ceux qui endurcissent leurs cœurs et qui refusent avec opiniâtreté de l'ouïr quand il parle en Dieu ne soient forcés de l'ouïr avec effroi lorsqu'il parlera en juge. » Le pape Benoist XIII cite dans une de ses homélies le miracle de la Sainte-Épine pour montrer que les prodiges n'ont pas cessé dans l'Église.

Celui-ci fut le commencement d'une série qu'il serait trop long de rapporter. Les amis de Port-Royal, heureux témoins de ces bienfaits, pouvaient en les publiant répéter en toute vérité ces paroles de Jésus aux envoyés de Jean-Baptiste : « Les aveugles voient, les boiteux marchent, les sourds entendent, les infirmes sont purifiés et guéris. »

En 1661, au plus fort de la tempête, une religieuse devint à son tour l'objet d'une guérison surnaturelle. La sœur Sainte-Suzanne, fille du peintre Philippe de Champaigne, souffrait depuis longtemps d'une paralysie de la jambe droite qui l'empêchait absolument de se mouvoir. L'art étant impuissant, les religieuses recoururent à la prière, firent plusieurs neuvaines sans résultat. La Mère Agnès et la malade redoublent leurs instances et sont enfin exaucées. Philippe de Champaigne immortalisa cet événement sur une toile qui orna l'église de Port-Royal et qu'on voit maintenant au Musée du Louvre. Les deux religieuses, la malade et la Mère Agnès sont représentées, la première assise et tenant le reliquaire sur elle, les mains jointes, la seconde à genoux dans l'attitude de la prière.

« Les ennemis de Port-Royal, bien loin de participer à la joie commune, demeuraient tristes et confondus selon l'expression du psaume [1]. »

Ils attribuèrent d'abord ces miracles au démon; accu-

---

[1]. RACINE, *Abrégé de l'histoire de Port-Royal.*

sèrent les religieuses de fourberie; puis comme l'attaque n'avait aucun succès, ils publièrent, dans un écrit attribué au Père Annat et intitulé *Rabat-joie des Jansénistes,* que si Dieu en agissait ainsi avec des religieuses hérétiques, c'était assurément pour les convertir.

L'archevêque M. de Péréfixe leur écrivait : « Votre Sainte-Épine a fait une *centaine* de miracles que je crois véritables »; et en même temps, il les traite avec une extrême rigueur. Dieu peut faire des miracles et J.-Jacques Rousseau a raison de dire que celui qui le nierait serait un fou qu'il faudrait enfermer. Il en a opéré pour affirmer la vérité, jamais pour confirmer l'erreur. Or les miracles cités plus haut étant authentiques, incontestables et incontestés confirmaient la doctrine de Port-Royal et proclamaient l'excellence de sa cause. « *Si Deus pro nobis, quis contra nos?* Si Dieu est avec nous, qui sera contre nous? » Les disciples de Saint-Cyran et de Jansénius ont puisé dans cette conviction le plus puissant motif de leur conduite, et cette créance absolue à l'intervention divine en faveur des défenseurs de la *grâce efficace* aiguisa la plume de Pascal et produisit les *Provinciales* et les *Pensées.*

J'ai dit que le Formulaire arrêté dès 1657 dormait dans les cartons lorsque Louis XIV vint soudain le réveiller. Ce prince, fatigué de toutes ces discussions auxquelles il ne comprenait pas grand'chose, n'apercevant pas de différence bien sensible entre un janséniste et un protestant, — on le lui répétait tous les jours, — sentant d'instinct que les hommes de Port-Royal pliaient les reins moins facilement que le reste de ses sujets, résolut d'en finir. Il manda au palais le président de l'Assemblée du clergé, réunie en ce moment, et lùi déclara sa volonté bien arrêtée d'exterminer le jansénisme. Il agissait ainsi, disait-il, poussé « par sa conscience, son honneur et le bien de son état ». L'assemblée, docile aux volontés du monarque, décida que le Formulaire serait signé sans restriction non seulement par les ecclésiastiques, mais aussi par tous les religieux et religieuses, principaux et régents des collèges et maîtres d'écoles du royaume.

Aussitôt et avant même que la signature fût demandée à Port-Royal on sévit contre les deux Maisons. Le lieutenant civil porta, tant à Paris qu'aux Champs, l'ordre du roi de faire sortir immédiatement toutes les élèves, postulantes et novices avec défense d'en recevoir à l'avenir. Les deux Abbayes, en pleine prospérité, comptait cent-vingt religieuses et une soixante d'élèves, trente dans chacune. On se figure aisément les scènes attendrissantes qui accompagnèrent cette douloureuse séparation. « Depuis ce jour, dit la Relation, la maison devint une maison de larmes et tout retentissait des cris et des pleurs de trente-trois enfants et de plusieurs jeunes filles déjà reçues au Noviciat et qui attendaient comme l'arrêt de leur mort qu'on les contraignît à sortir. » On voulut jouer de ruse et on fit prendre l'habit précipitamment à dix-sept postulantes ou novices afin d'éluder les ordres de la Cour. Cette supercherie ne réussit pas et les jeunes filles ainsi reçues durent s'éloigner comme les autres.

Au nombre des élèves qui attendaient que l'âge leur ouvrît les portes du cloître, se trouvaient plusieurs enfants chéries de la Mère Angélique, qui furent obligées de dire adieu sans retour à cet asile témoin des plus beaux jours de leur enfance : Marguerite Périer, la miraculée de la Sainte-Épine, qui mourut à Clermont en 1733 à l'âge de quatre-vingt-sept ans ; Mlle de Montglat, qui fit profession au monastère de Gif, dont elle devint abbesse ; Mlles de Luynes, religieuses à Jouarre, que Bossuet dirigea dans les voies de la perfection ; Mlle de Bagnolz, et tant d'autres, qui dans les situations les plus diverses restèrent toujours fidèles à Port-Royal. Ces écoles de jeunes filles admirablement dirigées rivalisaient avec celles des jeunes gens dont nous avons parlé. Elles étaient même plus nombreuses et les élèves qui rentraient dans le monde emportaient le gage d'une vertu sincère et durable.

Racine, dans l'*Abrégé de l'histoire de Port-Royal*, parle de ces écoles en ces termes : « Il n'y eut jamais d'asile où l'innocence et la pureté fussent plus à couvert de l'air contagieux du siècle, ni d'école où les vérités du christianisme fussent plus solidement enseignées. Les leçons de piété qu'on y donnait aux jeunes filles faisaient d'autant plus d'impression sur leur esprit qu'elles les voyaient appuyées non seulement par l'exemple de leurs maîtresses, mais encore de l'exemple de toute une grande Communauté, uniquement occupée à louer et à servir Dieu..... On travaillait à les rendre également capables d'être un jour ou de parfaites religieuses ou d'excellentes mères de famille. On pourrait citer un grand nombre de filles élevées dans ce Monastère qui ont depuis édifié le monde par leur sagesse et leur vertu. »

Boileau, qui ne péchait point par excès de flatterie, célèbre dans ses vers les qualités de la femme sortie des écoles de Port-Royal :

> L'épouse que tu prends, sans tache en sa conduite,
> Aux vertus, m'a-t-on dit, dans Port-Royal instruite,
> Aux lois de son devoir règle tous ses désirs.

En même temps, pour éviter une lettre de cachet qui le reléguait à Quimper, M. Singlin se déroba et fut remplacé dans la supériorité par M. Bail, curé de Montmartre, dont les cheveux « se hérissaient au seul nom de Port-Royal. Il avait toute sa vie ajouté une foi entière à tout ce que les Jésuites publiaient contre cette Maison, et qui avait fort étudié les casuistes [1]. » Les religieuses protestèrent, mais M. Bail s'installa, remplaça les confesseurs et fit sa visite en règle à Paris et aux Champs. Ayant tout scrupuleusement observé, le Supérieur dressa comme suit la relation de sa visite qui se trouve être en même temps une fort belle apologie des religieuses : « Ayant trouvé cette Maison en un état régulier bien ordonné, une exacte observance des règles et des constitutions, une grande union et charité entre les sœurs, et la fréquentation des sacrements digne d'approbation, avec une soumission due à Notre Saint-Père le Pape et à tous ses décrets par une foi orthodoxe et une obéissance légitime ; n'ayant rien trouvé ni reconnu en l'un et l'autre Monastère qui soit contraire à ladite foi orthodoxe et à la doctrine de l'Église catholique, apostolique et romaine, ni aux bonnes mœurs, mais plutôt une grande simplicité, sans curiosité dans les questions controversées dont elles ne s'entretiennent point, les supérieurs ayant eu soin de les en empêcher ; nous les exhortons toutes, par les entrailles de Jésus-Christ, d'y persévérer constamment, et la Mère abbesse d'y tenir la main. »

Si nous voulons connaître les raisons de l'extrême répugnance des religieuses à donner la signature qu'on exigeait d'elles, nous n'avons qu'à relire la page où Racine les expose avec une admirable précision. — La voici : « Surtout on leur avait inspiré une extrême horreur pour toutes ces restrictions mentales, et pour toutes ces fausses adresses inventées par les casuistes modernes, dans la vue de pallier le mensonge et d'éluder la vérité. Cela étant, on peut aisément concevoir d'où venait la répugnance de ces filles à signer le Formulaire. La nécessité où on les réduisait les avait enfin obligées,

---

[1]. Racine, *Abrégé de l'histoire de Port-Royal.*

malgré elles, de s'instruire de la contestation qui faisait tant de bruit dans l'Église, et qui les jetait dans de si grands embarras. Elles avaient appris que deux papes à la sollicitation des Jésuites et de plusieurs évêques avaient condamné comme extraites de Jansénius, évêque d'Ypres, cinq propositions très abominables ; que tout le monde avouait que ces propositions étaient bien condamnées ; mais qu'un grand nombre de docteurs distingués par leur piété et par leur mérite, du nombre desquels étaient les directeurs de leurs Maisons, soutenaient qu'elles n'étaient point dans le livre de cet évêque, où ils offraient même d'en faire avoir de toutes contraires ; qu'il s'était fait sur cela de part et d'autre quantité de livres où ceux-ci paraissaient avoir tout l'avantage. Il y avait donc lieu de douter, et elles doutaient effectivement, que ces propositions fussent dans le livre de cet évêque mort en odeur de sainteté, et qui, dans son ouvrage même, paraissait soumis jusqu'à l'excès au Saint-Siège. Ainsi, soit qu'elles se trompassent ou non, pouvaient-elles en sûreté de conscience signer le Formulaire ? N'était-ce pas attester qu'elles croyaient le contraire de ce qu'en effet elles pensaient ? On répondait qu'elles devaient se fier à la décision de deux papes ; mais elles avaient appris de toute l'Église que les papes, ni même des conciles, ne sont point infaillibles sur des faits non révélés. Et y a-t-il quelqu'un, si ce n'est les Jésuites, qui le puisse soutenir ? »

On se rappelle que les grands vicaires du cardinal de Retz donnèrent un premier Mandement en termes ambigus qu'il fallut rétracter.

Le second Mandement qui barrait la route à l'équivoque et exigeait purement et simplement la signature du Formulaire, vint désoler le Monastère. Les chefs s'assemblèrent pour délibérer et, après avoir bien prié et bien réfléchi, décidèrent que les religieuses pourraient signer moyennant le considérant suivant : « Considérant que, dans l'ignorance où nous sommes de toutes les choses qui sont au-dessus de notre profession et de notre sexe, tout ce que nous pouvons est de rendre témoignage de la pureté de notre foi; nous déclarons volontiers, par cette signature, qu'étant soumises avec un profond respect à Notre Saint-Père le Pape, et n'ayant rien d'aussi précieux que la foi, nous embrassons sincèrement et de tout cœur tout ce que Sa Sainteté et le pape Innocent X en ont décidé, et rejetons toutes les erreurs qu'ils ont jugé y être contraires. » Telle était la limite extrême de la concession. — D'ailleurs, quoi de plus orthodoxe ? — Cependant Pascal la rejeta avec indignation et s'évanouit en voyant ses amis s'ébranler. Pascal avait raison, il fallait signer tout net ou refuser tout court. Sa sœur fut, dit-on, si tourmentée d'avoir signé qu'elle en mourut de douleur.

Une sorte de trêve, qui dura deux ans, ramena le calme dans les esprits. Le cardinal de Retz donna sa démission d'archevêque de Paris et fut remplacé par M. de Marca, l'auteur du Formulaire. Ce prélat mourut subitement trois jours après la réception des bulles de Rome, et les jansénistes virent dans la fin tragique de ce *nouveau Photius* un châtiment du Ciel. Hardouin de Péréfixe, évêque de Rodez, ancien précepteur du roi, désigné pour lui succéder, attendit deux ans son investiture, par suite d'une fâcheuse affaire arrivée à l'ambassadeur de France à Rome, et pour laquelle Alexandre VII refusa de donner satisfaction à Louis XIV. Port-Royal profita de ce répit, concerta ses plans de campagne, établit ses batteries et se disposa à continuer la lutte si vigoureusement commencée.

Dieu venait de rappeler à lui la réformatrice de Port-

Royal, fille bien-aimée de Saint-Cyran. Au premier signal d'alarme, l'abbesse, bien que fort souffrante, se porta au secours de sa Maison de Paris, plus directement menacée. En partant, elle adressa à ses chères filles de touchants adieux; elle pressentait ne plus les revoir ici-bas, dans son cher Port-Royal des Champs. A Paris, elle assista à la douloureuse séparation et, comme on pleurait beaucoup, elle s'écria : « Quoi ! je crois que l'on pleure ici ? Allez, mes enfants, qu'est-ce que cela ? N'avez-vous point de foi ? et de quoi vous étonnez-vous ? Quoi ! Les hommes se remuent; eh bien ! ce sont des mouches qui volent et qui font un peu de bruit. Vous espérez en Dieu et vous craignez quelque chose ! Croyez-moi, ne craignons que lui et tout ira bien. — Nous avions besoin de tout ce qui nous arrive pour nous humilier... il n'y avait en France point de maison qui fût plus comblée de biens spirituels de l'instruction et de la bonne conduite. On parlait de nous partout. Croyez-moi, il était nécessaire que Dieu nous humiliât. L'affliction, la peine et les maux nous sont plus nécessaires que le pain. » Une lettre qu'elle écrivit à M. de Sévigné témoigne de son courage résigné, de la sérénité de son âme et de son absolue confiance en Dieu. « Enfin le bon Dieu nous a dépouillées de tout : de pères, de sœurs et d'enfants. Son saint nom soit béni ! La douleur est céans, mais dans la paix et la soumission tout entière à la volonté de Dieu. »

Ce qui l'affligea le plus sensiblement dans sa maladie fut d'être séparée de M. Singlin, son second père spirituel. Elle supporta néanmoins très courageusement cette privation. « Je n'ai point de peine de ne pas être assistée par M. Singlin, je sais qu'il prie pour moi, et cela suffit. »

Cependant le mal s'aggrava, et cette courageuse servante de Jésus-Christ se prit à trembler devant la mort, se considérant comme un criminel qui attend au pied de la potence l'instant de son exécution. Et pourtant, qu'avait-elle à redouter? Depuis cinquante ans elle servait Dieu dans la prière, la pénitence et les larmes, et ce Dieu, qui l'avait comblée de faveurs pendant sa vie, s'apprêtait à la couronner! Pourquoi craindre et pourquoi trembler? Mais les justes ont eu de ces frayeurs, qu'une conscience vulgaire ne comprendra jamais!

La Mère Angélique reçut pour la troisième fois l'extrême onction l'avant-veille de sa mort, et elle rendit son âme à Dieu le 6 août 1661, âgée de soixante-dix ans. « Fille véritablement illustre, dit Racine, et digne, par son ardente charité envers Dieu et envers le prochain, par son extrême amour pour la pauvreté et pour la pénitence, et enfin par les grands talents de son esprit, d'être comparée aux plus saintes réformatrices. » Elle avait assez travaillé dans cette Maison, rappelée à la vie spirituelle, et Dieu devait lui épargner les poignantes angoisses de l'interdit qui se préparait, et le spectacle douloureux de l'ingratitude de ses filles de Paris.

CHAPITRE XVI

Projet d'accommodement. — Hardouin de Péréfixe à Port-Royal de Paris. — Enlèvement de seize religieuses. — Seize autres signent le Formulaire. — Vision prophétique. — M. de Péréfixe à Port-Royal des Champs. — On y envoie les réfractaires.

Les amis du dehors, profitant de cette trêve aussi forcée qu'inattendue, tentèrent un accommodement très raisonnable, et qui devait sauver Port-Royal. L'occasion paraissait propice, car le roi, irrité contre le pape, aurait voulu terminer seul l'affaire du jansénisme. Un ami de M. d'Andilly, M. de Choiseul, évêque de Comminges, et le Père Ferrier, professeur de théologie à Toulouse, chargés de négocier, semblaient assurés du résultat. Malheureusement, leur bonne volonté et leurs efforts se brisèrent contre l'invincible obstination, j'allais dire l'entêtement du docteur Arnauld. Les négociateurs, arrivés à Paris, prièrent les chefs de Port-Royal de venir conférer avec eux, afin d'arrêter en commun les conditions de la paix. Arnauld, défiant à l'excès ou craignant de tomber dans un piège, ne répondit pas à ces avances. Il resta invisible dans son camp, enfermé dans une retraite impénétrable, écrivant lettres sur lettres, qu'il faisait porter par ses lieutenants. Les siens le prièrent, le conjurèrent de se montrer plus traitable dans l'intérêt de l'Église et du Monastère : rien n'y fit. M. d'Andilly était au désespoir ! Tout à coup Arnauld disparut complètement, et adieu les négociations ! Le héros du jansénisme venait de commettre un crime, et il est permis de lui imputer, dans une large mesure, les maux qui fondirent sur Port-Royal. Il s'attacha par un entêtement inexplicable (c'est ainsi qu'on appela sa résistance) à un point très secondaire de la question, lui donna une importance qu'il ne méritait pas et ne voulut pas reculer d'une semelle. « Il est inexcusable, dit Bossuet, avec ses grands talents, d'avoir tourné ses études pour persuader au monde que la doctrine de Jansénius n'avait pas été condamnée. » Le docteur Sainte-Beuve, un ami pourtant, mais qui signa dès que cela fut possible, qui aurait signé sept fois s'il eût fallu, disait : « Le feu est aux quatre coins de l'Église et, au lieu de l'éteindre, on y jette toujours de l'huile. — Ils ne peuvent s'empêcher d'écrire. » Demander sa plume à Arnauld, c'était lui arracher l'âme !

Hardouin de Péréfixe reçut enfin ses bulles en avril 1664 et, régulièrement constitué archevêque de Paris, tourna ses regards vers Port-Royal. Le Monastère, qui cependant ne fondait pas sur lui de grandes espérances, lui députa Lancelot pour le féliciter. Lancelot connaissait personnellement le prélat, qu'il avait vu à la Cour au temps de son préceptorat, et lui avait communiqué ses *Méthodes* dont se servit le royal élève. L'entrevue, pleine de cordialité, roula sur la signature et Lancelot, sans essayer de détruire les bonnes raisons de M. de Paris, lui demanda en grâce d'épargner la « tendresse de conscience des religieuses ». M. de Péréfixe appelait tout autrement cette tendresse de conscience. A ses yeux, c'était de l'entêtement tout pur. Il lui semblait « que des filles ne doivent point se mêler de disputer, mais se rendre à ce que le pape et les évêques avaient tant de fois défini. »

Au mois de juin, M. de Péréfixe donna son Mandement pour la signature. Il exigeait la créance au *fait*, non pas d'une foi *divine*, mais d'une foi *humaine* et ecclésiastique. Cette bizarre et peu heureuse distinction n'eut pas l'avantage de plaire aux jansénistes et laissa entières les difficultés. Ces expédients, ces explications qui n'expliquaient rien, montrent combien on avait été mal inspiré en exigeant la signature, et comme la querelle était mal engagée. Dès le lendemain, le prélat se rendit au Monastère de Paris, exhorta les sœurs, leur commenta son mandement, qu'elles comprirent d'autant moins qu'on le leur expliqua davantage. N'ayant rien obtenu de la Communauté assemblée, il crut qu'en divisant les résistances il en viendrait à bout, et prit chacune en particulier. La Maison comptait soixante-trois religieuses et, avec plusieurs, M. de Péréfixe n'eut pas le dernier mot. L'abbesse, Mme de Ligny, les sœurs Angélique de Saint-Jean[1], Catherine Briquet et Eustoquie de Brégy n'étaient pas des adversaires méprisables. Le lendemain, l'archevêque revint clore la visite et établit le docteur Chamillard conseiller et confesseur du Monastère.

Celui-ci ne réussit pas mieux que son prédécesseur M. Bail, et, bien qu'aidés du Père Esprit de l'Oratoire, il s'épuisa en vaines démonstrations; ces Messieurs pleins de bonne volonté s'ingéniaient à trouver une formule acceptable; on se moqua de leurs efforts, du peu d'*esprit* de Père Esprit, et on les pria de mettre la paix céans en restant chez eux.

Le confesseur revint pourtant et on allait tomber d'ac-

---

[1]. Voyez les biographies et les tombes de Mmes de Ligny (p. 310) et Angélique de Saint-Jean (p. 336).

cord quand un mot malsonnant renversa l'édifice si laborieusement construit. M. Chamillard demandait qu'on signât avec la formule suivante : « Nous soussignées promettons une créance et soumission sincère pour le *droit;* et sur le *fait*, comme nous ne pouvons en avoir aucune connaissance, nous n'en portons point de jugement CONTRAIRE, mais nous demeurons dans le respect et le silence conformes à notre condition. » Ce malheureux mot *contraire* fit bondir tout le monde d'indignation. Plutôt mourir que de signer avec cet abominable qualificatif! Et pourtant, nous n'en portons point de jugement ou nous n'en portons point de jugement contraire, n'est-ce pas absolument la même chose? Philippe de Champaigne, porteur de la formule, se rendit à l'archevêché et les sœurs, en attendant le résultat de sa mission, adressèrent des requêtes à tous les saints du paradis, les priant de les inspirer, mais surtout d'éclairer leurs supérieurs. De plus, se méfiant de leurs propres forces et dans le but de se prémunir contre une défection possible, elles dressèrent un acte solennel « pour s'unir plus étroitement dans la défense de leur conscience, pour *rendre compte de leur conduite au public* et pour protester d'avance contre les violences qu'on pourrait exercer contre elles ». On apporta ensuite le Livre des oracles divins et on l'ouvrit; la Mère Agnès y lut ces consolantes paroles de saint Jean : « En vérité, en vérité, je vous le dis, vous pleurerez et vous gémirez et le monde sera dans la joie... Le temps viendra, et il est déjà venu, où vous serez dispersés chacun de son côté... Mais ayez confiance, j'ai vaincu le monde. » Encouragées par ces heureux présages, les religieuses s'excitèrent plus que jamais à anathématiser ce mot *contraire* devenu impie!

M. de Paris, malade, leur laissa quelque répit. Aussitôt rétabli, il revint à Port-Royal. Le Livre, consulté une seconde fois, prophétisait ainsi : « C'est maintenant votre heure et la puissance des ténèbres. » Le fait est que l'archevêque, irrité de n'aboutir à rien, interdit aux sœurs l'usage des sacrements et les excommunia. Ce coup violent et inattendu arracha des cris d'angoisse à la Communauté. Quelques-unes, comme étourdies, en appelaient au tribunal de Jésus-Christ. L'abbesse, Mme de Ligny, voulut s'expliquer et calmer le prélat; mais lui, fort en colère, l'apostropha durement en ces termes : « Taisez-vous, vous n'êtes qu'une petite opiniâtre et une superbe; vous n'avez point d'esprit et vous vous mêlez de juger des choses à quoi vous ne comprenez rien; vous n'êtes qu'une petite pimbêche, une petite sotte, une petite ignorante, qui ne savez ce que vous voulez dire ! » Puis comme toutes protestaient de leur innocence, il ajouta ce mot heureux tant répété depuis : « Oui, vous êtes pures comme des anges, mais orgueilleuses comme des démons ! »

M. de Péréfixe parti, la Communauté dressa procès-verbal de ce qui venait d'arriver afin « d'en instruire le public » en appelant de cette décision arbitraire et promettant, dès que faire se pourrait, de recourir aux tribunaux. La relation imprimée courut bientôt Paris et M. de Péréfixe, qui assurément avait eu tort de se fâcher, ne trouva la chose ni de son goût ni de bon goût.

Quelques jours après, il paraissait à la porte du Monastère escorté d'un fort détachement d'archers le mousquet sur l'épaule. Spectacle étrange en vérité ! Il s'agissait d'enlever douze victimes expiatoires pour tâcher d'ébranler les autres par ce coup de force. M. d'Andilly, personnage obligé de toutes ces scènes tragiques, se tenait là, relevant le courage des proscrites, aidant sa sœur la Mère Agnès et ses trois filles à monter dans les voitures qui devaient les mener en captivité. On les dirigea sur différentes Maisons de Paris et des environs. Port-Royal reçut comme supérieure la Mère Eugénie, des Filles de la Visitation, avec cinq autres de ses compagnes pour y remplir les principaux offices. Les sœurs protestèrent et déclarèrent que le mauvais pasteur de l'église de Paris n'était monté sur son siège que pour perdre et tuer ses brebis.

On se figure aisément le désordre qui suivit cette exécution. La Supérieure imposée, bonne fille au demeurant et victime par obéissance d'une situation délicate, n'était pas écoutée. M. Chamillard à son tour redoublait de zèle et multipliait ses instructions ; mais sa voix retentissait en vain sous les voûtes du cloître, les religieuses ayant pris le parti de ne plus assister à ses conférences.

Puis vinrent les défections plus douloureuses que toutes les violences. Sept sœurs signèrent tout d'abord, et à leur tête la sœur Flavie, qui devint l'espion de la Maison. Les fidèles cachaient leur dépit en affirmant que le mal n'était pas grand, parce que, à beaucoup près, les *signantes*, ni par leur savoir ni par leurs vertus, n'étaient la fine fleur de la Communauté. Puis, successivement, neuf autres se laissèrent gagner, parmi elles deux filles de M. d'Andilly et la sœur Melthide Du Fossé, qui se rétracta, resigna pour se rétracter encore : conscience délicate et tendre qui, tiraillée en tous sens et ne sachant à quoi se résoudre, subit un long et douloureux martyre!

Cependant deux religieuses des plus intelligentes restaient au Monastère : la sœur Christine Briquet, nièce des Bignon, qui argumentait comme un scolastique, et la sœur Eustoquie de Brégy, filleule de la reine, à qui M. de Péréfixe souhaitait d'avoir quatre mille fois moins d'esprit. Le prélat faisait d'elle ce portrait peu flatté : « Jamais il ne s'est vu d'orgueil semblable à celui de cette créature sous le ciel. Elle demeure dans son sang-froid, sans s'émouvoir de rien; elle vous tient son *quant à moi* et elle m'a répondu dans une hautainerie, dans une élévation et dans une assurance qui m'a fait rougir de voir un tel caractère d'esprit et une telle vanité dans une religieuse et de voir qu'elle n'en rougit pas elle-même. Elle est au-dessus de tout, rien ne l'étonne, et personne n'est digne d'elle. »

On s'aperçut qu'elles attisaient le feu et un carrosse les enleva avec deux autres et les transporta en lieu sûr.

Je n'en finirais pas si je voulais rapporter toutes les péripéties de ce drame et les présages nombreux qui l'accompagnèrent. A Port-Royal, on écoute toutes les voix, même la voix des songes ! En voici un bien significatif. Une sœur vit un jour la Communauté assemblée dans le jardin pour la récréation. L'heure de rentrer étant sonnée, toutes se disposaient à regagner la maison, quand, à leur grand désespoir, elles s'en virent séparées par un large fossé rempli de fange et de boue noire et infecte. Une petite planche pourrie jetée sur le fossé en guise de pont permettait seule de le franchir. Les sœurs, fort embarrassées, n'osaient se hasarder, quand parut un homme vigoureux, aux traits féroces qui, armé d'un gros bâton, se mit à les frapper durement pour les obliger à passer. Huit ou neuf se décidèrent enfin et tombèrent dans la fange. Les autres, meurtries de coups et les os rompus, se réfugièrent sous un arbre du jardin autour de l'abbesse Madeleine de Ligny, qui les consola ; puis l'homme féroce disparut.

Le fossé fangeux est le Formulaire ; la planche pourrie, les mauvaises raisons invoquées pour la signature ; l'homme armé d'un bâton, M. de Péréfixe ; celles qui sont tombées, les *signantes* qui se couvrirent de boue par cette lâcheté.

On le voit, le Ciel, dans toutes ces manifestations, plaide la cause de Port-Royal, tandis que les pouvoirs humains ligués contre lui ont juré sa perte. Aussi les protestations indignées, les appels comme d'abus se multiplient, mais restent sans effet.

Ces appels furent évoqués au Conseil du roi qui défendit au Parlement d'en connaître, et à toute personne de s'en occuper à peine de dix mille écus d'amende. M. de Péréfixe, qui venait de passer par tant de tribulations avec les sœurs de Paris, ne fut pas plus heureux au Monastère des Champs. Il s'y transporta en novembre, trouva la Mère du Fargis, qui gouvernait, en qualité de prieure, vingt-six religieuses de chœur et six converses. Les mêmes scènes désolantes se renouvelèrent et l'archevêque, après avoir exhorté, prié, supplié, menacé, excommunié et interdit, regagna sa ville épiscopale, l'âme navrée de ce nouvel insuccès.

Comment sortir de cette maudite galère de Port-Royal? Les religieuses, encouragées par l'approbation de cinq évêques, MM. Arnauld d'Angers, Buzanval de Beauvais, Pavillon d'Aleth, Caulet de Pamiers, Godeau de Vence, semblaient plus résolues que jamais. M. de Péréfixe, convaincu qu'il n'obtiendrait rien davantage, se contenta de seize signatures et prit d'autres dispositions. D'accord avec la Cour, il sollicita du pape Alexandre VII une nouvelle bulle qui foudroierait les partisans de Jansénius. La bulle arriva en février 1665. Elle contenait un formulaire plus catégorique que celui de M. de Marca. Alors nouveau Mandement, nouvelle visite, nouvelle demande de signatures. Mais hélas! cette fois l'infortuné prélat n'en recueillit que neuf, les autres ayant changé d'avis et juré avec la Communauté de mourir plutôt que de trahir la *vérité*. Pour la forme, car en réalité il n'espérait plus rien, il leur donna trois mois pour réfléchir, et s'occupa des mesures à prendre contre les rebelles. On pensa tout d'abord à les disperser un peu partout dans les monastères de France, mais aucune maison ne se souciait de recevoir ces « horribles filles hérétiques, schismatiques et excommuniées », vrai ferment de contention, de disputes et de discorde! Il parut plus pratique de les réunir toutes à l'Abbaye des Champs.

De sa captivité à la Visitation, la bonne et douce Mère Agnès approuvait fort ce projet et sollicita fortement à plusieurs reprises les sœurs à demander la translation.

Celles-ci, ne voulant point jouer le jeu de l'archevêque et perdre leur droit, prirent le parti de ne rien demander du tout. L'autorité ecclésiastique trancha la difficulté. Le 3 juillet, dès l'aurore, des voitures rassemblèrent les sœurs captives et dispersées; d'autres prirent celles de Port-Royal et les transportèrent à l'Abbaye des Champs. La Mère du Fargis reçut avec joie les trente-six expulsées et après l'action de grâces s'approcha du grand vicaire, qui les avait amenées, et lui dit d'un ton solennel : « Vous êtes témoin, Monsieur, que nous recevons nos mères et nos sœurs avec une extrême joie ; mais cela n'empêche pas que nous ne nous croyions obligées, pour conserver les droits de la Maison, de déclarer qu'ayant adhéré à tous les appels que nos sœurs ont faits l'année passée, nous nous portons pour appelantes! » Douze autres laissées encore à Paris malgré elles, vinrent peu à peu rejoindre leurs compagnes. L'abbesse Madeleine de Ligny, reléguée à Meaux, n'arriva que le 25. Il ne restait à Paris que dix ou douze *signantes* avec six filles de Sainte-Marie sous la conduite de la Mère Eugénie.

CHAPITRE XVII

Captivité à Port-Royal des Champs. — Interdit. — Nomination de la sœur Dorothée Perdreau à Paris. — Revenus accordés à l'Abbaye des Champs. — Cinq religieuses meurent sans sacrements. — Mort aux Granges de sept solitaires. — Projet de transfert de Port-Royal au diocèse de Sens.

On se rappelle qu'au temps des guerres de la Fronde, après les travaux de défense entrepris avec tant d'ardeur autour de l'Abbaye, les solitaires, aidés de MM. de Bagnolz et de Luynes, réparèrent et agrandirent les bâtiments. Ils avaient prophétisé! ayant disposé soixante-quinze cellules qui toutes se trouvèrent occupées au commencement de la captivité : la Communauté comptait, en effet, soixante-quinze sœurs de chœur et douze converses.

Le premier acte de M. de la Brunetière, vicaire général délégué, fut de congédier le chapelain, suspect de modération, qui exerçait depuis dix ans, et de le remplacer par un jeune prêtre inexpérimenté appelé du Saugey, qui n'avait pas encore dit sa première messe. Ce choix n'était pas heureux. En même temps paraissait un exempt et des gardes du corps armés de carabines envoyés pour faire bonne garde. Ordre exprès de veiller sur la clôture et d'intercepter impitoyablement toute communication au dehors, même avec les gens de la maison. Les gardes pénétrèrent dans le jardin, s'installèrent sans façon sous les fenêtres, et les malheureuses recluses n'osant sortir de leurs cellules ni même ouvrir les portes souffraient horriblement de l'extrême chaleur de l'été. L'abbesse obtint pourtant que les soldats s'éloigneraient une heure ou deux des jardins pour permettre à la Communauté de prendre un peu l'air.

A l'intérieur, des scènes touchantes venaient les consoler! Un jour, après l'office, celles qui avaient eu le malheur de tomber dans le fossé fangeux du Formulaire, qui déjà s'étaient rétractées, mais ne se croyaient pas assez purifiées de cette souillure, s'avancent au milieu du chœur. Là, prosternés la face contre terre, se frappant la poitrine et pleurant, elles demandent pardon à toute la Communauté du scandale causé par leur défection! On leur avait si amèrement reproché leur signature que ces pauvres filles se considéraient comme dignes du dernier supplice. La vénérée Mère Agnès elle-même, pleine de bon sens et de raison quand elle promettait l'*indifférence* pour le *fait*, croit aussi avoir trahi la *vérité*, supplie qu'on lui pardonne sa défection, et toutes d'une voix unanime promettent à Dieu une inviolable fidélité. Aussi la visite de M. de Péréfixe au mois de septembre fut-elle aussi inutile que les précédentes. Alors le prélat frappa d'interdit le Monastère et partit sans s'expliquer davantage.

M. du Saugey interpréta judaïquement la sentence, souleva des réclamations et fut obligé de demander à Paris des instructions formelles. Il essaya de les lire à la Communauté assemblée. Personne ne voulut l'entendre et les religieuses quittèrent le chœur précipitamment renversant les chaises, les bancs, les stalles et faisant dans l'Église un vacarme épouvantable. Les plus ardentes revinrent à la charge et le pauvre chapelain stupéfait dut renvoyer à plus tard son compliment. Les sœurs venaient de faire une sottise, les plus graves s'en aperçurent bien vite et essayèrent de mettre l'incident sur le compte du hasard. Malgré tout, il fallut bien connaître la triste vérité et savoir toute la rigueur de l'interdit. Défense aux cloches de jeter dans les airs leurs joyeux carillons et de convier les fidèles d'alentour aux cérémonies du culte; défense de réciter même à voix basse l'office au chœur; privation absolue des sacrements, même à la mort, et refus de la sépulture ecclésiastique! Un voile funèbre s'étendit sur Port-Royal, naguère si gai et si riant, et lui rappela les plus mauvais jours de l'histoire de l'Église.

A Paris, la petite communauté schismatique, composée d'une douzaine de membres, faisait acte d'indépendance et recevait, de par le roi, comme abbesse la sœur Dorothée Perdreau. Le même jour, elle admit plusieurs postulantes. Les sœurs de Sainte-Marie retournèrent à la Visitation et l'abbesse, confirmée plusieurs fois dans sa charge, l'exerça pendant quatorze ans. Cette nomination, qui séparait les deux Maisons au spirituel, précéda de quelque temps le partage du temporel. MM. Bignon et autres puissants protecteurs entamèrent à cet effet des négociations avec M. de Péréfixe. Les religieuses des Champs demandaient une séparation complète et leur part au *prorata* des biens de l'Abbaye. Les revenus, tous frais déduits, se montaient à 28 000 livres. L'archevêque, s'appuyant sur un arrêt du grand Conseil qu'il avait sollicité, accorda 20 000 livres au Monastère des Champs, somme qui serait payée par quart sur l'ordre de l'abbesse de Paris, sauf déduction de 200 livres au décès de chaque religieuse. Il fallut passer par ces conditions quelque peu humiliantes qui plaçaient la Maison principale sous la dépendance d'une poignée de schismatiques. Les sœurs des Champs, ne voulant avoir avec elles aucune communication, passèrent procuration à un M. Hilaire, homme de probité et de dévouement, qui s'entendit avec Dorothée. L'abbesse se montra fort accommodante et après qu'on eut estimé les revenus des différents biens-fonds du Monastère, abandonna ce qu'il fallait jusqu'à concurrence de la somme annuelle de 20 000 livres.

Aux difficultés sans nombre tant du dedans que du dehors, avec les chapelains, les tourières, l'exempt et ses soldats, s'ajoutèrent de nouveaux malheurs. La mort s'abattit sur Port-Royal et frappa cinq religieuses dans le courant de 1667. Toutes restèrent fidèles à leur serment de ne jamais signer, toutes moururent sans sacrements à côté des prêtres désolés qui n'osaient en croire leurs yeux et leurs oreilles; toutes furent privées de la sépulture ecclésiastique. M. Hamon, qui cumulait les fonctions de sacristain, de servant de messe et de médecin, leur donnait ses soins avec un dévoûment sans bornes et fut aussi leur ange consolateur. « Tous ceux, leur disait-il, qui font leur cause de la cause de Jésus-Christ pensent à vous et prient pour vous. Il n'y a point de prêtre qui nous assiste à l'agonie, nous mourons sans leur secours, mes Mères et mes Sœurs me rendent les mêmes devoirs que me rendraient les prêtres de Jésus-Christ. — Quand il s'agit de rendre les derniers devoirs à une personne qui se meurt, tous les fidèles deviennent ministres de Jésus-Christ. Vous me menacez de me priver de sépulture, si je ne consens à l'oppression d'un innocent et si je ne rends un témoignage que je crois faux; vous me menacez comme d'un grand mal de ce que je regarde comme un grand bien. Quand on méprise la vie, on ne se met point en peine de ses funérailles. On entendra également dans tous les lieux le son de la trompette. » Et de fait ces agonisantes méprisaient la vie, elles s'en allaient joyeuses emportant les requêtes de leurs compagnes et promettant de plaider leur cause au tribunal de Jésus-Christ.

Jusqu'à la paix clémentine en 1669, Port-Royal vécut dans la plus affreuse disette spirituelle : on lui refusa tout, la communion pascale, même le jubilé de 1667. Elles subirent d'autant plus courageusement cette situation qu'elles se croyaient dans la bonne voie. Le chœur étant interdit pour l'office, les religieuses le chantèrent d'abord dans le cloître, éludant ainsi la sentence sans désobéir. Puis elles revinrent au chœur les jours de grandes fêtes, psalmodièrent et enfin chantèrent comme par le passé, malgré l'interdit. Quelques-unes, usant d'une ruse innocente qui témoigne de leur ardent amour pour l'eucharistie, revêtaient l'habit gris des converses à qui la communion n'était pas défendue et s'avançaient pour la recevoir sur leurs lèvres tremblantes d'émotion. M. Hamon trouvait dans son cœur et dans sa foi mille raisons pour les justifier ; mais le chapelain, qui ne les goûtait point, s'emportait outre mesure et quand il quitta personne ne songea à le regretter. Les sœurs n'y gagnèrent rien, car celui qui le remplaça se montra aussi intraitable.

M. de Saint-Laurent, l'exempt, venait de partir avec ses hommes. Il s'ennuyait fort dans le Désert, trouvait quelque peu ridicule le rôle de cerbère qu'on lui faisait jouer et paraissait surtout irrité de ce que, malgré la plus active surveillance, il ne parvenait pas à empêcher les communications avec l'extérieur. Ses successeurs s'adoucirent dans la suite. A quoi bon, d'ailleurs, tant de vigilance, puisque, somme toute, elle n'aboutissait à rien ? Ils avouèrent ingénument qu'un soldat ou un régiment pour garder l'Abbaye c'était tout comme et qu'on n'empêcherait jamais les lettres de franchir l'enceinte du cloître et d'escalader les murailles.

La garnison s'étant relâchée de sa surveillance, soit bienveillance, soit lassitude, un autre parfait ami de Port-Royal apportait aux prisonnières ses consolations de prêtre de Jésus-Christ. J'ai dit comment M. de Sainte-Marthe, la nuit pendant l'hiver, monté sur un chêne à l'extérieur, leur prêchait le courage, la résignation et l'espérance !

Après avoir exercé ses ravages dans le vallon, l'impitoyable mort, non contente des cinq victimes qu'elle venait de frapper, remontant la colline, vint dépeupler les Granges. Les solitaires principaux dispersés aux quatre vents y avaient laissé huit des leurs pour vaquer aux travaux de la ferme : leurs noms importent peu. Sept furent emportés coup sur coup et presque subitement : c'était comme une malédiction ! La terreur se répandit dans les environs et on parla un instant d'isoler ce foyer de contagion. Le fléau n'en épargna qu'un seul qui s'apprêtait déjà à consommer son sacrifice. L'Abbaye, en cette sinistre occasion, voulait profiter de son droit de paroisse et donner la sépulture à ses frères en Jésus-Christ ; mais on ne le permit pas à cause de l'interdit, et les corps, apportés à Magny, furent inhumés dans le cimetière[1].

Cependant M. de Péréfixe, désolé de ne pouvoir signer la paix avec soixante-dix religieuses de son diocèse et désespérant de les réduire, s'ingéniait à trouver quelque expédient qui le tirât d'embarras. L'évêque de Meaux, M. de Ligny, frère de l'abbesse de Port-Royal, et Mme de Longueville lui proposèrent de transférer le Monastère au diocèse de Sens dans la paroisse de Mondeville qui lui appartenait. Là, l'archevêque bien disposé, et qu'aucune question d'amour-propre ne retenait, leur faciliterait

---

[1]. Le registre paroissial ne relate que cinq inhumations de solitaires dans le cimetière de Magny en 1668.

la signature. M. de Paris goûtait fort cette solution, mais il y mit comme condition que les sœurs transférées renonceraient absolument aux deux Maisons de Paris et des Champs et qu'elles recevraient seulement une partie des biens. Mais ni les négociateurs, ni les religieuses, ni leurs parents, ne purent accepter des conditions aussi déraisonnables. M. de Ligny disait avec vérité à son collègue : « Celles qui sont maintenant à Port-Royal ont porté de dot plus de 450 000 livres qui ont servi à bâtir le Monastère de Paris et à grossir le revenu de l'Abbaye et vous voulez que ces religieuses s'en aillent comme de pauvres filles proscrites sans titres et sans qualités. Pensez-vous que nous autres parents, qui avons donné la plus grande partie des biens que possède l'Abbaye, puissions nous résoudre à laisser ainsi partir nos parentes? » A ce raisonnement sans réplique, M. de Péréfixe opposa une fin de non-recevoir, prétextant que les bulles de la sœur Dorothée nommée par le roi étant arrivées, il ne pouvait rien faire sans elle et les choses en demeurèrent là pour l'heure.

CHAPITRE XVIII

Paix clémentine.
Levée de l'interdit. — Procession de Magny à Port-Royal.
Séparation complète des deux Abbayes.

L'affaire du Formulaire, dont heureusement nous allons bientôt sortir pour entrer dans une période plus calme, fit la fortune des jansénistes. En les poursuivant à outrance dans la personne des filles de Port-Royal, leur influence s'étendit partout. Beaucoup de ceux qui n'y auraient jamais songé se firent une obligation de les défendre, soit par pitié pour les sœurs captives, soit par conviction sincère, soit même par esprit d'indépendance et de contradiction : les contradicteurs ont été de tous temps plus nombreux qu'on ne le croit communément. Aussi Louis XIV et son fidèle clergé dépassèrent le but, et, au lieu d'exterminer le jansénisme pour la satisfaction du roi, son honneur et « le bien de son État » lui communiquèrent une force nouvelle.

Plusieurs pontifes romains avaient condamné comme hérétiques les cinq propositions : tous les fidèles, les jansénistes comme les autres, les condamnèrent avec eux.

Ces mêmes souverains pontifes déclarèrent ensuite que ces cinq propositions se trouvaient dans l'*Augustinus*.

La masse des fidèles le crut sans difficulté, sans examiner, parce qu'il lui paraissait tout naturel que les papes entourés de tant de lumières eussent su lire le livre de Jansénius. Néanmoins il se trouva quelques docteurs qui prétendirent que jamais l'évêque d'Ypres n'avait enseigné de telles erreurs, que les cinq propositions n'étaient pas dans son livre, et que le livre, reproduisait exactement la doctrine de saint Augustin. Si ces docteurs n'apercevaient véritablement point d'erreurs dans l'*Augustinus*, on pouvait déplorer leur ignorance, les plaindre, les accuser de manquer de respect au Saint-Siège, mais non les traiter d'hérétiques. Le bon sens public se serait vite prononcé contre eux en se disant qu'après tout la parole du pape valait bien celle du docteur Arnauld. On pouvait donc, ce semble, sans grave conséquence, laisser les théologiens disputer dans leurs écoles, se battre à coups d'arguments et de syllogismes sur cette question du *fait;* la seule importante, celle du *droit*, ne souffrant en rien de ces fâcheuses querelles. Mais non, on inventa le Formulaire et on l'imposa à la conscience des catholiques français; on se perdit dans cette singulière distinction de la foi *divine* et de la foi *humaine* et on fit d'un point très secondaire presque un dogme de foi. L'Assemblée du clergé donnait ainsi une sorte d'infaillibilité personnelle au souverain pontife quant au *fait,* alors même qu'elle n'eût pas consenti à la lui accorder quant au *droit,* si la question se fût posée sur ce terrain. Racine relève comme suit cette étrange contradiction : « La cour de Rome ne pouvait surtout se lasser d'admirer qu'après tout l'éclat qu'on venait de faire en France contre l'infaillibilité du pape, même dans les choses de la foi... on en vint à supplier le pape d'établir cette même infaillibilité dans les faits, non révélés, et d'obliger toute la France à reconnaître cette doctrine sous peine d'hérésie. »

Bon nombre d'évêques absents de la réunion signèrent pour le bien de la paix parce que le monarque tout-puissant l'ordonnait ainsi et que cette signature n'engageait en rien leur indépendance vis-à-vis du Saint-Siège. Mais quelques-uns plus rigides protestèrent contre cette tyrannie des consciences, regardèrent la signature, non seulement comme une faiblesse, mais comme une lâcheté parce qu'elle était exigée par la puissance séculière qui n'a nulle autorité dans le domaine spirituel. Je parle ici uniquement du Formulaire imposé au clergé de France.

La question se compliqua et prit une tournure plus grave quand Alexandre VII, sur les instances de Louis XIV, publia son Formulaire. Port-Royal, un instant dérouté, mais trop surexcité pour céder, prolongea sa résistance.

Les quatre évêques d'Angers, de Beauvais, de Pamiers et d'Aleth avaient seuls refusé leur signature. M. Godeau de Vence, évêque minuscule de trois paroisses et de vingt paysans comme l'appelait le Père Annat, s'était laissé gagner. Celui d'Aleth, Pavillon, alla beaucoup plus loin que ses collègues : il interdit la signature dans son diocèse et excommunia deux de ses chanoines qui avaient signé ailleurs devant des séculiers. Ainsi, pendant que M. de Péréfixe, sur les rives de la Seine, frappait d'interdit les religieuses qui ne voulaient pas signer, M. Pavillon, au pied des Pyrénées, excommuniait ceux de son clergé qui croyaient devoir le faire. M. d'Aleth s'appuyait sur ce principe canonique que la question étant purement ecclésiastique, le roi ne devait en connaître ni s'en mêler. Il lui écrivit en ce sens une lettre énergique qu'on déféra au Parlement. L'évêque attendait de pied ferme le résultat lorsque parut la bulle d'Alexandre VII. Quelle raison trouver cette fois pour se dispenser d'obéir ? La Providence y pourvut. Les quatre évêques donnèrent des Mandements explicatifs sur le *fait* et sur le *droit* qu'un arrêt du Conseil supprima.

Louis XIV demanda au souverain pontife de nommer des commissaires pour juger les opposants. Le pape en désigna neuf pour instruire la cause. A cette vue, les gallicans se recrièrent et réclamèrent contre cette ingérence de Rome dans les affaires intérieures du royaume; de sorte que Louis XIV, ennuyé de cette fausse démarche, ne savait quel parti prendre. La mort d'Alexandre VII, survenue fort à propos, rendit la liberté aux deux partis.

Clément IX, son successeur, animé d'un désir sincère de rétablir la paix, s'employa de son mieux à la pacification des esprits. MM. de Gondrin, archevêque de Sens, et Vialart, évêque de Châlons, négocièrent dans ce but, si habilement que les Jésuites, dont on redoutait l'influence, n'en furent informés que plus tard. Dans la lettre qu'ils envoyèrent à Rome portant la signature de dix-neuf prélats français, ils justifiaient leurs quatre collègues, représentaient au Saint-Père que leur doctrine n'était pas une nouveauté dans l'Église, que le clergé de France la partageait avec eux, et suppliaient le nouvel élu de procurer la paix comme don de joyeux avènement. — Après quinze mois d'efforts, les négociations aboutirent, chacun y mettant de la bonne volonté : Rome, la Cour, les jansénistes et M. Pavillon, après bien des hésitations y consentant, on put signer cette paix tant désirée. L'évêque d'Aleth avait mis comme condition expresse de son acquiescement que les religieuses de Port-Royal y seraient comprises. « Comment, disait-il, donnerait-on, le nom de paix à un accommodement où l'on abandonnerait ceux qui ont le mieux combattu et le plus souffert pendant la guerre, au ressentiment et à la vengeance de leurs ennemis, des vierges qui ont édifié l'Église par leur courage, des théologiens qui l'ont éclairée et puissamment soutenue par leurs excellents écrits. Pour moi, j'aime beaucoup mieux demeurer seul et m'exposer à tout souffrir que de les abandonner... Ils ont fait la guerre avec nous, nous ne pouvons faire la paix sans eux. »

M. Pavillon n'avait jamais vu Port-Royal, mais il connaissait toutes les religieuses par leurs noms et les aimait tendrement. C'est qu'au plus fort du combat, elles lui avaient écrit, pour réclamer l'assistance de ses prières, une lettre collective accompagnée de la liste des sœurs de la Communauté. « Nous vous supplions de donner et de conserver une place dans le sein de votre charité vraiment pastorale à de petites brebis qui sont rejetées d'une manière si peu pastorale et paternelle par leur propre pasteur. » Ainsi prit naissance, grandit et se fortifia cette amitié toute chrétienne qui unit M. d'Aleth à Port-Royal. Il estimait aussi singulièrement les Messieurs, confessait qu'avant de les connaître il ne connaissait rien, et eux, en reconnaissance et pleins d'admiration pour ses vertus, ne l'appelaient que le *saint* évêque Pavillon.

La paix faite, MM. Arnauld et Nicole quittent l'hôtel de Longueville, reparaissent en public et vont rendre visite au Nonce, qui, selon l'usage, les reçoit avec grande politesse et force compliments. Arnauld fut présenté au roi et aux principaux personnages de la Cour. Puis M. de Pomponne courut à la Bastille délivrer son cousin de Sacy, le conduisit à M. de Péréfixe et de là au Palais du Louvre.

Revenons à l'Abbaye des Champs et apportons-y la paix. Louis XIV avait prié l'archevêque de ne pas se montrer plus rigide que le pape lui-même et les choses prenaient une tournure excellente quand des difficultés, qui parurent insurmontables, s'élevèrent de la part des religieuses de Port-Royal. Elles ne voulaient avec le Ciel aucun accommodement; et les amis fort surpris ne savaient que penser de cette résistance aussi inexplicable qu'inattendue. A ce propos, Nicole, avec une fine pointe de malice, écrivait à Arnauld : « Je ne suis occupé que du danger où il me semble qu'elles sont près de s'engager, Cela me fait penser qu'il y a souvent autant de péril *à avoir trop d'esprit qu'à en avoir trop peu*. On s'est accoutumé à envisager la signature comme un monstre effroyable et comme le caractère de la bête et l'esprit se représente ensuite le même monstre toutes les fois qu'il est frappé par le mot de signature. »

— Il y a autant de péril à avoir trop d'esprit qu'à en avoir trop peu. — Ceci nous rappelle le *quant-à-moi* de la sœur de Brégy à qui M. de Péréfixe souhaitait d'avoir quatre mille fois moins d'esprit, les répliques embarrassantes de la Mère Angélique de Saint-Jean et les arguments en forme de Christine Briquet. On les décida pourtant à adresser une requête à leur supérieure ecclésiastique. Il n'en fut pas satisfait et il en rédigea une autre qu'Arnauld devait faire accepter. « Plus le terme approche, leur disait-il, plus nos peines redoublent et si cela devait encore durer longtemps je ne sais si j'y pourrais résister, tant je suis accablé par la seule appréhension des maux qui arriveraient si ce qui est près de finir venait à se rompre.... M. de Paris s'étant réduit au point où tout le monde serait pour lui si nous ne nous rendions pas à ce qu'il désire. »

M. de Ligny, évêque de Meaux, apporta lui-même la pièce et repartit le surlendemain avec toutes les signatures. Les religieuses y « condamnaient les cinq propositions dans tous les sens où l'Église les a condamnées sans exception ni restrictions quelconque : voilà pour le *droit*. Pour le *fait :* elles rendent au Saint-Siège toute la déférence et l'obéissance qui lui est due comme tous les théologiens conviennent qu'il la faut rendre au regard de tous les livres condamnés selon la doctrine catholique soutenue dans tous les siècles par tous les docteurs et même en ces derniers temps par les plus grands défenseurs de l'autorité du Saint-Siège. »

On le voit, la bête cruelle, le monstre épouvantable de la signature s'était changé en un agneau paisible, qui n'effrayait plus personne, l'homme féroce armé du gros bâton devenait le bon pasteur et après cinq ans d'une lutte opiniâtre, les religieuses signaient l'exact équivalent du fameux Formulaire et tombaient toutes dans le fossé fangeux ! Mais l'honneur tout entier restait sauf : on n'avait pas reculé d'une semelle ; on avait brûlé jusqu'à la dernière cartouche.

M. de la Brunetière, qui dans les mauvais jours avait trop souvent paru, apporta la levée de l'interdit. Aussitôt les graves accents de l'hymne d'action de grâces retentissent sous les voûtes élégantes de la chapelle gothique ; les cloches, muettes depuis de longs mois, jettent dans les airs leurs joyeuses volées et annoncent aux environs l'heureuse nouvelle. La paroisse de Magny, croix et bannières en tête, se forme en procession et descend à l'Abbaye mêler ses chants à ceux des captives délivrées. Le curé, M. L'Air, avait grandement souffert pendant ces tristes années, car il aimait tendrement les sœurs. Sans craindre de s'attirer les plus graves désagréments de la part de ses supérieurs, il les recommandait au prône de la grand'messe aux prières de ses paroissiens, célébrant même dans son église des services solennels pour celles qui, mortes sans sacrements, ne recevaient point la sépulture ecclésiastique. Cet ardent et généreux défenseur, ayant partagé la peine, devait aussi partager la joie. Il célébra l'office divin dans l'église trop petite pour contenir la foule et avec tout son peuple remercia Dieu de la résurrection de Port-Royal !

Après cette réconciliation, les religieuses des Champs tentèrent une démarche auprès de celles de Paris. Elles les convièrent à l'oubli du passé, au pardon des injures et à une réunion complète. Elles eurent le chagrin de ne pas réussir : le schisme était trop absolu et la fille ingrate qui avait goûté de l'indépendence resta sourde aux pressantes sollicitations de sa mère qui voulait la presser sur son cœur. On se sépara donc complètement et chacune suivit ses destinées. De par le roi et avec l'agrément du pape, Port-Royal fut divisé en deux Abbayes : celle de Paris avec une abbesse perpétuelle nommée par le roi; celle des Champs, fidèle à la réforme d'Angélique, devait élire la sienne tous les trois ans. La première reçut le tiers des biens, l'autre les deux tiers : tout le monde parut satisfait de cet arrangement et nos religieuses, confiantes dans l'avenir, s'appliquèrent à réparer les maux du passé.

CHAPITRE XIX

Renaissance de Port-Royal des Champs. — Mort de M. de Péréfixe et de la Mère Agnès. — Retour de M. d'Andilly. — Sa mort. — Marie de Gonzague, reine de Pologne. — La princesse de Guéméné. — Le prince et la princesse de Conti. — Le duc et la duchesse de Liancourt. — Mme de Sablé. — Le marquis de Sévigné à Port-Royal.

Après la conclusion de la paix et la séparation complète des deux Maisons, Port-Royal des Champs refleurit, le Désert se repeupla et reprit l'animation de ses beaux jours. Le Monastère reçut un grand nombre de jeunes filles au Noviciat et rouvrit ses Écoles où se pressèrent bientôt plus de cinquante petites pensionnaires des meilleures familles. La Mère du Fargis, prieure, remplaça l'abbesse Madeleine de Ligny, dont le temps venait d'expirer. Les bâtiments déjà très vastes deviennent trop étroits pour tant de monde. On acheva le cloître en y ajoutant les trois parties qui manquaient : M. de Sévigné pourvut à presque toutes ces dépenses. En même temps, Mme de Longueville et Mlle de Vertus bâtirent à côté deux hôtels pour s'y retirer en temps opportun, comme nous le verrons; en un mot, les choses allaient à merveille et jamais la joie, la piété, la confiance, n'avaient été plus sincères, plus pleines et plus parfaites. Mme de Sévigné, qui visita Port-Royal en 1674, en trace le portrait suivant qui résume exactement la situation. « Le Port-Royal est une Thébaïde, c'est le Paradis ; c'est un désert où toute la dévotion du christianisme s'est rangée, c'est une sainteté répandue dans tous les pays, à une lieue à la ronde. Il y a cinq ou six solitaires qu'on ne connaît point qui vivent comme les pénitents de saint Jean Climaque. Les religieuses sont des anges sur terre. Mlle de Vertus y achève sa vie avec des douleurs inconcevables et une résignation extrême..... Tout ce qui les sert, jusqu'aux charretiers, aux bergers, aux ouvriers, tout est saint. Je vous avoue que j'ai été ravie de voir cette divine solitude dont j'avais tant ouï parler. »

Au commencement de 1671 moururent M. de Péréfixe, pour le repos de l'âme de qui Port-Royal fit un service solennel, et la Mère Agnès, la plus aimable figure du Monastère, d'une piété douce, tendre jusqu'à la mysticité exagérée, aussi calme et aussi paisible que d'autres étaient remuantes, ardentes à la lutte ; aussi ennemie des discussions stériles que des contestations, des disputes et du bruit. M. Arnauld, qui n'avait pu arriver à temps pour recevoir son dernier soupir, célébra l'office des funérailles. Les religieuses, fondant en larmes et sans voix, ne purent chanter l'office qui fut continué par les quinze ecclésiastiques qui assistaient à la cérémonie. Le soir M. de Sacy prononça l'oraison funèbre.

Mais, le croirait-on? Celui qui le premier aurait dû regagner la solitude, le vaillant M. d'Andilly n'était point là pour partager ces joies et ces peines. Malgré les pressantes sollicitations de sa fille, la Mère Angélique de Saint-Jean, il ne se hâtait nullement de rejoindre ses amis. C'est que M. de Pomponne, son fils, ambassadeur en Suède, venait d'être nommé par Louis XIV secrétaire d'État. Il fallait aller remercier le roi de cette haute et flatteuse distinction, et l'heureux vieillard se rendit à Versailles. La vue du monarque demi-dieu, et les égards qu'il lui témoigna en cette rencontre, firent sur son âme une impression profonde, réveillèrent, en dépit de ses quatre-vingts ans, ses goûts mondains qui ne faisaient que sommeiller, et il s'attarda deux grandes années dans sa terre de Pomponne. M. d'Andilly espérait aussi gagner à tout jamais la cause de Port-Royal et émousser les traits futurs des ennemis. Enfin, avec le printemps de 1673, il arriva aux Champs accompagné de son fils de Luzancy et d'une suite de quelques personnes.

Dix-huit mois après, ce patriarche de Port-Royal rendait son âme à Dieu entouré de tous les siens. Après les avoir bénis, il leur donna rendez-vous dans le lieu de la paix parfaite et éternelle. On l'enterra avec tous les honneurs dus aux religieuses. C'était justice : il le méritait par ses travaux, par ses services sans nombre. Toutes le pleuraient comme un père. M. Arnauld officia et prononça quelques jours après l'oraison funèbre [1].

C'est ici le moment de présenter au lecteur plusieurs personnages de distinction dévoués à Port-Royal à des titres divers ; je veux dire : Marie de Gonzague reine de Pologne, la princesse de Guémené, le prince et la princesse de Conti ; le duc et la duchesse de Liancourt ; Mme de Sablé ; M. le marquis de Sévigné. Je pourrais facilement charger cette liste, car Port-Royal a jeté ses racines un peu partout et pénétré profondément la société choisie du XVIIe siècle.

Mlle de Vertus et Mme de Longueville qui tiennent plus intimement au Monastère feront l'objet du chapitre suivant.

1. Voir l'épitaphe de M. Arnauld d'Andilly, p. 277.

La princesse Marie de Gonzague, depuis reine de Pologne, affectionnait particulièrement la Mère Angélique et venait chaque semaine passer plusieurs jours à Port-Royal de Paris, y recevoir ses conseils et se retremper dans la piété. Elle ne l'oublia pas dans la prospérité et entretint avec l'abbesse une correspondance très active et très édifiante. La Mère lui écrivit plus de deux cents lettres de spiritualité, j'allais dire de direction, qui renferment des maximes très sages et bien appropriées aux personnes de sa condition. Pendant les années de pénurie et de disette qui accompagnèrent les guerres de la Fronde, la reine lui adressa de fortes sommes d'argent pour secourir les malheureux et la consola dans les moments difficiles. Enfin elle écrivit au pape Alexandre VII pour plaider la cause de Port-Royal, l'assurer de la piété sincère, de la pureté de la foi de ses religieuses tant décriées.

La princesse de Guémené, restée veuve jeune encore, fut amenée par M. d'Andilly à Port-Royal, et se plaça sous la conduite de MM. de Saint-Cyran, qui la dirigea de sa prison de Vincennes, et Singlin, son digne successeur. Elle s'attacha fortement au Monastère, se fit construire à l'extérieur un petit logement qui donnait, par le moyen d'une grille, sur la chapelle, d'où elle assistait à l'office. Au moment de l'affaire d'Arnauld, elle reprocha à la reine l'affluence des moines qui envahirent la Sorbonne. Devant les ministres, elle accusa le roi qui « faisait des princes du sang, des archevêques et des évêques » de vouloir faire des martyrs des religieuses de Port-Royal, et ne craignit pas de les appeler des anges quand la Cour s'apprêtait à les traiter comme des démons. Elle les défendit envers et contre tous et leur resta fidèle jusqu'à la fin.

Le prince de Conti, frère de la duchesse de Longueville, généralissime des armées de la Fronde, puis gouverneur de Guyenne, général des armées royales en Catalogne, gouverneur du Languedoc, et la princesse sa femme, nièce de Mazarin, tiennent à Port-Royal par M. Pavillon. M. de Conti, rapace et dissolu, avait beaucoup à restituer, beaucoup à expier ; sa femme, ambitieuse et sans piété, ne goûtait guère les pures maximes du christianisme. M. d'Aleth les transforma et les conduisit au sommet de la perfection. Ces illustres pénitents se rattachent aussi aux nôtres, par Lancelot qui fut, pendant trois ans, chargé de l'éducation de leurs deux fils. Après sa mort, les entrailles de la princesse de Conti furent transportées à l'Abbaye.

Nous connaissons le duc de Liancourt depuis le scandale de Saint-Sulpice avec son confesseur, M. Picoté. Nous l'avons suivi en retraite à Port-Royal, au temps des solitaires dont il admirait et imitait les vertus. Jeanne de Schomberg, fille du maréchal de ce nom, sa femme, est le modèle des épouses chrétiennes et on a pu, sans la flatter, tracer d'elle l'éloge suivant : « Tous ceux qui l'ont connue ont toujours admiré sa conduite à l'égard de son mari, et l'ont regardée comme un modèle accompli de l'amitié conjugale la plus sage, la plus chrétienne, la plus honnête, la plus appliquée, la plus agréable que l'on ait vue de nos jours dans aucun mariage. » Les deux époux moururent pieusement et presque en même temps, à leur terre de Liancourt, en 1674. Ils laissèrent par testament 1000 livres de rentes à M. de Sacy et 20000 francs au Monastère qui avait élevé leur petite fille, Mlle de la Roche-Guyon.

Mme de Sablé est une amie aussi, mais une amie égoïste, ennuyeuse et infidèle. Ses relations prirent naissance avec la Mère Angélique au temps de la prison de l'abbé de Saint-Cyran. Mme de Guémené était arrivée déjà. Quand le monde, qui l'avait trop adulée, ralentit ses hommages, Mme de Sablé résolut de le quitter, mais sans lui dire complètement adieu. Elle avait cinquante-trois ans bien comptés quand sonna l'heure de cette demi-retraite, et elle se fit bâtir une habitation au dehors de Port-Royal de Paris. Les religieuses, pour se l'attacher plus intimement, et au besoin user de son influence, lui permirent, comme à Mme de Guémené, de pratiquer des fenêtres sur les cours et une tribune dans le chœur de l'église. Campée entre le ciel et la terre, ayant les yeux dans le cloître et les pieds dans le monde, il lui sembla qu'elle pouvait suffisamment se sanctifier. Toujours est-il que cette pénitente du Père de Sesmaisons, qui lui permettait la communion le matin et le bal le soir, possédait aussi peu que possible l'esprit de Port-Royal. « On peut se la représenter, dit M. Sainte-Beuve, telle qu'elle fut en ces années, un pied dans le monde et un œil dans le cloître, entendant tout, à l'affût de tout, s'entremettant, se faisant le centre du bel esprit le plus sérieux, de la théologie la plus brillante, avide des moindres nouvelles, autant que friande des livres nouveaux, intéressant désormais à elle et à son salut des solitaires, des docteurs, la fleur du désert et retenant encore les meilleurs de ses amis d'autrefois : ayant sous sa main son confesseur austère et ne congédiant pas son cuisinier ; consultant son médecin et son casuiste sur ses migraines et ses scrupules, instituant des conférences, des colloques ; faisant discuter les gens devant elle dans sa chambre ; se sentant assistée des prières de la Communauté en ses jours de communion... ne se retranchant, en définitive, que ce qui ne lui était pas absolument permis..... A quoi cet amour-propre raffiné, cet amour de sa santé, de sa personne, de son âme, cette curiosité de son esprit et cette peur de l'ennui et de l'oubli, cette peur de la mort auraient-ils pu mieux s'employer et se divertir ? » Si ce portrait peu flatté est ressemblant, et je le crois, on voit que la pénitente fantaisiste était bien éloignée des voies de Saint-Cyran, et j'ai peur qu'elle n'ait quitté le monde que parce que le monde commençait à s'éloigner d'elle.

Mme de Sablé s'efforça de faire réussir le projet d'accommodement de M. de Comminges. A partir de ce moment, soit que la conduite d'Arnauld lui parût inexplicable, soit que la résistance des religieuses lui ait déplu, soit crainte de se compromettre aux yeux des puissants du siècle, elle les abandonna peu à peu. A peine songea-t-elle aux prisonnières durant la captivité et peut-être les vit-elle partir d'un œil sec et sans regret ; en tous cas, après la paix, on ne la vit point aux Champs, même pour une simple visite. La Mère Dorothée et la sœur Flavie remplaçaient dans son cœur les Angélique et les Agnès. Néanmoins, en femme adroite et curieuse, elle sut se ménager des alliés dans les bons coins des deux partis. Telle fut vis-à-vis de Port-Royal la conduite de Mme de Sablé ; une vraie amie de cœur eût montré plus de dévouement, elle eût fait plus et mieux !

Renaud de Sévigné, oncle de Mme de Sévigné, fier et rude Breton d'origine, avait fourni dans les armes une brillante carrière dont plus d'un se fût montré glorieux. La vie agitée des camps le tenait éloigné de Dieu, quand la Providence lui ménagea pour plus tard un gage de réconciliation. Un jour, pendant le pillage d'une ville, il trouva sur un fumier une petite fille abandonnée. Le cœur du guerrier s'émut de compassion, il enveloppa la chétive créature dans son manteau et l'emporta sous sa tente. La pauvre orpheline avait trois ou quatre ans. M. de Sévigné la fit élever ; et quand elle fut en âge, il la consacra au Seigneur, lui rendant ainsi le dépôt qu'il lui avait confié. Cette belle action lui porta bonheur et Dieu le recueillit comme il avait recueilli la pauvre délaissée.

Vers 1660, l'âpre et rude soldat vint se placer sous la conduite de M. Singlin, qui en fit un modèle de douceur et un pénitent bien autrement sérieux que Mme de Sablé. M. de Sévigné, tout à son importante affaire, sans regarder en arrière vers le monde, ni prêter l'oreille à ses discours, construisit un petit logis attenant au Monastère de Paris, dans lequel il donna asile à MM. de Sacy et Fontaine. Dès lors il ne vécut plus que pour Port-Royal, lui consacra sa fortune en échange des bonnes prières de la Communauté. Durant les années de la captivité, le courageux converti demeura fidèle à ses bonnes sœurs et les servit utilement en bien des rencontres. A la paix, M. de Sévigné se fit solitaire et se retira aux Champs. Pour lui, Port-Royal ne pouvait être que là; il déplorait la conduite de cette poignée de schismatiques assez peu courageuses pour avoir déserté devant l'ennemi. Grâce à ses largesses, le cloître s'acheva et forma un ensemble vaste, parfait, capable de recevoir de nombreuses recrues. Aussi, pour ce généreux bienfaiteur, les portes s'ouvraient-elles quelquefois aux jours de grandes fêtes et pour les belles processions du Saint-Sacrement. Il les suivait heureux, un cierge à la main, aussi fier, mais plus content que quand il rapportait autrefois un drapeau arraché aux ennemis! Ce noble cœur cessa de battre, en 1676, à l'âge de soixante-six ans. Les sœurs l'enterrèrent dans le cloître qu'elles tenaient de ses libéralités et M. Hamon, en beau latin, célèbre ses louanges dans l'épitaphe qui se lit au Nécrologe.

CHAPITRE XX

Mademoiselle de Vertus. — Madame de Longueville à Port-Royal.

De toutes les fidèles de Port-Royal, la plus pure, la plus généreuse dans ses sentiments, la plus désintéressée dans ses affections, est assurément Mlle de Vertus. C'est elle qui pratique le mieux ses maximes austères, qui se donne le plus complètement à Dieu, sans regret, sans arrière-pensée, dans des vues purement chrétiennes, et poussée par un parfait esprit de sacrifice et de mortification. La comparer à Mme de Sablé serait lui faire injure ou la méconnaître, je la préfère de beaucoup à Mme de Longueville qui a plus d'un point d'attache avec Mme de Sablé et dont l'humilité même (elle s'en plaint du reste) servait d'aliment à l'orgueil.

Mlle de Vertus appartenait à l'illustre famille de Bretagne par son père Claude de Bretagne comte de Vertus, descendant d'un frère de la reine Anne. Elle reçut une éducation soignée qui lui permit de paraître avantageusement à la Cour. Elle se mêla à ses intrigues, partagea ses plaisirs, et probablement son bon naturel et ses principes religieux ne la garantirent pas complètement de la contagion. Si nous prenions à la lettre les termes qui expriment son repentir, nous serions autorisés à la croire bien coupable; mais pour la juger, n'oublions pas que nous sommes en présence d'une âme d'élite qui s'exagère les moindres fautes, d'une conscience délicate qui s'effraye là où d'autres n'aperçoivent aucun danger. Quoi qu'il en soit, nous trouvons successivement Mlle de Vertus chez la comtesse de Soissons, chez Mme de Rohan, enfin avec la duchesse de Longueville. Cette vie errante se termine à Port-Royal. En attendant, elle devint l'ange de Mme de Longueville. Elle la servit utilement au sortir des guerres civiles, contribua à sa réconciliation avec son mari, avec la Cour, et la conduisit enfin aux pieds de M. Singlin, supérieur de Port-Royal. Depuis longtemps Mlle de Vertus suivait la voie étroite; mais le sage et prudent Singlin ne la dirigeait pas encore. Dès qu'il le permit, elle s'abandonna tout entière et forma le vœu secret de se retirer au Monastère. On était alors aux mauvais jours. Les religieuses, prisonnières à la Maison des Champs, semblaient séparées du reste des humains; les solitaires dispersés se cachaient dans les faubourgs et évitaient, à force d'adresse, l'œil vigilant de la police; MM. de Sacy et Fontaine *goûtaient les douceurs* de la Bastille. Mlle de Vertus, qui souffrait de toutes ces souffrances et prenait une grande part de ce calice d'amertume, s'employa si activement en faveur de la paix qu'on lui attribue, dans une large mesure, l'heureuse issue des négociations. Rien ne s'opposant plus à la réalisation de son vœu secret, la pénitente accourut aux Champs, dès 1669, et y fit plusieurs retraites.

De son côté, la duchesse de Longueville avançait à grands pas dans la perfection et son affection pour Port-Royal grandissait tous les jours. Elle fit construire un hôtel dans l'enceinte même de l'Abbaye, aux portes du cloître. Son amie l'imita et bâtit aussi, tout près, et y attenant, un petit logis fort modeste, dont elle prit définitivement possession, en 1672. Mlle de Vertus, aussi religieuse de cœur qu'on peut l'être en dehors du cloître, demanda et revêtit le petit habit blanc des novices et s'assujettit à tous les exercices, devoirs et observances de la Communauté, les pratiquant dans son particulier, lorsque sa mauvaise santé ne lui permettait pas de le faire en public. Elle vécut ainsi dix-huit ans dans un parfait détachement des choses de la terre, supportant avec une angélique résignation des souffrances continuelles. Peu à peu la mort avait fait le vide autour d'elle et emporté ses consolateurs et ses meilleurs amis! Quand elle partit à son tour, rien ne la retenait plus ici-bas; tout, au contraire, l'attirait vers le ciel et la portait à désirer une meilleure vie. Depuis onze ans, elle ne quittait plus son lit de douleur, et il semble qu'elle pouvait, sans trop de crainte, lever les yeux vers Dieu. Cependant elle se trouble, elle a peur, elle frémit! Son confesseur la rassure, lui parle de la bonté divine et de la divine miséricorde, et réconfortée par ces paroles, le cœur rempli d'espérance, elle voit s'ouvrir les portes éternelles! Elle avait vécu soixante-quinze ans et habité Port-Royal pendant dix-huit ans.

Anne Geneviève de Bourbon, fille de Henri II de Bourbon-Condé et de Marguerite de Montmorency, naquit au donjon de Vincennes pendant la détention de son père prisonnier d'État. Elle était sœur du grand Condé et du prince de Conti. A l'âge de treize ans, Mlle de Bourbon voulait se faire carmélite; mais sa mère, qui rêvait pour elle de hautes destinées dans le monde, la présenta à la Cour, qui flatta son orgueil naissant et exalta les qualités naturelles de son esprit. Elle avait vingt-trois ans quand on lui fit épouser le prince Henri d'Orléans, duc de Longueville, presque un vieillard, qu'elle reçut par obéissance et sans le moindre enthousiasme.

Son mari, partant pour Munster, en qualité de négociateur de la paix, la laissa à Paris. La jeune femme, loin de s'en plaindre, s'en réjouit et usa largement de sa liberté. Le duc, en étant informé, l'appela auprès de lui. Revenue en France, l'impétueuse princesse se jeta dans la Fronde et entraîna le duc, son époux, et le prince de Conti, son frère. Son esprit, inquiet et remuant, se nourrissait de rêves ambitieux. Ceux qui flattaient son orgueil démesuré, et parmi eux le cardinal de Retz, lui représentaient « combien il serait grand et beau à une femme de se voir dans les grandes affaires et combien cela la ferait distinguer et considérer. Elle crut qu'elle passerait pour en avoir beaucoup d'esprit, qualité qui faisait sa passion dominante et l'objet de ses désirs les plus pressants et les plus chers. »

Le peuple de Paris, toujours impressionnable et amateur de nouveauté, l'acclama, l'installa à l'Hôtel de Ville. Elle y mit au monde un fils qui eut pour parrain le conseil municipal et reçut au baptême le nom de Charles-Paris. Tous les frondeurs, grands seigneurs, gens de robe et d'épée lui formaient une cour brillante, déposaient à ses pieds leurs hommages : elle se croyait déjà reine et son orgueil se repaissait de cet encens. La paix ruina ses espérances ambitieuses. Elle dut paraître à la Cour vaincue, humiliée, l'âme remplie d'amertume et le cœur gonflé de dépit et de haine. Aussi cette irascible princesse, tombée de son trône populaire, recommença bientôt ses intrigues et ses manèges, gagna le grand Condé et la guerre allait éclater de nouveau, quand les trois princes, son mari et ses deux frères, furent arrêtés. Elle s'enfuit en Normandie, dont le duc de Longueville était gouverneur, et s'efforça, mais en vain, de soulever la province; puis, pour échapper à la prison qui l'attendait, elle gagna le Havre sans escorte et déguisée. Du Havre, un vaisseau anglais la conduisit à Rotterdam. Elle revint à Stenay, s'attacha le maréchal de Turenne, et ce grand capitaine allait porter les armes contre son roi quand la duchesse et ses adhérents furent déclarés criminels d'État au premier chef. Les choses s'arrangèrent. Mazarin, pour enlever tout prétexte à la rébellion, s'exila momentanément et les princes furent remis en liberté. La duchesse de Longueville ne reparut à Paris que pour recommencer ses intrigues et exciter la deuxième guerre de la Fronde. Heureusement que Turenne, réconcilié avec la reine, se porta contre ses amis de la veille commandés par Condé. Il les battit au faubourg Saint-Antoine, reprit Paris aux insurgés, et termina la guerre à l'avantage de Mazarin et au profit de la royauté. Tous les seigneurs révoltés se soumirent, excepté Condé, qui s'enfuit chez les Espagnols. C'était un écrasement complet; et après des insuccès si éclatants et si multipliés, la factieuse duchesse ne pouvait plus rien espérer. De ce moment, elle suivit une orientation nouvelle : le monde l'avait déçue, l'avait abandonnée, elle se tourna vers Dieu et crut que la plus noble manière de le servir était de s'allier à Port-Royal. D'ailleurs n'était-ce pas encore une manière d'opposition?

Le premier effet de cette conversion, commencée à Moulins chez les Filles de la Visitation dont Mme de Montmorency sa tante était supérieure, fut sa réconciliation sincère avec son mari, qui s'était bien gardé de la suivre jusqu'au bout dans ses folles entreprises. Elle lui ferma les yeux à Rouen en 1663 et revint à Paris où elle acheta l'hôtel qui portait son nom, près du Louvre.

J'ai rapporté plus haut, en parlant de Mlle de Vertus, comment cette pieuse personne amena Mme de Longueville aux pieds de M. Singlin. L'habile directeur mit le doigt sur le défaut dominant : l'orgueil, et lui déclara la guerre. Après lui, M. de Sacy continua son ministère auprès de l'illustre pénitente qui s'attacha à Port-Royal par les liens de la plus cordiale affection. Cette affection ne fut pourtant pas exclusive. La princesse, qui aimait les carmélites dès son enfance, leur resta fidèle. Elle se partagea entre ses anciennes et ses nouvelles amies. Les rigueurs exercées contre Port-Royal lui parurent excessives; elle s'employa avec un zèle admirable à les tempérer. La police traquait Arnauld et Nicole, Mme de Longueville les cacha chez elle; chez elle aussi furent traitées les conditions de la paix Clémentine. Lettres, démarches, requêtes au roi, suppliques au pape, elle mit tout en œuvre en faveur de Port-Royal dont elle resta jusqu'à la mort la sauvegarde, l'ange gardien! On verra que la persécution recommença aussitôt après son trépas.

Quand Mlle de Vertus se retira définitivement à Port-Royal des Champs, la princesse aurait voulu l'y suivre; mais l'état de ses affaires temporelles la retint encore dans le monde et lui permit seulement de venir de temps en temps s'y édifier et retremper son âme dans la retraite et la méditation. Hélas! elle n'en espérait plus rien de ce monde rempli d'illusions; car son fils, ce Charles-Paris, filleul du conseil municipal, objet de ses plus chères espérances, et dont l'avenir s'ouvrait brillant, venait d'être tué au passage du Rhin en 1672.

Ce coup funeste déchira le cœur de la pauvre mère en même temps qu'il l'unit plus étroitement au suprême consolateur des âmes affligées! De ce jour fatal sa conversion est pleine et parfaite. Elle ne vécut plus que pour répandre d'abondantes aumônes, nourrir et vêtir un nombre considérable d'indigents et semer partout ses bienfaits. En même temps elle redoubla ses austérités et ses mortifications. « Il lui était tout naturel de coucher sur la dure, de prendre la discipline, de porter une ceinture de fer. » Elle recherchait avec une sainte avidité toutes les occasions qui pouvaient l'humilier.

Voici, pour la faire mieux apprécier et surtout pour montrer combien fut sérieuse et sincère cette pénitence de Mme de Longueville, quelques traits de son caractère pendant son séjour à Port-Royal. Ce n'est plus la femme folle et impétueuse qui se jette par vanité et orgueil dans les intrigues de la Fronde. C'est la chrétienne humble et douce « qui ne médisait jamais de personne et témoignait toujours quelque peine quand on parlait librement des défauts des autres quoique avec vérité. Elle ne disait jamais rien à son avantage et cela était sans exception. Elle prenait autant qu'elle pouvait sans affectation toutes les occasions de s'humilier. Elle parlait sensément, modestement, charitablement et sans passion. »

Dieu, qui la visita par de nombreuses infirmités, lui adoucit les angoisses de la mort. Elle la vit arriver avec joie, la considérant comme le commencement de la vie véritable et entraînée par une sainte impatience de revoir ceux qui l'avaient précédée dans un monde meilleur. Elle mourut à cinquante-neuf ans, en 1679, chez les carmélites où son corps fut inhumé ; car elle avait décidé par testament que son corps reposerait dans l'église du Monastère où elle rendrait le dernier soupir et que son cœur serait transporté dans l'autre. Port-Royal eut donc le bonheur de posséder ce reste précieux. On l'apporta solennellement à l'Abbaye des Champs et on le réunit à celui de son fils, dont nous venons de parler, qui reposait déjà dans le chœur de l'église.

Port-Royal venait de faire une perte irréparable. La tempête qu'elle sembla contenir, mais qui, malgré la paix, grondait sourdement, se déchaîna et souffla furieuse jusqu'à l'entière destruction !

CHAPITRE XXI

Reprise des hostilités. — M. de Harlay à Port-Royal. — Renvoi des postulantes, des novices et des pensionnaires. — Dispersion des solitaires. — MM. Le Moine, Le Tourneux et Eustace confesseurs. — Sinistres présages. — La robe de saint Bernard. — Projets de spoliation. — Mort subite de M. de Harlay.

La paix Clémentine ne dura que dix ans et mériterait plutôt le nom de trêve, puisque les vexations contre Port-Royal recommencèrent en 1679; c'est en partie sa faute. Au lieu de jouir paisiblement de leur succès, les vainqueurs sonnèrent de la trompette et publièrent que les puissances s'étaient inclinées devant eux, cédant à la lumière de la vérité et à la toute-puissance de la vertu. De fait, Port-Royal avait grandi de cent coudées et ses partisans pouvaient en être fiers. A certains jours de fêtes, de brillants équipages remplissaient le vallon : des visiteurs curieux, des pèlerins attendris et des dévots y affluaient de tous les points de la France. On ne parlait partout que de Port-Royal, de ces vaillantes religieuses et des *Messieurs* qui les dirigeaient. Les prudents, l'oreille au guet et l'œil ouvert, s'effrayaient de tout ce train et ne cachaient pas leurs appréhensions. En supposant que Port-Royal eût raison, la suprême habileté consistait à savoir se le faire pardonner et à se montrer modeste. « Ils eussent donc voulu qu'on eût évité tout ce qui avait de l'éclat dans le monde, qu'on n'eût point vu à Port-Royal tant de carrosses, tant de personnes de qualité, qu'on eût eu pour vue principale de se cacher et de s'ensevelir. » Ils se rappelaient cette parole pleine d'aigreur du Père Annat au nonce : « Vous venez de détruire en un instant vingt années d'efforts. » Ils n'ignoraient pas que les Jésuites, opposés à l'accommodement, saisiraient la première occasion pour recommencer la lutte. Et voilà qu'au moment où tout commandait la prudence et une excessive réserve, l'évêque d'Angers, Henri Arnauld, défendit aux ecclésiastiqnes de son diocèse de signer le Formulaire avant d'avoir établi la distinction, cause de tant de maux. Puis peu après les calomnies les plus ineptes circulèrent contre l'Abbaye. On accusait les religieuses de n'avoir aucune dévotion à la sainte Vierge (on avait bien dit qu'elles ne croyaient pas à la présence de Jésus dans l'Eucharistie) et de rejeter le culte des saints. La Mère Angélique de Saint-Jean, alors abbesse, n'eut pas de peine à justifier sa Maison. Mais le grand crime de Port-Royal était sa renommée ! Le roi supportait avec humeur cette affluence de visiteurs de distinction qui lui semblait une injure faite à sa cour de Versailles. Ce monarque, arbitre et maître de l'Europe depuis la paix de Nimègue, souffrait dans son orgueil que les hommages de ses sujets s'adressassent à d'autres qu'à lui-même, que des langues humaines chantassent d'autres louanges que ses louanges, célébrassent d'autres triomphes que ses victoires. Il lui semblait que dans le concert d'adorations dont les courtisans charmaient son oreille, Port-Royal seul jetât sa note discordante, et dans un moment d'irritation il dit à ses adulateurs « qu'il ne trouvait plus que des jansénistes sur son chemin : *Ces Messieurs de Port-Royal, toujours ces Messieurs*, mais qu'il viendrait bien à bout de la cabale et qu'il serait en cela plus *jésuite que les jésuites* ». En même temps il avait ordonné à M. de Pomponne, son secrétaire d'État, de faire savoir à M. Arnauld, son oncle : « qu'il n'avait point approuvé les assemblées qui se faisaient chez feu Mme de Longueville où il se trouvait souvent ; qu'il prît garde qu'il ne s'en tînt point à présent chez lui ; que cette liaison d'un grand nombre de personnes... avait un air de parti qu'il fallait empêcher ; qu'il désirait qu'il vécût comme tous les autres hommes et vît indifféremment toutes sortes de personnes. » La guerre recommençait donc, mais une guerre injuste, sournoise, hypocrite ; la lutte du pot de fer contre le pot de terre, peu glorieuse, on le voit ; les deux puissances civile et ecclésiastique s'unissant contre une communauté de filles irréprochables dans leur foi, dans leurs mœurs et dans leur enseignement. On comprend la conduite de M. de Péréfixe envers Port-Royal : il y avait résistance à l'autorité, une sorte de fronde et aux yeux du plus grand nombre, la *délicatesse de conscience,* derrière laquelle on se retranchait, passait pour de l'entêtement tout pur. Ici rien de pareil. Elles ont signé et ne songent plus qu'à vivre en paix, à se sanctifier ; le jansénisme dogmatique n'a rien à démêler avec elles. Ces religieuses sont régulières, pures, orthodoxes, soumises à l'autorité, excellentes éducatrices et, malgré cela, on s'acharne à les poursuivre. M. de Harlay, successeur de M. de Péréfixe, qui leur enfonce une à une, dans le cœur, les pointes les plus acérées, ressemble à ces fauves qui jouent avec leurs victimes avant de les dévorer[1]. Port-Royal ne l'a point épargné.

---

[1]. Voici, par un maître du genre, Saint-Simon, le portrait du prélat : « Harlay était un petit homme maigre, à visage en losange, le nez grand et aquilin, des yeux de vautour qui semblaient dévorer les objets et percer les murailles. — Tout son extérieur gêné,

M. de Harlay ne fut qu'un instrument manié par la main toute-puissante du maître et qui le servit à merveille. Néanmoins, comme il sentait l'odieux de sa conduite et l'ignominie du rôle qu'on lui imposa dans cette tragédie, il accabla ses victimes de louanges avant de les accabler de ses coups. Ce prélat perfide, « aux yeux de vautour, au maintien faux et cynique », s'occupait si peu de Port-Royal et de ses hôtes que pendant sept ans, tant que le roi se tut, il ne s'en inquiéta point. Il ne trouva pas même une demi-journée pour visiter un Monastère qui, pour bien des raisons, aurait dû l'intéresser. Mais quand le maître eut ouvert la bouche, quand il se fut déclaré dans cette affaire plus « *jésuite que les jésuites* », M. de Harlay se porta vers Port-Royal, non pour bénir et consoler, mais pour faire pleurer des âmes innocentes qui ne réclamaient que le repos et la paix. Il s'était fait précéder par un de ses fidèles, l'abbé Fromageau. La Mère Angélique de Saint-Jean mit le visiteur au courant de l'exacte situation de la Maison, qui comptait cent religieuses tant professes que converses, novices et postulantes, et quarante-deux pensionnaires. Cette marque d'un intérêt si extraordinaire sentait l'inquisition et ne disait rien qui vaille ; et comme l'abbesse lui exprimait ses appréhensions en toute franchise, l'habile visiteur instruit à bonne école lui répondit pour l'endormir : « Mais, Madame, que pouvez-vous craindre sous un gouvernement aussi doux que celui-ci. Le roi aime la paix, M. l'Archevêque est ennemi de l'éclat et fait les choses avec douceur. » Oui, M. l'Archevêque fit les choses avec

---

contraint, affecté, l'odeur hypocrite, le maintien faux et cynique, des révérences lentes et profondes, allant toujours rasant les murailles avec un air toujours respectueux, mais à travers lequel pétillait l'audace et l'insolence, et des propos toujours compassés, à travers lesquels sortait toujours l'orgueil de toute espèce, et, tant qu'il osait, le mépris et la dérision. »

douceur: mais quelles choses! Il parut en mai, huit jours plus tard, complimenta en homme du grand monde plein de tact et de savoir-vivre, allant rasant les murailles, parlant en termes compassés. Sa langue ne tarit pas d'éloges, répandit des fleurs à profusion pour amortir les coups et dissimuler les plaies, puis déclara, des larmes dans la voix, que la volonté du roi était qu'on renvoyât toutes les pensionnaires, qu'on n'en reçût point d'autres jusqu'à nouvel ordre et qu'on ne donnât l'habit à aucune postulante. La Mère Angélique, n'en pouvant croire ses oreilles, l'embarrassa souvent, et lui, pour toute réponse, poussait des *hélas!* pleins de compassion qui n'adoucissaient rien. En partant, il frappa les *Messieurs* et ayant fait appeler M. de Sacy, qui l'avait reçu à l'arrivée, il lui dit : « que c'était l'intention du roi qu'il ne demeurât plus ici, ni lui ni aucun autre ecclésiastique qui y étaient; qu'il leur conseillait de se retirer et qu'il leur accordait seulement quinze jours. »

Pensionnaires, confesseurs, solitaires prêtres ou laïques, tous durent se disperser au mois de juin. Antoine Arnauld, averti depuis longtemps des mauvais desseins des ennemis, ne se sentant pas en sûreté, quitta la France pour ne plus la revoir. M. de Pontchâteau partit à Rome porter une supplique de la Mère abbesse qui disait : « Votre Sainteté n'a qu'à nous dire, *Nolite flere*, pour essuyer toutes nos larmes. Cette parole sortie de la bouche du Vicaire de Jésus-Christ rendra la joie à nos âmes abattues par le renouvellement continuel des persécutions... On nous condamne sans nous accuser de quoi que ce soit et M. l'Archevêque de Paris ne nous donne que des louanges en nous imposant ces peines! » M. Hamon resta, cette fois encore, le seul consolateur de cette communauté tout en pleurs !

Remplacer les confesseurs ne fut point chose facile, aucun prêtre ne se souciant de devenir l'auxiliaire d'un pouvoir tyrannique, qui s'appuyait uniquement sur le bon plaisir et n'invoquait d'autre droit que le droit du plus fort. On en trouva pourtant de mérites et de talents divers; mais le plaisant de la chose fut que M. de Paris introduisit à Port-Royal un janséniste ardent, ancien directeur du séminaire de M. Pavillon, appelé Le Moine : on avait négligé de s'informer de ses antécédents. M. Le Moine confessait depuis trois mois, au grand contentement de tous, quand on découvrit ses origines. Il lui fallut déguerpir au plus vite et quitter le diocèse de Paris sous les peines les plus sévères. La Communauté attendait avec anxiété son successeur, lorsqu'on lui apprit la nomination de M. Le Tourneux, fidèle disciple de M. de Sacy. Cette nomination, il est vrai, n'était que provisoire, mais on espérait bien la rendre définitive. M. Le Tourneux jouissait alors, à Paris, d'une réputation justement méritée de prédicateur et d'écrivain. Rouen l'avait vu naître et, tout jeune, il répétait et improvisait des prônes avec tant de chaleur et d'onction qu'on prenait plaisir à l'entendre. M. Du Fossé le protégea et l'envoya faire ses études dans la capitale. Ordonné prêtre à vingt-deux ans, il exerça le ministère sacré dans sa ville natale avec tant de succès qu'une foule considérable se pressait à ses sermons qui n'étaient pourtant qu'une exposition simple et claire des vérités de l'Évangile, trop méconnues en ce temps-là.

M. Le Tourneux avait trente ans quand il se fixa à Paris dans la société de MM. Du Fossé et de Tillemont, sous la direction spirituelle de M. de Sacy. Nommé peu après chapelain du collège des Grassins, où il avait fait sa philosophie, il reprit ses pieuses et substantielles instructions de Rouen, composa plusieurs écrits et concourut pour le prix d'éloquence qu'il remporta. En 1682, il prêchait le carême à Saint-Benoist et descendait de chaire applaudi et célèbre. « On disait que jamais homme n'avait prêché l'évangile comme celui-là; qu'il n'y avait rien d'affecté dans ses discours, mais que tout y respirait la vraie éloquence, celle qui naît de la force de la vérité et de l'onction du Saint-Esprit. » Louis XIV demanda un jour à Boileau : « Quel est donc ce prédicateur qu'on nomme Le Tourneux? On dit que tout le monde y court; est-il si habile? — Sire, répondit Boileau, Votre Majesté sait qu'on court toujours à la nouveauté : c'est un prédicateur qui prêche l'Évangile. Quand il monte en chaire, il fait si peur par sa laideur qu'on voudrait l'en voir sortir et quand il a commencé à parler, on craint qu'il en sorte. » M. Le Tourneux, nommé confesseur de Port-Royal, remplit avec amour ses fonctions délicates sans négliger ses autres devoirs. Ami des grands écrivains, recherché par les prélats les plus recommandables et les personnes pieuses du grand monde, le célèbre prédicateur jouissait d'une gloire incontestée, quand, soit prudence, soit humilité, il disparut de Paris et se retira dans son petit prieuré de Villers, au diocèse de Soissons. Dans cette retraite, il vécut, nous dit du Fossé, « comme un homme qui n'aurait point eu de corps à nourrir et comme s'il eût voulu le faire mourir de faim. Il se levait tous les jours de grand matin, et chantait son office dans son église avec quelques personnes qui l'accompagnaient. Il travaillait tantôt à cultiver son jardin, tantôt à composer ces excellents livres de piété dont il a enrichi l'Église. Il ne mangeait de tout le jour qu'à six heures du soir et encore des légumes au lieu de poisson dont il ne manquait pas en ce lieu. Je fus effrayé de voir mener une telle vie à une personne qui était d'ailleurs d'une complexion assez infirme et sujette à de très grands maux de tête. » Ce dur pénitent vint à Paris pour l'affaire de son ouvrage *l'Année chrétienne,* dont l'autorité empêchait la publication. La mort l'y attendait et il fut frappé d'apoplexie si foudroyante qu'on n'eut que le temps de lui administrer l'Extrême Onction. Port-Royal, en apprenant cette malheureuse nouvelle, envoya demander comme suprême consolation que le cœur du défunt lui fût apporté. Un carrosse attelé de quatre chevaux l'enleva en secret et arriva au Monastère à deux heures du matin. Nicolas Le Tourneux n'était âgé que de quarante-sept ans, quand le trépas le réunit à son Dieu.

M. Eustace, prêtre comme lui du diocèse de Rouen, succéda à M. Le Tourneux. Cet ecclésiastique, dont nous parlerons souvent, pieux et instruit, s'attacha à Port-Royal, l'aima sincèrement et y confessa plus de vingt ans jusqu'à la fin de 1705. Insensiblement son petit troupeau diminuait. Au commencement de son ministère, l'Abbaye comptait soixante-trois religieuses; à la fin, elle n'en renfermait plus que vingt-cinq dont la plus jeune frisait la soixantaine. C'est que les prières et les supplications réitérées adressées à l'autorité ecclésiastique demandant l'admission de novices s'étaient heurtées à un inflexible refus et la malheureuse Communauté, ne comblant point les vides faits par la mort, périssait d'inanition. L'impitoyable frappait sans relâche : religieuses, amis et amies du dehors, tous tombaient successivement. En 1684 expirait l'abbesse Angélique de Saint-Jean. Trois semaines avant, M. de Sacy rendait l'âme à Pomponne, suivi de M. de Luzancy[1] et de M. Grenet, curé de Saint-Benoist, supérieur de la Maison. Le glas funèbre tintait sans cesse dans la vallée, mêlant sa voix triste aux chants lugubres de l'office des Morts.

Les éléments semblaient, eux aussi, s'acharner contre Port-Royal. Les temps bénis où le Ciel combattait pour sa cause par d'éclatants prodiges sont passés pour jamais !

1. Voir sa tombe, p. 268.

C'est d'abord un incendie terrible qui manque de dévorer le Monastère ; puis un tremblement de terre qui, ébranlant le vallon, faillit renverser l'Abbaye ; enfin, d'affreux orages, des pluies diluviennes qui causent des dégâts considérables. Les religieuses, effrayées de tous ces sinistres présages, conjuraient le Ciel de les épargner et de se montrer plus clément que leurs ennemis. Le Ciel, en effet, leur ménagea quelques consolations.

L'illustre poète Santeuil, moine de Saint-Victor de Paris, ami d'Arnauld et de Port-Royal, obtint la permission de transporter aux Champs la robe de saint Bernard, conservée dans son Monastère. Ce fut un jour de joie et toutes vénérèrent pieusement la précieuse relique de leur fondateur.

Tous les ans aussi, aux beaux jours, reparaissaient les fidèles hôtes d'autrefois, les amis plus récents dont l'amitié ne vieillissait pas. Le saint désert s'animait à l'époque de la Fête-Dieu pour les belles processions du Saint-Sacrement. A un moment, l'affluence des personnes pieuses, anciennes élèves ou autres, devint telle qu'on craignit pour le spirituel de la Maison. Elle serait tombée dans le relâchement, si l'abbesse la Mère de Sainte-Thècle Racine n'y eût mis bon ordre. M. de Sainte-Marthe avait le premier jeté le cri d'alarme. « Tout ce que je sais, disait-il, me porte à croire que la corruption du monde étant aussi grande qu'elle était autrefois, il n'en est pas moins vrai qu'il le faut fuir et le fuir même dans les personnes qu'on appelle dévotes puisque les religieuses d'une même maison se doivent fuir les unes les autres si elles veulent trouver Jésus-Christ qui ne leur promet de leur parler et de leur faire des grâces que dans la solitude. » M. Eustace approuvait fort cette résolution. « Plusieurs, écrit-il, blâmeront cette résolution de fermer les portes, on s'y attend bien, mais un plus grand nombre encore auraient blâmé la liberté avec laquelle on les ouvrait, comme on le vit par tout ce qu'on en a dit dans le monde. »

On ferma donc les portes pour ne les ouvrir que rarement. C'était dur de s'emprisonner impitoyablement dans l'enceinte d'un cloître dépeuplé; mais on espérait des jours meilleurs, les joies du printemps après les rigueurs de l'hiver; et même, en supposant qu'il fallût mourir, on voulait mourir en braves et dignes religieuses!

A Paris, la Mère Dorothée Perdreau avait terminé sa carrière en 1683. Mme de Harlay, sœur de l'archevêque, la remplaça et à celle-ci succéda, en 1695, une autre de Harlay, sa nièce. La situation de la Maison était loin d'être florissante. Au temporel, elle végétait péniblement, ne subsistant que grâce à ses pensionnaires. Les revenus, moindres que ceux des Champs, s'étaient encore diminués par suite d'une mauvaise administration, tandis que le nombre des sœurs croissait sensiblement chaque année. L'archevêque et sa nièce imaginèrent un moyen bien simple: réunir les deux Abbayes, c'est-à-dire spolier celle des Champs au profit de celle de Paris, bien qu'elles fussent séparées au temporel comme au spirituel. D'après ce projet, les religieuses des Champs devaient être transférées à Paris, sauf à disperser dans d'autres Monastères celles qui auraient la mauvaise grâce de se plaindre.

Heureusement pour Port-Royal, la mort de M. de Harlay l'arrêta dans son dessein. Le prélat, frappé d'apoplexie dans sa maison de campagne de Conflans, expira sans secours spirituels. Les jansénistes virent le doigt de Dieu dans cet événement funeste et renouvelèrent les anathèmes déjà lancés à la mort de l'auteur du Formulaire, M. de Marca, transféré du siège de Toulouse à l'archevêché de Paris.

M. de Noailles recueillit la succession de M. de Harlay; mais avant de continuer le cours de cette histoire de l'Abbaye et de dire le rôle de ce prélat à Port-Royal, suivons Antoine Arnauld dans ses pérégrinations à l'étranger.

CHAPITRE XXII

Antoine Arnauld s'enfuit à l'étranger. — Son séjour en Hollande. — Arrestation et détention du Père Du Breuil de l'Oratoire. — Arnauld s'établit à Bruxelles. Réfute le Père Malebranche. Meurt à Bruxelles où on l'enterre secrètement. — Son cœur à Port-Royal. — Ses épitaphes.

Antoine Arnauld, averti de différents côtés des accusations sans cesse renouvelées qui parvenaient au roi contre lui, et redoutant à bon droit quelque coup de force, jugea prudent de mettre la frontière entre lui et la Bastille. Au mois de mai 1679, il faisait sa visite d'adieu à ses sœurs des Champs et se retirait à Fontenay-aux-Roses pour y régler son départ définitif.

De quel côté dirigerait-il ses pas? Rome l'attira un instant; mais, en y réfléchissant, la ville du pape ne lui parut point un asile plus sûr que la capitale de la France. A Rome, pas plus qu'à Paris, il n'eût eu la liberté complète d'écrire, et c'était précisément cette liberté plus chère que la vie qu'il voulait sauvegarder en s'expatriant. S'il avait pu se résigner au silence, pas n'était besoin de quitter son pays; mais, athlète infatigable, il ne consentirait à déposer sa plume que quand la mort la lui arracherait des mains.

Nous allons suivre l'indomptable lutteur sur la terre étrangère et nous verrons que les œuvres qu'il produisit ne sont pas les moindres fruits de son génie si fécond.

Au mois de juin, un carrosse, attelé de six chevaux, emportait vers la Flandre le docteur Arnauld déguisé. Ce vieillard de près de soixante-dix ans fuyait comme un criminel le sol bien-aimé de sa patrie qu'il ne devait plus revoir, chassé par un roi qui n'avait pas de meilleur ni plus fidèle sujet. Arrivé à Mons, l'exilé descendit chez M. Robert, président du Conseil souverain du Hainaut, où il demeura six mois. De là il fit un voyage à Bruxelles pour y rencontrer Nicole. Celui-ci n'approuvait pas les projets de son ami; ils lui paraissaient téméraires à son âge et il mit tout en œuvre pour le dissuader. N'ayant rien obtenu, on se sépara après de touchants adieux et chacun suivit sa voie. Nicole rentra en France. Arnauld lui avait écrit quelque temps auparavant et lui donnait la raison de ses résolutions. « C'est une grande entreprise, dites-vous, pour un homme de mon âge, de me réduire à une vie cachée pour le reste de mes jours. Au contraire, *l'approche de la liberté fortifie le vieillard!* » De retour à Mons, et ne se sentant plus en sûreté dans cette ville, il la quitta pour revenir à Bruxelles. M. de Néercassel, archevêque d'Utrecht, l'attirait en Hollande. Il s'y rendit une première fois; puis y séjourna deux ans, principalement à Delft. Il est bon de remarquer que M. de Néercassel était en parfaite communion avec Rome, le schisme n'ayant été consommé qu'en 1710. C'était un prélat remarquable par sa science, sa douceur, sa piété, un hôte et un admirateur de Port-Royal. Lors d'un voyage en France, pour une mission diplomatique, il avait visité le Monastère, officié à l'église et adressé aux religieuses un petit discours aussi pieux qu'éloquent. Arnauld trouvait en lui un ami dévoué, qui le reçut avec toutes sortes d'égards et s'efforça de lui rendre moins pénible son séjour sur la terre étrangère!

« Là où on est bien, là est la patrie », disait je ne sais quel Romain dégénéré. Telle n'était pas la maxime toute païenne du vieillard chrétien. En se plaçant à un autre point de vue, en envisageant avec les yeux de la foi cette terre comme un lieu de passage, il disait pour se consoler de la patrie absente : « Un chrétien, à qui toute la terre est un lieu d'exil et une prison, peut-il se mettre fort en peine des changements de son cachot? On vous trouve partout, ô mon Dieu! Au milieu des fers on est plus libre que les rois mêmes quand on vous possède. Il n'y a de prison à craindre que celle d'une âme que ses vices et ses passions tiennent resserrée et empêchent de jouir de la liberté des enfants de Dieu! »

La Hollande, outre une bienveillante et généreuse hospitalité, procura au docteur Arnauld une liberté précieuse dont il usa largement. Il suivit non seulement avec intérêt, mais prit une part active aux controverses passionnées qui agitèrent alors l'Église de France. Sa réputation de savoir, sa grande autorité, son intégrité, son inflexibilité, donnaient un poids considérable à ses décisions et fixaient les opinions flottantes de beaucoup d'esprits incertains.

La rigidité des principes du tenace docteur apparaît dans les trois questions fort graves de la *Régale*[1], de la *Déclaration de* 1682[2] et de la *Révocation de l'Édit de*

---

1. La régale était un droit que s'attribuaient les rois de France, de percevoir les fruits des évêchés vacants, des abbayes vacantes et de pourvoir pendant ce temps-là aux bénéfices qui étaient à la collation des évêques.

2. La déclaration de 1682 faite par le clergé de France établissait l'affranchissement complet du roi, de l'autorité ecclésiastique, quant au temporel; rejetait l'infaillibilité personnelle du pontife romain et enseignait la supériorité du concile général sur le pape.

Nantes[1]. Chez cet homme tout d'une pièce, point de restrictions mentales, point de cette politique adroite et tout humaine qui, par considération des personnes, sait se taire à propos, glisser adroitement à côté de la question, dissimuler la vérité de peur de froisser les puissants du siècle et de s'attirer des ennuis. Le roi empiète sur le domaine religieux et abuse de sa force, Arnauld le lui reproche sans faiblesse et dans des termes énergiques. Rome, selon lui, affiche des prétentions exorbitantes sur le royaume, il les combat avec la même vigueur. Catholique avant tout, persuadé qu'il y a une vérité absolue, que cette vérité repose dans le sein de l'Église et que la seule véritable est l'Église catholique; que la liberté de conscience, si chère aux protestants, est une arme dangereuse, qu'il faut la leur enlever des mains ou plutôt qu'elle est un poison mortel qui les conduit à la mort, il approuve toutes les mesures de rigueurs édictées contre eux, il regarde comme un grand acte de charité chrétienne le *compelle intrare* de l'Écriture. C'est ainsi que, guidé par le seul souci, l'unique intérêt de ce qu'il croit être la vérité, Arnauld mécontente tout le monde : le roi, le pape et les protestants qui l'avaient si cordialement accueilli.

Mais ce n'était point assez de soutenir la bonne cause dans le silence du cabinet, de combattre le saint combat dans le cercle étroit des intimes, il fallait propager la vérité surtout en France en envoyant aux fidèles les livres imprimés en Hollande : l'intarissable Arnauld n'eut garde d'y manquer.

Un prêtre de Saint-Denis, à qui plusieurs ballots de

---

1. L'édit de Nantes donné par Henri IV en 1598 accordait aux protestants la liberté publique de leur culte, la jouissance de leurs droits de citoyens, l'accession aux emplois publics. — Louis XIV supprima cet édit en 1685.

livres étaient adressés, fut arrêté et condamné aux galères pour ce crime abominable ! A Rouen, le Père Du Breuil de l'Oratoire, curé de Sainte-Croix, également arrêté pour un envoi de même nature, gémit quatorze ans dans les fers ! Par un raffinement de cruauté inouï, dès que le prisonnier commençait à s'habituer dans un lieu et à gagner par sa douceur les sympathies de ceux qui l'approchaient, on le transférait dans une autre forteresse. Sept stations douloureuses : Rouen, la Bastille, Saint-Malo, Brest, Oléron dans l'Océan, Brescou sur la Méditerranée et Alais dans les Cévennes, marquent cette longue passion fièrement et courageusement supportée. Quand elle commença, le Père Du Breuil avait soixante-dix ans ; il en comptait quatre-vingt-quatre lorsqu'il mourut. Arnauld, en apprenant les tribulations dont il était la cause involontaire, en ressentit une grande douleur. Il avait quitté Delft pour revenir à Bruxelles et habitait une pauvre maison de faubourg. Le marquis de Grana, gouverneur des Pays-Bas espagnol, lui promit sa protection et se chargea de l'avertir en cas de danger. Aussi Arnauld, tranquille en son petit logis, à l'abri des regards indiscrets, jouissant de cette douce liberté qui « réconforte le vieillard » entouré de quelques intimes seulement, repoussa-t-il toutes les propositions qu'on lui fit de revenir en France. « De quel front, écrivait-il au duc de Roannez, oserai-je être à mon aise et en liberté tandis que ces personnes souffriraient ou par la fuite ou dans les prisons ? Et comment pour ménager quelque repos et quelque sûreté dans le peu de temps qui me reste à vivre, pourrais-je me résoudre à paraître à soixante-treize ans, traînant une vieillesse inutile et honteuse au milieu de mes amis souffrants et de mes ennemis triomphants ? » Les jansénistes marquants se donnaient la consolation d'aller visiter l'exilé. Le Père

Quesnel, échappé de l'Oratoire, le rejoignit et partagea sa retraite. Le vieux docteur put alors poursuivre en toute vigueur et liberté la réfutation du Père Malebranche son ami d'aujourd'hui, son ennemi de demain. Les conceptions de ce philosophe semi-rationaliste et métaphysicien nébuleux parurent aux esprits clairvoyants un sérieux danger pour la religion. Bossuet ne fut pas le dernier à s'en apercevoir et il engagea Arnauld à réfuter ces théories extravagantes en plus d'un point. Le docteur, qui pensait absolument comme l'évêque de Meaux, y avait déjà songé. C'était d'ailleurs un vaste et beau sujet, très digne d'exercer son esprit philosophique, de satisfaire son ardeur d'argumentation et de discussion. Aux deux principaux traités de Malebranche : *Recherche de la Vérité* et *Traité de la nature et de la grâce*, admirablement écrits, Arnauld opposa le *Traité des vraies et des fausses idées* et les *Réflexions philosophiques et théologiques*, ouvrage d'une logique puissante, serrée et non exempte de beautés littéraires. Le vigoureux dialecticien saisit son adversaire, le suit pas à pas, l'accable de raisons et ne le quitte qu'après avoir épuisé toutes les ressources de l'argumentation. Quand Malebranche poussé à bout ne sait que répondre, il se plaint qu'Arnauld ne l'entend pas. Boileau, témoin un jour de ces doléances, le réfuta d'un seul mot. « Et qui donc voulez-vous qui vous entende, mon Père, si M. Arnauld ne vous entend pas ? » Au reste, puisque Bossuet non plus n'entendait pas ce philosophe, il est permis de dire qu'il était inintelligible. Il ne faudrait pas croire néanmoins que le savant contradicteur opposa toujours à son adversaire des raisons victorieuses, cela ne se voit jamais. Dans les discussions de cette nature surtout, un habile champion trouve toujours le moyen d'échapper et de parer le coup mortel. Aussi Malebranche, plus découragé que vaincu dans cette lutte peu profitable, en somme, à la révélation chrétienne et funeste aux dogmes catholiques, la termina dignement en écrivant à Arnauld « qu'il était las de remplir le *Journal des Savants* de leurs pauvretés réciproques » : conclusion pleine de vérité et de bon sens. Hélas ! oui, la philosophie la plus subtile, la métaphysique la plus transcendante, sont remplies de ces pauvretés. C'est que la raison a des limites étroites contre lesquels viennent se heurter les esprits les plus pénétrants. Heureux qui sait le reconnaître et compter avec la faiblesse de l'entendement humain ! Le raisonnement poussé à l'excès conduit à l'absurde et l'histoire de la philosophie renferme une longue liste d'hommes qui ne sont illustres qu'à cause de leurs extravagances et parce qu'ils ont manqué de sens commun.

Jusqu'en 1790, Arnauld vécut en paix à Bruxelles et espérait y finir ses jours ; quand le second successeur de M. de Grana, qui comme lui l'avait protégé, l'avertit qu'il serait prudent qu'il s'établit ailleurs. Le vieillard partit l'âme en peine, ne sachant trop où diriger ses pas. Ayant gagné Malines, puis Rotterdam, il pousse jusqu'à Leyde, Delft, Harlem, revient par Maestricht, remonte à Liège et, ne pouvant se fixer nulle part, rentre à Bruxelles *incognito*, bien résolu à ne plus quitter sa maisonnette et à s'y enfermer comme dans un sépulcre. Quand le jour, pour respirer l'air pur, il sortait dans son jardinet, on tendait des toiles pour le dérober aux regards indiscrets des voisins. Dans cette sorte de prison qui dura quatre ans, Arnauld alla s'affaiblissant et pendant l'été de 1694 ne put triompher d'une fluxion de poitrine qui le conduisit au tombeau à l'âge de quatre-vingt-deux ans et demi. Le mardi précédent il avait encore célébré les divins mystères dans sa petite chapelle domestique et s'était préparé par une retraite de quinze jours à entrer dans son éternité. Le curé de Sainte-Catherine, qui l'avait assisté avec le Père Quesnel à ses derniers instants, lui donna secrètement la sépulture dans son église devant le maître autel. On y exécutait en ce moment des réparations. La cérémonie s'accomplit la nuit et le lendemain les ouvriers reprirent leur travail sans rien remarquer. Puis, pour dépister le public, on répandit le bruit qu'Arnauld venait de mourir dans un village du pays de Liège; de sorte que cet homme dont la vie en partie s'était écoulée dans de mystérieuses retraites devint après sa mort une énigme plus mystérieuse encore. Quand on apprit la nouvelle à Rome, plusieurs cardinaux louèrent le défunt en plein consistoire et l'un d'eux fit prier pour lui dans les principales églises de la ville. Un ecclésiastique nommé Ruth d'Ans, qui partageait sa prison volontaire, apporta son cœur à Port-Royal. Santeuil vint au Monastère y vénérer les restes précieux d'un ami et les religieuses lui demandèrent une épitaphe. L'élégant poète la composa courte et belle dans cette langue latine qu'il maniait avec tant de grâce et de facilité. Les jésuites blessés crièrent au scandale et percèrent de mille traits l'imprudent auteur qui se défendit courageusement. Voici cette épitaphe que les latinistes apprécieront, avec la traduction :

> *Ad sanctas rediit sedes ejectus et exul,*
> *Hoste triomphato : tot tempestatibus actus,*
> *Hoc* Portu *in placido*, *hac sacra tellure quiescit*
> Arnaldus, veri *defensor et arbiter æqui.*
> *Illius ossa memor sibi vindicet extera tellus :*
> *Huc cœlestis amor rapidis cor transtulit alis,*
> *Cor nunquam avulsum, nec amatis redibus absens.*

Il est revenu dans ces saints lieux, ce fugitif, exilé volontaire, après avoir triomphé de ses ennemis. Agité par tant de furieuses tempêtes, Arnauld, le défenseur du *Vrai* et l'arbitre du juste, repose maintenant dans ce Port tranquille, dans cette terre bénie des cieux. Si la terre étrangère garde les précieux restes de son corps, son cœur a volé ici transporté sur les ailes du céleste amour, cœur qui n'avait jamais été arraché de cette solitude et qui, malgré la distance, n'en fut jamais absent!

Un autre poète, admirateur passionné et ami sincère, Boileau, qui avait chanté Arnauld dans ses vers, cédant aux transports de sa muse traça cette autre magnifique épitaphe :

> Au pied de cet autel de structure grossière,
> Gît sans pompe, enfermé dans une vile bière,
> Le plus savant mortel qui ait jamais écrit;
> Arnauld, qui sur la grâce instruit par Jésus-Christ,
> Combattant pour l'Église, a, dans l'Église même,
> Souffert plus d'un outrage et plus d'un anathème.
> Plein du feu qu'en son cœur souffla l'Esprit divin,
> Il terrassa Pélage, il foudroya Calvin;
> De tous les faux docteurs confondit la morale.
> Mais, pour fruit de son zèle, on l'a vu rebuté,
> En cent lieux opprimé par leur noire cabale;
> Errant, pauvre, banni, proscrit, persécuté;
> Et même par sa mort, leur fureur mal éteinte,
> N'aurait jamais laissé ses cendres en repos,
> Si Dieu lui-même, ici de son ouaille sainte,
> A ces loups dévorants n'avait caché les os!

Sans partager absolument l'enthousiasme poétique de Boileau, et appeler Arnauld « le plus savant mortel qui ait jamais écrit »; sans débiter, comme une suite de litanies, tous les titres de gloire accumulés par ses ardents panégyristes; sans le proclamer avec eux : *Inter magnos maximus,* il est certain que ce savant docteur fut un esprit de premier ordre, un des écrivains les plus féconds et les plus solides du xviie siècle, un chrétien d'une foi ardente, d'une grande austérité et sévérité de mœurs.

Un mot sur l'ensemble de son œuvre. Elle comprend au total cent quarante volumes de différents formats dont plusieurs en collaboration et embrasse les sciences, les lettres et la philosophie; ses traités sur les matières de la grâce ; sa controverse avec les calvinistes ; ses écrits contre les jésuites et enfin ses travaux sur l'Écriture sainte. Cette énumération montre quelles étaient la variété et l'étendue des connaissances de celui que les jansénistes appelaient avec un légitime orgueil : *le Grand Arnauld!*

CHAPITRE XXIII

M. de Noailles et Port-Royal. — Le *Cas de conscience*. — Constitution *Vineam Domini Sabaoth*. — Bulle de Rome et décret de l'archevêque pour l'extinction de Port-Royal. — Mme de Château-Renaud en prend possession.

A M. de Harlay, emporté soudainement un an après Arnauld presque jour pour jour (6 et 8 août) succéda le doux et pieux M. de Noailles, évêque de Châlons. Les jansénistes, satisfaits de ce choix, remerciaient le Ciel d'avoir placé sur le siège de Paris un prélat vertueux, de mœurs irréprochables, et fondèrent sur lui les plus grandes espérances. Les religieuses de Port-Royal envoyèrent complimenter le nouvel élu. L'abbesse, Mme Racine, pria son neveu de lui porter les vœux de la Communauté et celui-ci lui rendit en ces termes compte de sa mission : « J'ai eu l'honneur, ma très chère tante, de voir de votre part M. l'archevêque de Paris et de l'assurer de vos très humbles respects et de ceux de votre Maison. Je lui ai dit même toutes les actions de grâces que vous aviez rendues à Dieu pour avoir donné à son Église un prélat selon son cœur. Il a reçu cela avec une bonté extraordinaire et m'a chargé d'assurer votre Maison qu'il l'estimait très particulièrement, me répétant plusieurs

fois qu'il espérait vous en donner des marques dans tout ce qui dépendait de lui. . . . .
Je sais même, par des personnes connaissant à fond ses sentiments, qu'il est très résolu à vous rendre justice; mais ces personnes vous conseillent de le laisser faire et de ne point témoigner au public une joie et un empressement qui ne serviraient qu'à le mettre hors d'état d'exécuter ses bonnes intentions. Je sais qu'il n'est pas besoin de vous donner de pareils avis et qu'on peut s'en rapporter à votre extrême modération, mais on craint avec raison l'indiscrète joie de quelques-uns de vos amis et de vos amies à qui on ne peut trop recommander de garder un profond silence sur toutes vos affaires. »

Cette lettre de Racine témoigne expressément des sentiments de bienveillance de M. de Noailles, en même temps qu'elle nous révèle les transports de joie trop bruyants des amis peu discrets. L'archevêque va d'ailleurs parler lui-même en répondant à une lettre de l'abbesse : « Ma Révérende Mère et mes très honorées Sœurs, M. Racine a pu vous assurer, non seulement du plaisir avec lequel j'ai reçu vos compliments, mais aussi de la disposition où je suis de traiter votre Maison avec toute l'estime et la distinction qu'elle mérite. Je ne perdrai point d'occasions de vous en donner des preuves effectives. Je vous demande en récompense le secours de vos bonnes prières. »

Nous allons voir comment Port-Royal fut cruellement déçu et comment, par la force des choses et non par mauvais vouloir, ces belles promesses ne purent se réaliser.

M. de Noailles, qui avait annoncé sa visite au Monastère, y vint en effet en 1697 et s'en retourna fort édifié de la régularité et de la piété de ces saintes filles. Il en faisait volontiers le plus grand éloge et en signe d'affection particulière, il demanda au roi le rétablissement du noviciat. Louis XIV n'y consentit pas, car, dans son esprit, la perte de Port-Royal était résolue depuis longtemps. Il n'attendait pour agir qu'une occasion propice afin de ne point paraître violer trop ouvertement les règles de la justice. Hélas! Port-Royal lui-même, sans le vouloir, se chargea de la faire naître par l'exposé du malencontreux écrit connu sous le nom de *Cas de conscience*. M. Eustace, confesseur, et M. Besson, curé de Magny, en seraient les auteurs. On y suppose un confesseur interrogé par un ecclésiastique scrupuleux, au sujet de la nature de la soumission qu'on doit avoir pour les constitutions des papes contre les jansénistes. Pouvait-on, sans croire au *fait* de Jansénius, signer purement et simplement le Formulaire, et le silence respectueux à son égard était-il suffisant pour obtenir l'absolution?

La Sorbonne, interrogée, avait répondu affirmativement par la voix de quarante de ses docteurs; la consultation avait même été signée à l'archevêché. Quand elle fut rendue publique, on ne sait comment, un *tolle* général l'accueillit, et les ennemis, qui n'auraient pas trouvé mieux, la déférèrent en toute hâte à la Cour de Rome. Celle-ci condamna et le cardinal de Noailles dut à son tour sévir dans un Mandement. Les docteurs effrayés s'empressèrent de retirer leur signature, excepté le docteur Petitpied qui, rayé de la Société comme autrefois Arnauld, alla rejoindre en Hollande le Père Quesnel. Les auteurs de ce maudit *Cas de conscience* s'accusaient comme des criminels et se lamentaient inutilement! M. Besson mourut, dit-on, de chagrin un mois après l'ordonnance de l'archevêque; et M. Eustace, flairant la Bastille, derrière un *veniat* du lieutenant de police, se cacha, puis s'enfuit au monastère d'Orval sur les frontières du Luxembourg. Il y vécut sous un nom emprunté, connu des supérieurs seuls, et y pleura douze ans sa fatale imprudence !

Le *Cas de conscience* renouvelait intempestivement les querelles apaisées depuis la paix de l'Église et chauffait à blanc les esprits, quand le roi prit un arrêt qui imposait silence aux deux partis. En même temps il sollicitait une bulle du pape Clément XI qui tranchât la difficulté. La Constitution *Vineam Domini Sabaoth* parut en février 1705. Elle repoussait le silence respectueux sur les faits condamnés, comme injurieux au Saint-Siège, et exigeait qu'en signant le Formulaire, on crût sincèrement que les cinq propositions se trouvaient, *quant au sens,* dans le livre de Jansénius. L'assemblée du clergé de France l'accepta, et d'autre part M. de Noailles la publia dans son diocèse. Bulle et Mandement frappaient le jansénisme en plein visage et Port-Royal du même coup. On espérait pourtant que, instruit par ses malheurs, le Monastère décimé, presque anéanti, entendrait la voix de la sagesse et de la raison. L'archevêque, pour montrer sa bienveillance, n'exigea pas de signature particulière, mais ordonna au confesseur, M. Marignier, de lire la bulle et le mandement à la grille du chœur, d'en dresser procès-verbal et de signer. Il semble que les religieuses n'avaient qu'à écouter respectueusement et à se taire. On ne leur demandait pas davantage. Le confesseur s'acquitta de sa mission et sa lecture produisit un sentiment de terreur qu'on s'expliquera difficilement. La bulle *fit peur* à la Communauté et « elle se dit qu'après avoir si longtemps souffert, c'était tout à fait abandonner la *vérité* que de témoigner qu'on recevait avec respect cette bulle et ce mandement ». On demanda quelques jours pour réfléchir et prier, et le résultat de la réflexion et de la prière fut ce qu'il avait toujours été. La Communauté ne voulut recevoir ni bulle, ni mandement, sans y apporter une clause relative à la paix de Clément IX. M. Marignier signa donc la déclaration suivante : « La bulle et ordonnance ci-dessus ont été lues et publiées à la grille de Port-Royal des Champs par moi, prêtre soussigné, préposé à la conduite des religieuses, lesquelles ont déclaré qu'elles les recevaient avec le respect dû à Sa Sainteté et à Son Éminence *sans déroger à ce qui s'est fait à leur égard à la paix de l'Église sous Clément IX*. » Ce maudit *sans déroger* déplut souverainement au cardinal, qui ne l'accepta pas. A le regarder de près, il n'était pourtant ni si injurieux ni si criminel ! Il envoya le supérieur, M. Gilbert, pour le faire supprimer ; la résistance fut invincible ! Sous-prétexte que la Maison n'était plus qu'une vieille masure qui allait périr, « il valait mieux, disaient-elles, être détruites tout d'un coup pour la gloire de Dieu que de défaillir peu à peu ». « Être détruites pour la gloire de Dieu » est assurément un sort digne d'envie, et puisque nos religieuses se croyaient des victimes agréables, laissons à Dieu le soin de les juger !

Nous voici donc exactement dans la même situation que sous M. de Péréfixe, avec cette différence qu'au lieu d'une Maison florissante renfermant soixante-quinze religieuses pleines de vie et d'avenir, il ne reste plus qu'une « vieille masure » habitée par vingt pauvres filles toutes âgées et infirmes.

Comme autrefois aussi, la mort ravagea ce camp dévasté et emporta la sous-prieure, la prieure et l'abbesse, la Mère Sainte-Anne Boulard. Ces deux dernières, mortes en même temps, furent déposées dans la même fosse !

M. de Noailles ne permit pas de procéder à l'élection d'une abbesse, et dès lors ce respectable reste de monastère fut gouverné par une prieure, la Mère Louise de Sainte-Anastasie Du Mesnil.

La Maison de Paris, fille ingrate et prodigue qui avait

dissipé sa part, assistait joyeuse à cette lugubre agonie de sa mère, et, semblable à ces enfants dénaturés qui convoitent la fortune paternelle, trouvait que la mort la brisait trop lentement! Aussi n'eut-elle pas la pudeur d'attendre le dernier soupir pour réclamer l'héritage. Elle sollicita la révocation de l'arrêt de partage, moyennant paiement d'une pension viagère aux survivantes. Louis XIV, pour la forme, ordonna une enquête minutieuse, et, nonobstant les requêtes, appels et réappels de la pauvre agonisante, cassa l'arrêt rendu, révoqua l'ancien partage et renvoya la cause à l'archevêché pour y être réglée canoniquement.

En attendant la sentence de l'officialité, on chassa des Champs toutes les personnes séculières qui vivaient un peu aux dépens de la maison. On réduisit à dix le nombre des domestiques à employer et le Monastère ne compta plus, outre ces dix serviteurs, que dix-sept religieuses de chœur et neuf converses : en tout trente-six personnes. Enfin l'arrêt portait que tous les ans on placerait sous séquestre 6000 livres de l'Abbaye des Champs. Au reçu de cette sentence, les religieuses interjetèrent appel dont elles furent déboutées.

Puis, prévoyant tout, elles s'assemblent en chapitre, dressent un acte pour servir de témoignage de leur foi « afin que si dans la suite on portait les choses aux extrémités dont nous sommes menacées, et qu'il y eût quelqu'une d'entre nous à qui on fît signer quelque chose de contraire soit par menace, soit par mauvais traitement, cette faute ne pût être imputée qu'au défaut de liberté et à l'accablement où les extrêmes afflictions peuvent réduire de pauvres filles âgées, infirmes et destituées de tout conseil ». Après leur dispersion, les Filles de Port-Royal n'ont pas été maltraitées ; cependant toutes, excepté deux, finirent par céder et tomber une seconde fois dans le fossé fangeux de la signature.

En présence des dispositions manifestées par des religieuses qu'il aimait sincèrement, M. de Noailles ne se sentit plus guère d'humeur à les soutenir. Il considéra leur refus comme une injure personnelle et se plaignit amèrement qu'elles aient ainsi rendu inutile sa bonne volonté et paralysé ses efforts. « Elles ne sont pas hérétiques, disait-il, mais rebelles et désobéissantes. — Elles m'envoient des *factums* et des instructions. — Qui que ce soit qui les conseille, elles ont de très mauvais conseillers. — Je les trouve dans une désobéissance tout à fait criminelle. — Rien n'est pire que les demi-savantes. »

Le tribunal de l'Officialité examina la cause depuis longtemps perdue et, après huit séances de plaidoiries solennelles et de débats contradictoires, rejeta l'appel contre l'arrêt. Déboutées à Paris, les religieuses en appelèrent au siège primatial de Lyon. Aussitôt le cardinal commença à sévir, enleva les prêtres qui avaient leur confiance et le confesseur dévoué, les remplaça par d'autres non suspects et les priva de la communion. Il leur faisait dire en même temps : « Plus je pense à leur conduite, plus je la trouve inexplicable. Elles agissent directement contre les paroles de Jésus-Christ. Par là, je les crois très indignes des sacrements et je ne puis permettre qu'on les y reçoive. On ne doit plus leur donner ni la communion ni l'absolution, ni souffrir que d'autres la leur donnent. Je suis l'homme de l'Église, obligé par conséquent à venger son autorité méprisée et à la faire respecter dans tous les lieux de ma juridiction. — Plus elles croient que j'ai eu des bontés pour elles, plus elles ont de tort et d'ingratitude à mon égard de me résister en face, aussi publiquement qu'elles le font. »

Cependant, avant de frapper le coup suprême qui lui répugnait, on le sent, le cardinal de Noailles tenta un dernier effort, qui, toujours infructueux, fut suivi de l'excommunication lancée en novembre 1707. On s'y attendait et le trait émoussé glissa sans pénétrer jusqu'à l'âme. On trouvait nulle la sentence pour vice de forme « parce qu'elle n'avait été précédée ni d'informations juridiques par le promoteur, comme partie publique après les procédures nécessaires, ni de significations faites aux parties, dans les délais convenables, des procès-verbaux dressés dans les informations ni de monitions et de sommations canoniques, etc., etc. »

Et pour ce, on interjetait appel à Lyon. Le primat, peu soucieux de s'embarrasser dans cette affaire, l'examina si lentement, qu'à Pâques de l'année suivante, il n'avait pas répondu.

Les religieuses, tout excommuniées qu'elles étaient, ne laissaient pas, dit-on, de communier. Un ami invisible faisait pénétrer dans la place assiégée des vivres spirituels, et pendant deux ans que dura ce dernier assaut, on leur distribua en abondance le pain de vie, qu'un autre de Sainte-Marthe leur apportait par des voies mystérieuses. Ce personnage, revêtu d'habits laïques, arrivait à point pour confesser et administrer les mourantes.

L'avocat et homme d'affaires de l'Abbaye pendant les convulsions de l'agonie, M. Le Noir de Saint-Claude, qui habitait Port-Royal depuis quatorze ans, aussi solitaire que ceux d'autrefois, subit le sort commun et alla occuper une cellule à la Bastille d'où il ne sortit qu'après la mort de Louis XIV.

Ce monarque s'impatientait des lenteurs de la procédure de l'archevêché. Il aurait pu dire comme l'abeille de La Fontaine :

> Sans tant de contredits et d'interlocutoires,
> Et de fatras et de grimoires,
> Travaillons.....

M. de Noailles ne travaillait pas assez vite, et averti du

mécontentement du prince, se rejeta sur Rome qui n'expédiait pas la bulle sollicitée depuis longtemps. « Dieu a permis, pour des raisons que je ne puis pénétrer, que le pape n'ait pas envoyé cette bulle ; est-ce ma faute ? » Dans des affaires de cette gravité, Rome se hâte lentement pour le plus grand profit de ses enfants opprimés. Elle n'avait aucune raison de ménager Port-Royal et cependant elle ne cède qu'à regret, « ne pouvant se refuser aux sollicitations d'un aussi grand prince que le roi de France ».

Encore, par respect pour des droits sacrés, ne cède-t-elle qu'à moitié ; elle ne veut pas qu'on chasse les religieuses de chez elles, où elles ont le droit de mourir. La condition mise à l'extinction du Monastère des Champs et à la réunion de ses biens à l'Abbaye de Paris était que : « Les religieuses de Paris serviraient à chacune des religieuses des Champs tant de chœur que converses, deux cents livres, lesquelles resteraient dans leur Monastère et en auraient l'entier et total usage ainsi que de leur église jusqu'à leur mort. » On le voit, Rome forcée s'exécute, mais à regret, ne pouvant résister « aux sollicitations d'un aussi grand prince que le roi de France ». Le roi, en entendant la teneur de la bulle, n'en fut point satisfait. Il en demanda une autre plus radicale représentant au Saint-Siège qu'il était de toute importance d'éteindre ce foyer d'erreur et d'*opposition,* dernier refuge des docteurs jansénistes. Il se faisait vieux, la mort pouvait le surprendre ; après lui qu'arriverait-il ? son successeur ne rendrait-il pas inutile par un Arrêt cinquante années d'efforts, tandis que Port-Royal ruiné jusqu'aux fondements ne serait jamais rebâti ! Le pape donna la bulle d'extinction telle qu'on l'avait souhaitée, c'est-à-dire supprimant le titre de l'Abbaye des Champs et transférant ses biens à celle de Paris. « Et afin, disait le pape à l'archevêque, que cette suppression et cette application aient plus promptement leur effet et que le nid où l'erreur a pris de si pernicieux accroissements soit entièrement ruiné et déraciné, les religieuses tant de chœur que converses, qui sont actuellement au Monastère des Champs, peuvent et doivent être transférées ensemble ou séparément dans le temps, la manière et la forme que vous jugerez à propos, suivant votre discrétion et conscience, en d'autres maisons religieuses ou monastères que vous choisirez. » Les avocats de Port-Royal, toujours battus mais jamais découragés, attaquèrent la validité de cette bulle pour vices quant à la forme et quant au fond. Mais M. de Noailles, sans s'inquiéter des lettres anonymes qui le menaçaient de tous les châtiments de l'enfer s'il passait outre, la fit exécuter. Après un simulacre d'enquête (toujours des enquêtes!), pendant laquelle le commissaire ne reçut que des éloges à l'adresse des religieuses, il porta le 11 juillet 1709 le décret de suppression en ces termes : « Après que nous avons employé inutilement tous les moyens qui ont été en notre pouvoir de porter lesdites religieuses de Port-Royal des Champs à la soumission qu'elles doivent à l'Église ; lesdites religieuses persévérant dans leur opiniâtreté, et tout considéré, le saint nom de Dieu invoqué : Nous, archevêque de Paris, tant de notre autorité ordinaire que du Saint-Siège apostolique, avons supprimé et éteint, supprimons et éteignons, par les présentes, à perpétuité, le titre de ladite Abbaye et Monastère de Port-Royal des Champs ; et en conséquence, nous avons réuni et appliqué, réunissons et appliquons par les mêmes présentes, à l'Abbaye et Monastère de Port-Royal de Paris, tous les biens meubles et immeubles, droits et revenus généralement quelconques, de ladite Abbaye et Monastère de Port-Royal des Champs. »

Le 1er octobre, l'abbesse de Paris, Mme de Château-Renaud, descendit à l'improviste aux Champs pour en prendre possession. Mais la Mère Du Mesnil refusa de lui ouvrir et de faire assembler la Communauté. La discussion, sans intérêt pour nous, se poursuivit à travers la grille sur un ton modéré. Puis Mme de Château-Renaud se rendit à l'église et en prit possession dans les formes voulues. Deux notaires dressèrent acte authentique de la visite et reçurent la protestation de la prieure qui parla au nom de la Communauté. L'abbesse monta ensuite aux Granges voir son domaine et regagna Saint-Cyr pour rendre compte à Mme de Maintenon de tout ce qui s'était passé.

CHAPITRE XXIV

M. d'Argenson à Port-Royal. — Exil des religieuses. — Destruction de l'Abbaye. — Translation des corps. — Scènes horribles de l'exhumation. — Les *Gémissements*.

Je ne sais si, après le départ de Mme de Château-Renaud, les religieuses des Champs conservèrent quelque illusion ; en tous cas elle fut de courte durée, car un Arrêt du conseil, signifié le 19 octobre, enjoignait à la prieure et à ses filles l'ordre de reconnaître pour supérieure l'abbesse de Port-Royal de Paris. Cela ne suffisait pas et le Père Le Tellier[1] représenta au roi que jamais les religieuses ne se soumettraient à l'Arrêt, qu'il serait plus simple et plus sage d'en finir et de les disperser aux quatre coins de la France.

Le cardinal de Noailles, ennemi de ces mesures excessives qui soulèvent l'indignation publique, cherchait un expédient plus conforme à la douceur de son caractère et à l'esprit du christianisme. Il savait bien que le pape

---

1. Le Père Tellier, successeur en 1709 du Père La Chaise dans la fonction de confesseur du roi, nous est dépeint comme suit par Saint-Simon : « Il eût fait peur au coin d'un bois. Sa physionomie était ténébreuse, fausse, terrible ; ses yeux ardents, méchants, extrêmement de travers, on était frappé en le voyant. »

n'avait donné sa bulle que contraint par la Cour et que son devoir de pasteur et de père exigeait qu'il en adoucît l'exécution.

Ne l'a-t-on pas accusé de jansénisme ? Il conseillait donc à Mme de Château-Renaud de vendre la maison de Paris, de payer les dettes et de transférer la Communauté aux Champs. Ainsi serait évitée toute expulsion violente et odieuse et les récalcitrantes confondues dans la masse, réduites à l'impuissance, pourraient mourir en paix dans leur maison. A ce conseil fort sage le roi préféra l'avis du Père Le Tellier et ordonna la dispersion. Avant de partir pour cette expédition d'un nouveau genre, le lieutenant de police, M. d'Argenson, vit l'archevêque. Ce prélat, trouvant excessifs les ordres du roi, refusa les lettres d'obédience ou n'en donna que trois ou quatre pour autant de religieuses. D'Argenson, suivant sa consigne, passa outre, fit préparer douze carrosses qui partirent le 29 pour Port-Royal. Le soir venu, ces équipages logèrent un peu partout : à Magny et dans les environs. On avait eu soin de les séparer dans la crainte d'éveiller quelque soupçon. Les soldats campèrent sur les hauteurs voisines. Le lendemain, de grand matin, le lieutenant de police rejoignit le gros de son armée et à sept heures et demie faisait irruption au Monastère. La Mère prieure le reçut au parloir et après qu'il lui eut exposé l'objet de sa mission, qu'il se fut assuré de toutes les issues, emparé des clefs des armoires, des caisses et des archives, il s'adressa en ces termes aux quinze religieuses de chœur et aux sept converses rassemblées dans le cloître : « Mesdames, je suis venu ici pour vous annoncer un sacrifice que vous avez à faire aujourd'hui ; quoique je sois affligé d'être chargé des ordres du roi qui vous regardent, il faut cependant qu'ils soient fidèlement exécutés et que vous ne sortiez de cette assemblée que pour ne plus vous revoir.

C'est votre dispersion générale prescrite par l'ordre de Sa Majesté, que je vous annonce et qu'il veut vous être signifiée. Vous n'avez que trois heures pour vous préparer. »
La Mère prieure, sans s'émouvoir, lui répondit : « Monseigneur, nous sommes prêtes d'y obéir; une demi-heure de temps est plus que suffisante pour nous dire notre dernier adieu, prendre avec nous un bréviaire, une Bible et nos constitutions. »

Avant de se séparer jusqu'à l'éternité, ces malheureuses filles s'adressèrent, dans l'effusion de leur âme, de touchants adieux; et pendant ce temps, les archers à pied et à cheval faisaient bonne garde ou concentraient les voitures à la porte de l'Abbaye. Les exilées y montèrent deux à deux successivement. Chaque conducteur recevait de M. d'Argenson deux bourses : l'une pour les frais de voyage, l'autre pour le premier quart de la pension de chaque religieuse. Les carrosses partirent dans toutes les directions et gagnèrent Saint-Denis, Chartres, Compiègne, Meaux, Autun, Nevers, Amiens, Rouen et Nantes. Il est bon de dire, à la décharge de l'exécuteur de cette triste mission, qu'il se conduisit envers les condamnées avec une parfaite courtoisie, tempérant par sa douceur la sévérité d'ordres qu'il ne lui était pas permis de discuter.

Quand la dernière voiture eut disparu derrière les grands bois qui dominent l'Abbaye, M. d'Argenson rentra dans la maison vide, fit appeler les domestiques qu'il congédia après s'être informé des objets qui pouvaient leur appartenir et de ce qui leur était dû. Il réunit en une seule pièce tout ce qu'il trouva dans les cellules, la scella de son sceau ainsi que la bibliothèque. Il y établit une garnison de douze archers et de deux exempts, puis partit le 1er novembre rendre compte au roi.

La garde, faisant bombance et pillant le plus possible, resta à l'Abbaye jusqu'au 19, jour où on enleva les livres, les manuscrits et les tableaux et où les clefs furent remises à l'homme d'affaires de Port-Royal de Paris.

« C'est ainsi, dit la Relation, qu'a fini une Maison célèbre dans l'Église de France et qui a subsisté pendant cinq cents ans, dans laquelle Dieu était servi et honoré avec piété, qui répandait partout la bonne odeur de Jésus-Christ et où il était adoré nuit et jour en esprit et en vérité; où les actions de religion, les offices de nuit et de jour et les assistances devant le Saint-Sacrement n'ont jamais été interrompus..... Il y avait cent ans que la réforme y avait été mise par la Mère Angélique Arnauld, abbesse de cette Maison. On pouvait à présent lui appliquer ces paroles du prophète Michée : *Mulieres populi mei ejecistis de domo deliciarum suarum ; a parvulis earum tulistis laudem meam in perpetuum.* « Vous avez chassé les femmes de mon peuple de la maison de leurs délices, et vous avez ôté pour jamais à leurs petites filles un moyen de me louer. »

Cette barbare exécution souleva l'indignation des personnes honnêtes et simplement chrétiennes; on maudissait moins le prince autocrate, qui, après tout, croyait rendre gloire à Dieu et expier ainsi les scandales de sa vie, qu'à ses conseillers, aussi désireux de satisfaire leurs rancunes que de procurer la gloire de Dieu. Fénelon, qu'on ne suspectera pas d'avoir versé dans le parti janséniste, écrivait au duc de Chevreuse : « Un coup d'autorité comme celui qu'on vient de faire à Port-Royal ne peut qu'exciter la compassion publique et l'indignation contre leurs *persécuteurs.* »

Les expulsées, que nous devons suivre jusqu'à la fin avant de raconter la destruction du Monastère, furent traitées avec bonté dans plusieurs maisons et généralement avec égard. Néanmoins, dans la crainte de la contagion, on les sépara du reste de la communauté et on les entreprit pour obtenir la fameuse signature. Toutes, converses et sœurs de chœur, excepté deux, finirent par capituler, sauf à se rétracter plus tard au gré des événements, comme cela arriva effectivement. Les persécuteurs (le mot est de Fénelon) firent grand bruit de leur incomplète et facile victoire, tandis que les amis trouvaient d'excellentes raisons pour expliquer et excuser cette défection. La Mère Du Mesnil, que M. de Noailles cherchait à ébranler, lui répondait : « Les signatures de mes sœurs peuvent bien m'affliger, mais elles ne sont pas capables de m'ébranler..... Et puis, monseigneur..... de quelle autorité peuvent-elles être, étant extorquées par des menaces et une importunité de raisonnements captieux et d'entretiens sans fin qui seraient capables de faire devenir folles de pauvres filles simples, infirmes, quelques-unes dangereusement malades et retenues dans une très dure captivité? » La plupart de ces signatures ont donc été extorquées par la violence et réclament contre elles-mêmes; certaines religieuses, accablées d'infirmités, n'avaient plus conscience de leurs actes; les autres enfin ne signèrent qu'après explication. Les rétractions qui suivirent prouvent qu'il en fut bien ainsi. Les deux que rien ne put ébranler sont : la Mère Du Mesnil prieure, femme de bonne maison, que M. de Pontchartrain avait voulu épouser avant qu'elle fût religieuse, et la Mère Du Valois, une élève spirituelle de la Mère Angélique de Saint-Jean. La première mourut sans sacrements chez les Ursulines de Blois en 1716; la seconde vécut jusqu'en 1722, fut, grâce à la protection de la princesse de Condé, rétablie dans la participation des sacrements et mourut à l'abbaye d'Estrées, au diocèse d'Évreux.

La mort de Louis XIV (1715) ranima les espérances, surtout quand on vit le Régent, sceptique et libertin, qui se souciait fort peu de ces subtiles querelles, élargir ceux qu'on retenait en prison pour *crime* de jansénisme, et rappeler les exilés. On parla de réunir les survivantes, non pas à l'Abbaye, dont il ne restait pas pierre sur pierre, mais aux Granges de Port-Royal, que la pioche des démolisseurs avaient épargnées. M. de Noailles s'y opposa et conseilla la réunion à l'Abbaye de Paris. On refusa, attendant toujours des jours meilleurs qui ne devaient pas se lever sur ces débris épars d'une maison naguère florissante. Des quinze sœurs de chœur, trois étaient mortes, quatre autres s'habituèrent à la vie de leurs nouvelles compagnes et persévérèrent dans leur signature; les huit dernières, transférées dans d'autres maisons, repoussèrent constamment les tentatives de rapprochement faites par Port-Royal de Paris.

L'Abbaye dépeuplée allait-elle servir de retraite aux hiboux et aux reptiles? verrait-on croître les épines et les ronces dans ces jardins fertiles, dans ces cours silencieuses? Le cri des corbeaux, le gémissement des oiseaux nocturnes remplaceraient-ils le son des cloches du gracieux campanile? Ces cloches, qui naguère appelaient les vivants au divin sacrifice, retentiraient-elles uniquement pour pleurer les morts? En un mot, qu'allait-on faire de cette vaste maison déserte, si animée quelques années auparavant? J'ai dit tout à l'heure que le cardinal de Noailles engageait les Filles de Port-Royal de Paris à s'y établir; mais Mme de Château-Renaud n'eut garde de céder à ses conseils. Mme l'abbesse détestait la solitude en général, et celle-ci en particulier; car, pour tout souvenir, elle en avait rapporté une enflure aux jambes qui ne disait rien qui vaille!

Quand tout à l'entour se taisait, les pierres elles-mêmes semblaient élever la voix et protester contre un acte de violence inutile. D'autre part, les partisans, muets par crainte de plus grands maux, levaient les yeux vers cette

Jérusalem désolée et appelaient de leurs vœux les jours bénis où ses enfants dispersés pourraient se réunir dans son enceinte et chanter de nouveau les divins cantiques. La Maison vide parlait donc d'espérances et Louis XIV ne permit même pas d'espérer et ordonna la démolition complète.

Le 8 février 1710, M. d'Argenson reparaît à Port-Royal pour adjuger les matériaux et aussitôt la pioche des démolisseurs commence sa sinistre besogne. L'église, qui d'abord devait être épargnée, subit le sort commun ; elle disparut en 1712, après l'exhumation des corps qui reposaient là depuis cinq siècles !

M. de Pomponne, fils du ministre, demanda le premier à transporter dans sa terre de Palaiseau les restes de sa famille, et c'est peut-être cette demande qui fit penser à l'exhumation générale. Dans sa supplique au roi, ce petit-fils dégénéré de M. d'Andilly, vrai marquis de cour, sollicitait la translation « afin que la postérité perdît la mémoire que ces corps avaient été enterrés dans un lieu qui avait *eu le malheur de déplaire* à Sa Majesté ». On ne saurait être plus plat, et j'imagine que les ossements des Angélique et des Antoine ont tressailli dans leur sépulcre ! Cette translation comptait : 1° six corps : ceux des Mères Agnès et Angélique de Saint-Jean, ceux de MM. d'Andilly et de Luzancy, et ceux de deux jeunes filles de M. de Pomponne âgées de trois et cinq mois ; 2° trois cœurs : ceux de la Mère Angélique réformatrice, du docteur Antoine Arnauld et de Marie-Emmanuel, fille de Pomponne, morte à vingt-trois ans. Il resta cinq autres corps de la famille des Arnauld qu'il ne fut pas possible de reconnaître : ceux de deux sœurs et de trois filles de M. d'Andilly. Ces restes précieux, transportés de Port-Royal à Palaiseau en septembre 1710, ne furent réinhumés dans l'église que quinze ans plus tard en 1725. L'acte en est ainsi conçu : « Le 30 septembre 1725, à la réquisition de M. le marquis de Pomponne et Palaiseau, ont été inhumés dans la chapelle [1] basse de ce lieu, après quinze années de dépôt depuis leur exhumation et transport fait le 14 septembre de 1710 du Monastère de Port-Royal des Champs, si célèbre dans l'Église par la piété éclairée et édifiante de ses religieuses et des solitaires qui s'y étaient retirés, détruit cependant en ladite année 1710, les corps de, etc. » En 1748, les cercueils en chêne se trouvant entièrement pourris, les ossements placés dans les boîtes de plomb préparées pour cet usage et soigneusement marquées par des plaques de cuivre rouge furent déposés dans un sarcophage de pierre dans le même ordre que la première fois.

Le corps de Mlle de Vertus fut réclamé par l'abbesse de Malnoue, sa sœur. On porta celui de M. de Tillemont à Saint-André des Arts ; le cœur de Mme de Longueville à Saint-Jacques du Haut-Pas, les entrailles de la princesse de Conti à Saint-André des Arts. Les restes de M. Dugué de Bagnolz et quatre corps de sa famille furent transférés dans l'église de Saint-Jean des Trous ; ceux de MM. Le Maître, de Sacy, Racine, à Saint-Étienne-du-Mont. Les deux premiers dans le caveau de la chapelle de Saint-Jean-Baptiste, celui de Racine, auprès de Pascal. Un ecclésiastique de Rouen obtint le cœur de M. Le Tourneux. Le curé de Magny reçut dans son église les corps de MM. de Pontchâteau, du chevalier de Coislin son neveu, de Claude Grenet, curé de Saint-Benoist, supérieur de Port-Royal, de M. de la Potherie, prêtre et solitaire, et seize cœurs enfermés dans du plomb [2]. Les autres ossements, ceux du *profanum vulgus*, entassés dans des tombereaux,

1. Cette chapelle basse, sorte de crypte sous le chœur, sert maintenant de sacristie.
2. Voir pp. 224 et suiv.

furent dirigés sur Saint-Lambert et déposés dans un coin du cimetière qu'on a appelé depuis le « carré de Port-Royal ».

Des hommes à moitié ivres accomplirent cette répugnante besogne pendant les mois de novembre et décembre 1711. Rien n'est plus désolant que ces scènes d'horreur que j'ose à peine transcrire, car le cœur me soulève et les larmes tombent de mes yeux!

Il s'agit d'abord d'un ecclésiastique. « Il était vêtu d'une soutane et d'un surplis et tenait entre ses mains une petite croix de bois. Les travailleurs le dépouillèrent et le traînèrent par les pieds le long de l'église jusqu'au chapitre. Là, avec des pioches et de semblables outils, ils mirent en pièce ce corps que la mort même avait respecté et des chiens en mangèrent les entrailles. » Le même fait se trouve rapporté au supplément du Nécrologe en ces termes : « Des chasseurs de Versailles, se trouvant proche de Port-Royal, eurent la curiosité d'y entrer pour voir ce saint lieu dans sa plus grande désolation et ce qu'on y faisait. Ils y trouvèrent plusieurs hommes qu'ils prirent pour des fossoyeurs qui déterraient les corps du cimetière et qui, s'étant enivrés ce jour-là, procédaient à cette action avec toutes sortes d'indécences. Ils proféraient des paroles libres et malhonnêtes en arrachant de la terre les corps des religieuses tout entiers et quelques-unes encore dans leurs habits. Ils en firent réprimande à ces insolents, et, voulant savoir ce qu'on faisait de ces corps, ils entrèrent dans l'église où ils étaient jetés en un monceau autour duquel ils trouvèrent plusieurs chiens qui dévoraient les chairs encore entières et rongeaient les os. Ils eurent tant d'horreur qu'ils redoublèrent leur réprimande contre ces sortes de gens qui n'étaient retenus par la présence d'aucun ecclésiastique, et ils en conçurent tant d'indignation qu'ils ne purent s'empêcher de la faire éclater à leur retour à Versailles[1]. » On ajoute qu'on avait trouvé des corps reconnaissables au visage, entre autres celui du *frère* Laisné, serrurier de la maison, décédé le 13 février 1709, et que ces hommes brutaux auraient dit en le déterrant : « *Ah! te voilà donc, Laisné!* » Celui qui le déterra, voyant que sa chemise était encore bonne, la lui ôta pour s'en servir! Le corps de la dernière abbesse, Anne Boulard, morte en 1706, se trouvait aussi parfaitement conservé. « Elle paraissait non comme morte, mais comme endormie, sans qu'il parût rien de la mort sur son visage. »

Ces corps entassés dans l'église, comme dans un charnier; ces chiens affamés, dévorant les chairs et rongeant les os des cadavres, toutes les circonstances de cette lugubre tragédie semblent avoir été décrites par Racine dans le rêve d'Athalie. Je le cite après Sainte-Beuve :

> Mais je n'ai plus trouvé qu'un horrible mélange
> D'os et de chair meurtris et traînés dans la fange,
> Des lambeaux pleins de sang et des membres affreux
> Que des chiens dévorants se disputaient entre eux!

La ruine de Port-Royal inspira de touchantes élégies, suscita des lamentations indignées connues sous le nom de *Gémissements*. La France, jusque-là victorieuse, avait subi de 1701 à 1709 une série de désastres et expiait par ses défaites la persécution de son roi contre la vérité. « Tout le monde est frappé de ce que, depuis qu'on a juré la perte de Port-Royal, il n'y a plus que déconcertement dans nos conseils, que lâcheté dans nos généraux, que faiblesses dans nos troupes, que défaites dans nos ba-

---

1. M. de Noailles avait envoyé pour surveiller cette lugubre besogne un ecclésiastique de Saint-Nicolas-du-Chardonnet; il pouvait bien être absent en ce moment.

tailles! » Ainsi en Port-Royal persécuté résidaient la force de l'Allemand et de l'Anglais et la faiblesse de nos troupes. Mais, à ce compte, quelle fut la cause de la providentielle victoire de Denain qui sauva la France?

Le terrible hiver de 1709, qui détruisit les arbres et les récoltes en herbe et amena cette épouvantable famine durant laquelle périrent de faim des milliers de paysans, qui contraignit le monarque lui-même à manger du pain d'avoine, ne pouvait être qu'une punition du ciel irrité.

En même temps que cette désolation universelle, la mort frappait successivement trois héritiers du trône. La vengeance divine s'appesantissait sur tous ceux qui, par méchanceté ou faiblesse, avaient contribué à la ruine du Monastère. Les pierres de Port-Royal, selon l'expression de Mlle de Joncoux[1] au cardinal, retombaient sur la tête des persécuteurs. Elles retombèrent sur la tête de l'abbesse de Paris, Mme de Château-Renaud, qui mourut subitement un an après son usurpation; sur l'archevêque, qui mérita par ses faiblesses d'être traité de janséniste par les jésuites; sur les jésuites eux-mêmes, qui, devenus odieux à la société, seront un jour ou l'autre chassés de son sein. Voilà ce qu'on disait, et bien d'autres choses

---

1. Mlle de Jonçoux était une vraie et sincère amie de Port-Royal expirant, aussi tendre que Mlle de Vertus, aussi agissante que Mme de Longueville. D'un zèle à toute épreuve, elle rendit aux religieuses toutes sortes de services, plaidant leur cause à l'archevêché où elle avait ses entrées, avec une verve et un esprit qui déconcertaient souvent le cardinal. Après la dispersion, elle consola les exilées par des lettres affectueuses et pleines de charité, paya leur pension que l'abbesse de Paris *oubliait* de solder, plaida les circonstances atténuantes en faveur de celles qui avaient donné leur signature. A la mort de Louis XIV, elle s'employa activement pour délivrer les prisonniers. Petite de taille, mais grande d'intelligence, de savoir et d'esprit, elle mourut à la fin de 1715 à l'âge de quarante-sept ans et fut enterrée à Saint-Étienne-du-Mont, sa paroisse.

encore. Nous avons vu souvent, dans le cours de ce récit, Port-Royal tirer à lui les événements, intéresser le Ciel à sa cause, l'appeler à son secours dans les grandes calamités. Si c'est une illusion, laissons-la-lui ; c'est tout ce qui restait à ses amis après 1712, et il lui eût été cruel de les désabuser.

CHAPITRE XXV

Description de l'Abbaye au temps de sa prospérité.
État actuel de ses ruines. — Les Granges de Port-Royal.

De la hauteur des Molerets, à gauche de la route de Versailles à Dampierre, l'œil découvre un des plus charmants paysages qu'il soit permis de contempler. Nos environs de Paris, si riches en sites pittoresques, n'ont rien qui puisse surpasser celui-ci. Et tandis que les lieux renommés par leurs beautés naturelles se peuplent de villas, s'emplissent d'une foule bigarrée et bruyante, funeste écho de la grande ville; tandis que l'horrible machine noire, vrai monstre d'enfer, surmontée de son fantastique panache de fumée, déchire les vallées et dévore l'espace, que tout dissipe l'âme, divise la pensée et l'empêche de contempler, ici règne le calme parfait, calme troublé seulement par le chant des oiseaux et le bruissement du vent à travers les grands bois. Tout y respire le recueillement, tout y invite à la mélancolie, ce rêve particulier des âmes délicates et tendres.

A droite, le petit parc des Granges, dont les pentes tournées vers le sud se couvraient de vignobles au temps des solitaires, avec ses chênes touffus et ses hauts châ-

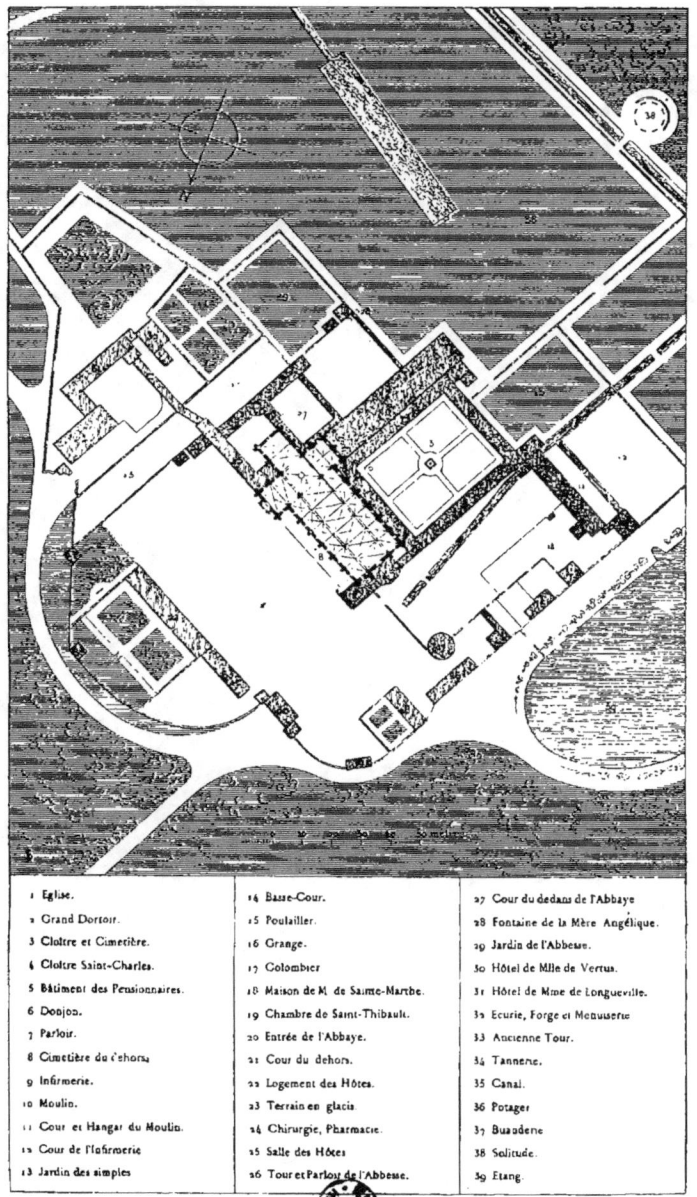

1 Église.	14 Basse-Cour.	27 Cour du dedans de l'Abbaye.
2 Grand Dortoir.	15 Poulailler.	28 Fontaine de la Mère Angélique.
3 Cloître et Cimetière.	16 Grange.	29 Jardin de l'Abbesse.
4 Cloître Saint-Charles.	17 Colombier.	30 Hôtel de Mlle de Vertus.
5 Bâtiment des Pensionnaires.	18 Maison de M. de Sainte-Marthe.	31 Hôtel de Mme de Longueville.
6 Donjon.	19 Chambre de Saint-Thibault.	32 Écurie, Forge et Menuiserie.
7 Parloir.	20 Entrée de l'Abbaye.	33 Ancienne Tour.
8 Cimetière du dehors.	21 Cour du dehors.	34 Tannerie.
9 Infirmerie.	22 Logement des Hôtes.	35 Canal.
10 Moulin.	23 Terrain en glacis.	36 Potager.
11 Cour et Hangar du Moulin.	24 Chirurgie, Pharmacie.	37 Buanderie.
12 Cour de l'Infirmerie.	25 Salle des Hôtes.	38 Solitude.
13 Jardin des simples.	26 Tour et Parloir de l'Abbesse.	39 Étang.

Fig. 1. — Plan de l'Abbaye.

taigniers, son château de l'époque en brique rouge rongée par les ans, aux trois rangs de fenêtres à vitres étroites et sa ferme, grande comme un village! Plus loin, l'extrémité de la forêt de Trappes qu'un chemin creux et un ru bordé d'aulnes, sépare des taillis de Vaumurier. En face, regardant l'orient, Vaumurier et ses fourrés garnis de bouquets de sapins dont la couleur sombre déteint sur le vert tendre des charmes et des hêtres; sa maison blanche, au toit gris d'ardoise, perdue dans des massifs d'une végétation superbe! Puis la grand'route, qui comme un ruban d'argent coupe la vallée et s'élève en pente rapide dans la direction de Chevreuse et de Dampierre. Et la prairie arrosée par les deux bras d'un même ruisseau, parsemée çà et là de grands peupliers et de saules à la tête touffue, au feuillage argenté. A l'extrémité, le village de Saint-Lambert et ses maisons rustiques, la pension et ses vastes cours ombragées, enfin, tout là-haut, à la lisière des bois, l'église avec son clocher minuscule et son cimetière où gisent les restes des générations pieuses de Port-Royal! A gauche enfin, et contrastant tristement avec la végétation plantureuse de l'autre rive, les collines stériles de Beauregard, labourées par des carrières. Sur ces pentes rapides végètent parmi les hautes herbes, des buissons d'épines, des genévriers, des touffes d'ajonc et de houx, et mille arbrisseaux rabougris.

Au fond de cette vaste coupe, dont je viens de dessiner les lointains contours, s'élevait l'antique Abbaye. Cette jetée, soutenue par des murs lézardés, tapissés de lierre, est la digue de l'étang aujourd'hui desséché, au milieu duquel croissent en abondance des plantes aquatiques et quelques maigres têtes d'osier. Ces vieilles tours éventrées, retraite des hiboux, rappellent les guerres de la Fronde et les plus beaux jours des solitaires. Ce bouquet de taillis, encadrant une grande croix blanche et nue, c'est la solitude ! Par ici, ces roseaux aux lames verdoyantes marquent la pièce d'eau en forme de croix agrandie par M. d'Andilly. A côté, la charmante et limpide fontaine de la Mère Angélique, ombragée par deux saules aux rameaux flexibles ; l'énorme noyer planté par Pascal lance dans les airs ses bras gigantesques dénudés par l'hiver de 1879. Une petite construction dont nous reparlerons, une maison plus vaste, les bâtiments de la ferme et le colombier, seul témoin vivant des choses du passé, c'est tout ce qu'il est permis d'apercevoir du lieu où nous sommes placés.

Combien de fois, durant les tièdes journées du printemps, les chaleurs de l'été et les soleils voilés de l'automne, ne me suis-je point assis sur la bruyère, à l'ombre d'un chêne ou au pied d'une roche de grès noirci par les ans pour contempler ce mélancolique tableau ! A chaque saison, j'entendais des voix différentes. La renaissance de la nature, les bourgeons nouveaux, la tendre verdure, les fleurs des bois, des prés et des vergers me rappelaient la réforme d'Angélique Arnauld et la renaissance spirituelle de l'Abbaye ; l'été, ses moissons et ses fruits, sa grande prospérité ; l'automne, ses tons tristes et ses feuilles sèches emportées par le vent, la décadence et la dispersion générale ; l'hiver enfin, silencieux et glacé, la désolation et la ruine !

> Quand le vent de l'automne
> Souffle dans les rameaux morts ;
> Quand le brin d'herbe frissonne,
> Que le pin rend ses accords,
> Que la cloche des ténèbres
> Balance ses glas funèbres,
> La nuit, à travers les bois,
> A chaque vent qui s'élève,
> Je dis : N'es-tu pas leur voix ?

(LAMARTINE, *Harmonies*.)

DESCRIPTION DE L'ABBAYE.

Levons-nous, descendons, traversons la route nouvelle, taillée en pente dans le flanc de la colline, prenons l'ancienne, à moitié défoncée, ravinée, envahie par les genêts et les ronces. Cette voie, impraticable aux voitures aujourd'hui, était le grand chemin autrefois par où descendaient les carrosses arrivant de Paris et de Versailles. Tout au bas s'ouvre la porte de Longueville. Suivons à droite et nous arriverons à l'entrée de l'ancien Monastère.

L'ensemble des constructions qui étaient considérables, quoique sans ordre, sans plan déterminé et sans régularité, forme trois groupes principaux : 1° l'abbaye proprement dite, 2° le logement des *Messieurs*, et 3° l'hôtel de Longueville avec la maisonnette de Mlle de Vertus. (V. fig. 1.)

En entrant par la porte ogivale percée dans la loge du portier, on trouvait à droite une petite construction appelée la chambre de saint Thibauld, parce que, suivant la tradition, l'abbé des Vaux-de-Cernay l'occupait quand il venait visiter Port-Royal en sa qualité de supérieur; puis la maison de M. de Sainte-Marthe, plus grande, avec son jardinet; une grange et le colombier à l'angle de la cour du dehors et du mur du cloître.

A gauche, un bâtiment servant d'écurie, de forge et de menuiserie ; puis le bel édifice appelé le *logement des Messieurs*. Il s'élevait de trois étages à douze fenêtres de façade, et servait, pour une partie, à recevoir les dames qui venaient visiter les religieuses, se retremper dans la retraite et s'édifier par leur piété. Là furent logées Mmes de la Fayette, de Sévigné, de Sablé, de Guemené, etc., etc., et les personnages que nous connaissons : MM. de Liancourt, le cardinal de Retz, Arnauld, Nicole, de Sacy, Pascal, Racine, Boileau, Santeuil et une foule d'hôtes de distinction. Une terrasse séparait à l'est le groupe dont nous parlons de celui de Longueville.

Si, de l'entrée, on traversait la cour extérieure directement, on arrivait au parloir des religieuses, construit en face de la porte principale de l'église. Cette église, beau monument gothique pur XIIIe siècle, commandée par les Montmorency à Robert de Luzarches, construite en même temps que la cathédrale d'Amiens, fut achevée en 1230. Rien de plus régulier et de plus gracieux ! Elle formait la croix, se composait d'une nef et de deux bas côtés de cinq travées jusqu'au transept, sur lequel s'élevait le clocher, et d'une abside. La grande nef et ses collatéraux qui communiquaient avec le cloître, servaient de chœur aux religieuses et la partie droite du transept, de salle de chapitre. Le bras gauche de la croix, percé d'une porte s'ouvrant sur la cour extérieure, ainsi que la partie au-dessous du clocher jusqu'au chapitre, c'est-à-dire les deux tiers du transept, étaient réservés aux étrangers. De chaque côté de la porte principale, deux autels richement sculptés recevaient les reliques, précieux trésor qui s'enrichissait tous les ans. Le maître-autel se dressait sous la première travée de l'abside, flanqué à droite et à gauche de ceux de la sainte Vierge et de saint Laurent, patron de l'ancienne chapelle ; et, dans la travée du fond, la sacristie du clergé. Une grille en bois ouvragé séparait la nef garnie de stalles, du reste de l'édifice. Sur le transept gauche aboutissait la salle des hôtes et sur celle-ci, tombant à angle droit, le tour et le parloir de l'abbesse. Le cimetière des étrangers en forme de rectangle, où Racine dormit douze ans, occupait, au nord de l'église, l'espace compris entre la partie gauche du transept et le parloir des religieuses. A l'opposé, de l'autre côté de l'édifice, au midi, le cimetière du dedans plus vaste, entouré par le Cloître, construction en pierre et briques avec quarante-sept arcades d'une grande simplicité. La partie principale, qui faisait suite à la salle du chapitre, comptait trois étages de vingt fenêtres de façade. Au rez-de-chaussée, la sacristie des religieuses, la cuisine et le réfectoire ; au premier étage, l'appartement de l'abbesse, la lingerie et une salle de réunion pour la Communauté ; le deuxième et le troisième renfermaient quatre-vingts cellules s'ouvrant sur deux longs corridors. Au midi, le dortoir des novices ; à l'ouest enfin, une galerie servant de bibliothèque et de dépendance de l'infirmerie. Cette dernière faisait suite au dortoir des novices et s'étendait jusqu'au moulin au pied de la chaussée de l'étang. A cet ensemble il convient d'ajouter quelques maisonnettes disséminées çà et là et servant de boulangerie, de buanderie, de tissanderie, de cordonnerie, de vitrerie, etc. Car nos religieuses, unissant la vie active à la vie contemplative, produisaient tout ce qui était nécessaire à leur Maison. La tannerie s'élevait à l'extrémité de la pièce d'eau du côté de Saint-Lambert.

On pénétrait dans l'hôtel de Longueville, construit en dehors du cloître, par une porte séparée s'ouvrant au bas de la côte, sur la grande route. Ce groupe comprenait trois bâtiments : les écuries, les communs et l'habitation, belle construction de trois étages donnant sur une terrasse du côté de l'Abbaye et reliée à celle-ci par une galerie couverte, qui passant au-dessus de la salle des hôtes, aboutissait à l'abside de l'église. Attenant à l'hôtel de Longueville, la modeste demeure de Mlle de Vertus.

De tous ces vastes édifices qui remplissaient la vallée, que reste-t-il aujourd'hui ? Rien, ou presque rien ! « Les ruines elles-mêmes ont péri », car du roi tel fut le bon plaisir !

Le corps de logis occupé par le gardien régisseur, construit sur l'emplacement du moulin, et les communs qui l'accompagnent sont de date récente. M. Silvy, ancien magistrat, propriétaire de Port-Royal, où il mourut le 12 juin 1847 âgé de 87 ans, le fit édifier et l'habita plusieurs années ; on y établit ensuite une pension de jeunes gens qui ne subsista que jusqu'en 1852.

Dans la grande salle du haut qui sert de bibliothèque, il faut voir une horloge fort belle ; cadran en cuivre ciselé, lettres émaillées en brosse et surmonté d'un coq. L'authentique suivant, de la main de la Mère Angélique de Saint-Jean, nous fait connaître son histoire : « Cette horloge a été mise en place le 23 février 1670 dans la chambre de la Communauté de notre Monastère des Champs par les soins de M. Arnauld d'Andilly, notre père et bienfaiteur. » Quatre tableaux ornent cette même pièce : les portraits du docteur Arnauld, de la Mère Angélique, de M. de Tournus ; et le quatrième représentant la mort du diacre Pâris. Dans la petite cour, à droite en entrant, on voit encore la base des murs de l'infirmerie.

Cette haie de charmes et le mur du fond déterminent exactement l'enceinte du cloître. La petite croix de fer forgé ombragée par deux sapins marque le milieu du cimetière intérieur qui servait de sépulture aux religieuses. Entrons respectueusement, car nous foulons une terre sainte et sous nos pieds gisent probablement encore des ossements oubliés ! Voici une porte basse dont le cintre original a disparu ; c'est la porte des sacrements qui donnait accès du cloître dans le chœur. A gauche une pierre scellée dans la muraille au niveau du sol sur laquelle on lit ces vers presque effacés de M. Silvy :

> Du plus saint temple hélas ! quel déplorable reste !
> Un vieux mur est le seul qui rappelle à nos cœurs
> Cette enceinte bénie, où le Père céleste
> Se forma tant de vrais et purs adorateurs.
> Ah ! qu'au pied de ce mur, une ardente prière
> . . . . profanation
> Et que du Dieu de paix la bénédiction,
> De Port-Royal encor, fasse un port salutaire.

Derrière la muraille, l'emplacement de l'église. Nous

Fig. 2. — Pierre Tombale de Mathieu V de Marly.

avons sous les yeux la seule ruine de Port-Royal, ruine imposante, ruine sacrée qui parle à l'âme un langage plus élevé, qui touche le cœur plus sensiblement que les vieilles tours éventrées des châteaux de l'époque féodale ! Il paraît étrange que ces murs, ces piliers, ces colonnettes soient restés debout quand toutes les autres pierres ont été arrachées jusqu'aux fondements. La raison, la voici. Pendant les hivers pluvieux, quand les eaux de l'étang dépassaient une certaine limite, les dalles du chœur se trouvaient inondées; et, en toute saison, régnait dans cette grande église une humidité funeste. Pour parer à cet inconvénient, la Mère Angélique en 1652 fit rehausser de trois mètres le sol primitif. Elle détruisit, il est vrai, l'harmonie de l'édifice, mais chassa la fièvre ou du moins la rendit moins pernicieuse. L'église se trouvait donc comblée à la hauteur des murs encore debout, quand on l'abattit en 1712, et les démolisseurs se contentèrent de la détruire jusque-là. M. le duc de Luynes, en 1845, fit dégager la nef et le transept comme on le voit maintenant; mais n'atteignit pas encore le niveau primitif, plus bas d'un mètre environ. L'abside n'a pas été fouillée, et sur son emplacement, M. Silvy éleva la petite chapelle à laquelle on parvient par un escalier de dix marches. A droite, la moitié de la tombe de Mathieu V de Marly, grand échanson de France, fils aîné de Mathieu IV, grand chambellan, et de Marguerite de Lévis. Mathieu V suivit Philippe le Bel dans les guerres de la Flandre. Il avait épousé Jeanne de l'Isle-Adam, qui lui apporta en mariage la seigneurie de Valmondois. Il mourut en 1305 et fut inhumé à l'Abbaye auprès de son frère Bouchard IV. Sa pierre (fig. 2) de la même facture et probablement du même artiste que celles de sa mère et de son frère parfaitement conservées en l'église de Magny où nous les verrons tout à l'heure, le représente en armure de mailles de fer sous un arceau en ogive trilobée, colonnettes et chapiteaux feuillagés. A gauche du spectateur, l'écusson des Montmorency : *d'or à la croix de gueules cantonnée de quatre alérions d'azur ;* à droite les armoiries de Jeanne de l'Isle-Adam brisées par le milieu dont on ne voit que quatre merlettes posées en chef. De l'épitaphe on lit facilement ce qui suit en capitales gothiques :

Ci gist monseigneur Mahi jadis sire..... de grâce M CCC et cinc. Priez pour l'âme de lui.

Sur la porte d'entrée de la petite chapelle on lit les vers suivants de M. Silvy :

> Entrez dans un profond et saint recueillement,
> Chrétiens qui visitez la place en ce moment,
> D'un autel où Jésus, immolé pour nos crimes,
> S'offrait à Dieu son père entouré de victimes,
> Qu'avec lui l'esprit saint embrasait de son feu !
> Figurez-vous présents ces prêtres vénérables,
> Ces humbles pénitents, ces docteurs admirables,
> Lumière de leur siècle et l'honneur de ce lieu.
> Retracez-vous ce chœur où s'assemblaient des anges,
> Du Seigneur nuit et jour célébrant les louanges,
> Et de ces souvenirs, recueillez quelque fruit,
> Dans ce vallon désert où l'homme a tout détruit.

Cet oratoire qui n'a jamais été consacré au culte divin, renferme un petit musée digne d'attention. Au milieu sur une table un plan en relief de l'Abbaye et suspendus aux murs les portraits peints sur toile des principaux personnages de Port-Royal. Je les énumère dans l'ordre qu'ils occupent actuellement en commençant par le côté droit :

MÈRE MARIE DES ANGES SUIREAU — MÈRE ANGÉLIQUE DE SAINT-JEAN ARNAULD — MÈRE ANGÉLIQUE ARNAULD RÉFORMATRICE — CATHERINE DE SAINT-JEAN ARNAULD — MÈRE AGNÈS ARNAULD.

MM. DE PONTCHASTEAU — PASCAL — DOCTEUR PETITPIED — JANSENIUS — NICOLE — HAMON — LE MAITRE DE SACY — SAINT-CYRAN — ANTOINE ARNAULD — JACQUELINE PASCAL — SUZANNE DE CHAMPAIGNE — MADAME LAFOSSE — M. D'ETEMARE — COLBERT — QUESNEL.

Outre ces toiles, des gravures de moindres dimensions représentent : Mathilde de Garlande fondatrice du Monastère, — Louise de Sainte-Anastasie Du Mesnil, — Arnauld d'Andilly, — Nicolas Le Tourneux, etc., etc. Enfin deux tableaux qui montrent : l'un, M. d'Argenson signifiant l'ordre d'expulsion aux religieuses assemblées; l'autre, l'exhumation de corps présidée par un ecclésiastique en surplis; beaucoup de vues de l'Abbaye et douze lettres autographes inédites dont une de Saint-Cyran écrite au crayon de sa prison de Vincennes.

Le massif de maçonnerie adossé au pilier gauche du transept servait, selon toute probabilité, à supporter la chaire. De l'autre côté du mur, le champ du repos des étrangers où le corps de Racine resta douze ans.

On ne l'a point fouillé, et il est à peu près certain qu'il renferme encore les restes de quelques solitaires.

Après avoir franchi la haie du côté opposé à la maison du gardien, on arrive à la fontaine de la Mère Angélique, à l'extrémité de l'ancienne clôture. Ce charmant petit réservoir demi-circulaire, fermé d'une grille de fer, déborde toujours d'une eau pure, légère et bienfaisante. Les habitants du voisinage lui attribuent des propriétés curatives et s'en servent dans les maladies d'yeux. Deux pas plus loin, le noyer de Pascal, au tronc énorme qui a défié la rigueur des hivers, et sous un bouquet de lilas, les caves improprement appelées *Caves de Longueville.* Elles sont précisément sous l'emplacement de la maisonnette de Mlle de Vertus tandis que l'hôtel de Longueville s'élevait plus près de la porte du même nom.

Si de cette hauteur le spectateur s'oriente dans la direction du petit Oratoire, le terrain en face représente le Monastère proprement dit; celui de droite correspond à la cour, au logement des Messieurs, et à leur jardin; le pré à gauche, aux potagers et aux vergers. Les bâtiments de la ferme s'élèvent dans une partie de la cour du dehors qui s'étendait de la jetée de l'étang jusqu'à la terrasse de Longueville. La solitude, moins couverte qu'autrefois, à laquelle on parvient en traversant un clair ruisseau, servait de retraite aux religieuses durant les chaleurs de l'été. Elles s'y réunissaient pour travailler en commun, filer le chanvre et la laine, confectionner les vêtements ; et si parfois leurs pensées s'envolaient vers le monde, la croix nue, dressée sous leurs yeux, leur rappelait leur vocation. Un peu plus haut, deux longues voûtes superposées, solidement construites en meulière, devaient servir à l'écoulement des eaux de l'étang. Le château de Vaumurier, démoli par la Mère Angélique de Saint-Jean, pour la raison que l'on sait, s'élevait à trois cents pas de la solitude près de la porte de Saint-Lambert.

Un visiteur maître de son temps doit, en quittant Port-Royal, monter aux Granges qui ont eu la bonne fortune de survivre à l'Abbaye et en sont le complément [1]. Nos solitaires y habitèrent par intervalle, et l'amour de la pénitence porta certains d'entre eux à s'y enfermer pour toujours et à y remplir les plus humbles fonctions. Ils aimaient « à être ignorés et comptés pour rien ». Les Petites Écoles y furent transportées ; en un mot, les Granges sont partie intégrante de Port-Royal. Le visiteur verra, conservées avec un soin jaloux, les chambres particulières des Messieurs, la salle à manger où ils prenaient en commun leur frugal repas, la bibliothèque où ils travaillaient, le grand jardin où ils se promenaient en dissertant sur les matières ardues de la grâce, la philosophie de Descartes, l'Écriture sainte, les questions d'histoire, de morale et

---

1. Ce fief de l'abbaye, qui avait droit de haute et basse justice, contenait environ 380 arpents de terre labourable. L'ensemble des bois taillis comprenait 925 arpents et les prés formaient 40 arpents d'une seule pièce.

d'enseignement. Une collection de portraits, des inscriptions, etc., tout en un mot parle d'Arnauld et de Pascal, de Nicole et de Racine, et de tous ces hommes illustres dont nous avons retracé la vie et publié les vertus.

J'ai fini ce résumé et en le relisant je m'aperçois qu'il dépasse les limites que je m'étais imposées.

Pascal, à la fin de la seizième provinciale, s'excuse auprès des Révérends Pères de l'avoir faite si longue « parce qu'il n'a pas eu le loisir de la faire plus courte ». Pour moi, s'il est permis de comparer les petites choses aux grandes, j'aurais eu le temps d'être bref, mais j'avoue humblement n'avoir pas su comment m'y prendre, tant le sujet abonde en faits importants. Je craindrais plutôt d'avoir glissé trop superficiellement sur certains côtés de la question, et laissé dans l'ombre des personnages dignes d'attention. Heureusement nous allons les retrouver dans la seconde partie en parlant des tombes conservées dans l'église de Magny.

DEUXIÈME PARTIE

LES CORPS ET LES TOMBES DE L'ÉGLISE DE MAGNY-LES-HAMEAUX

I

Magny-les-Hameaux. — Notice historique. — L'église. — Translation des corps de Port-Royal. — Exhumation et réinhumation de 1862.

J'ai laissé aux Granges le lecteur contemplant de la chambre d'Arnauld le val silencieux au fond duquel dorment tant de souvenirs. Je le rejoins pour l'amener à l'église de Magny, riche en dépouilles de Port-Royal.

Après avoir gagné la grande route que nous suivons quelque cent pas, nous prenons à droite et arrivons au hameau de Buloyer. D'un côté, l'antique manoir des seigneurs de Buloyer et de Romainville, converti en exploitation agricole; de l'autre, l'unique rue du village dont l'extrémité se perd sur la lisière de la colline. Nous traversons, par une route bordée de pommiers, de plantureuses cultures ; et bientôt voici Romainville assis à l'abri d'un petit parc délicieusement planté. Dans la direction de Versailles, une fraîche vallée, les bois de la Garenne, formant à la plaine un riant rideau de verdure et par delà, la gracieuse silhouette du clocher de Voisins-le-Bretonneux. En avançant, toujours à gauche : Brouëssy, sa ferme, son château auquel aboutit une avenue de poiriers séculaires. Puis la blanche maison de la Butte-au-Chêne, coquettement campée sur la colline tournée vers l'orient, regardant, par-dessus la vallée, les hautes futaies de Mérantais et le groupe pittoresque du village de Magny, dominé par son église. Nous y sommes.

Magny (*magnus, magni*), qui signifie grand, mérite à juste titre cette appellation. Son vaste territoire embrasse tout le plateau qui sépare les vallées du Rhodon et de la Mérantaise. Il franchit cette dernière, échancre la plaine au nord et va rejoindre le territoire de Guyancourt, dont la haute église et la flèche élancée dominent toute la contrée jusqu'à Versailles.

Au xive siècle, Voisins-le-Bretonneux faisait encore partie de son domaine; on l'érigea en paroisse séparée à la nomination de l'évêque de Paris[1]. Voisins est donc un fils de Magny, mais un excellent fils qui, se souvenant de son origine, a toujours vécu en bonne intelligence avec son père. D'après l'abbé Lebœuf (*Histoire du diocèse de Paris*), Magny aurait encore cédé de son territoire pour former les chapelles de la Chapelle-Milon (Milon-la-Chapelle) et de Guyancourt.

Vers 1220, la seigneurie de Magny-l'Essart, qui avait droit de haute et basse justice, passa dans la famille de Marly par le mariage de Mahault et Mabille, filles d'Adam

---

1. C'est à partir du xve siècle seulement que les Pouillés font mention des curés de Voisins.

de Châteaufort, avec les deux frères Bouchard Ier et Mathieu II de Marly, fils de Mathieu Ier et de Malthide de Garlande, fondateurs et bienfaiteurs de Port-Royal. Par suite d'autres alliances, elle devint l'héritage de la famille de Lévis, et en 1675, elle était réunie au duché de Chevreuse. Enfin Louis XIV, en 1689, la donna aux dames de Saint-Cyr qui prirent le nom de Dames de la baronnie de Magny-l'Essart.

Le château féodal du xie siècle dressait ses puissantes murailles entre l'église et la vallée. On peut juger par ce qui reste des proportions de la tour principale. Elle devait s'élever de soixante pieds sur quinze mètres de diamètre avec des murs de deux mètres d'épaisseur.

Le château féodal a disparu et l'église est restée debout. Il devait en être ainsi; ceci a tué cela! L'église a ruiné le donjon, parce que le donjon signifiait : servage, oppression, cruauté, et que l'église disait : liberté, fraternité, douceur! L'aire des aigles, le nid des vautours à face humaine a fait place à la maison de tous, ouverte à tous, pauvres et riches, puissants et faibles, à la maison de Dieu. Le temple couronné de la croix où on lit l'Évangile, où on célèbre le divin sacrifice, ne sera point démoli; car le jour où des mains impures et sacrilèges oseraient se lever contre lui, commencerait une nouvelle féodalité plus cruelle cent fois et plus oppressive que la première.

L'église de Magny, à l'extérieur monumental, offre surtout un grand intérêt à cause de ses souvenirs de l'Abbaye de Port-Royal. Il est nécessaire de la décrire. Elle se compose d'une nef et d'un bas-côté droit, moins long de l'épaisseur du clocher, et il serait difficile de déterminer l'époque de sa construction. La grande porte ouest du xiie siècle ferait supposer que la nef date de cette époque, tandis que le collatéral serait du xve comme l'indiquent les colonnes sans chapiteaux, les arceaux et les deux grandes fenêtres style gothique flamboyant, qui l'éclairent au midi. Trois piliers massifs soutiennent les voûtes ogivales d'inégale hauteur. Le clocher carré, orné de trois cloches harmonieuses, se termine par une flèche en pyramide quadrangulaire. Somme toute, belle et vaste église de campagne, reconstruite ou remaniée à différentes époques, d'une irréprochable propreté, d'un caractère grave, qui saisit l'âme, l'invite au recueillement et à la prière.

Le petit bénitier placé vis-à-vis de la porte latérale contre le deuxième pilier a été apporté de Port-Royal. Il consiste en une cuvette de marbre blanc supportée par une colonnette de même matière et de même couleur. La cuve baptismale, en marbre noir de Belgique, fermée par un couvercle revêtu de cuivre ciselé, provient également de l'Abbaye. On se rappelle qu'elle avait, moyennant une redevance au curé de Magny, obtenu droit de paroisse et par conséquent pouvait baptiser les enfants qu'on y apportait pour recevoir le premier sacrement des chrétiens.

Le retable, beau travail style renaissance, et l'autel de la sainte Vierge, le maître-autel en marbre jaune, blanc et rouge, ont la même origine. La statue de la Vierge en pierre, celles de saint Jean-Baptiste, de saint Germain, le patron, et les deux anges adorateurs en bois sculpté, ne manquent pas de valeur artistique. Malheureusement ces statues en bois sont revêtues de plusieurs couches de peinture blanche qui enlève leur cachet primitif. A l'entrée du chœur, les six stalles en chêne massif, ornées de chimères, auraient été apportées des Vaux-de-Cernay. Comment et pourquoi ? Je l'ignore et je me contente de rapporter la tradition. Sûrement elles ne viennent pas de Port-Royal, les bénédictins ayant acheté toutes les boiseries et stalles à la vente aux enchères qui précéda la démolition.

Aux murs trois tableaux : un christ en croix ; une copie

du mariage mystique de sainte Catherine, de Corrège, offerte par l'État, et une Vierge-mère de l'école italienne, provenant d'un généreux donateur.

Cette rapide description nous fait suffisamment connaître le tombeau où vont être déposées les dépouilles de Port-Royal. Voici l'acte authentique de cette translation opérée par ordre du cardinal de Noailles, acte rédigé par M. Davril, curé de Magny, que je copie sur le registre paroissial :

RÉCEPTION DES CORPS EXHUMEZ DU MONASTÈRE DE PORT-ROYAL DES CHAMPS ET RÉINHUMEZ EN L'ÉGLISE DE MAGNY

Les 16 et 17 décembre mil sept cent onze, ont été inhumez dans cette église les corps et les cœurs ci-dessous mentionnez exhumez du Monastère de Port-Royal des Champs, situé en cette paroisse et détruit entièrement par autorité royale et ecclésiastique à cause du refus que les religieuses de ladite abbaye ont fait d'abandonner une doctrine et des sentiments non conformes à ceux de l'Église touchant la prédestination et la grâce et pour avoir soutenu la doctrine de Jansénius avec plus d'opiniâtreté qu'il ne l'avait avancée lui-même. En punition d'une si condamnable désobéissance en des religieuses qui, sur de pareilles matières, dont elles ne pouvaient être juges par elles-mêmes, sont inexcusables de n'avoir voulu se soumettre au jugement de leurs supérieurs dans la foi, comme le souverain pontife et leur archevêque, pour suivre, avec autant d'opiniâtreté et d'aveuglement, des pasteurs étrangers et mercenaires, auxquels elles s'étaient entièrement dévouées après en avoir été séduites. Pour toutes ces justes raisons, après une patience et des tempéraments dignes de la douceur de l'Église et de l'Esprit-Saint qui la gouverne, les susdites religieuses, toujours rebelles, ont été dispersées en différents monastères du royaume avec lettres de cachet et leur maison condamnée comme le rendez-vous des jansénistes à être entièrement démolie jusqu'au fondement, et mise en terre labourable, jusqu'à l'exhumation des corps enterrés dans ledit Monastère, lesquels ont été rendus en partie aux familles qui les ont redemandés et le reste dans une même fosse au cimetière de Saint-Lambert comme plus proche ; à l'exception des corps et cœurs en plomb qui n'ont point été répétez par leurs familles, lesquels, pour plus grande sûreté, ont été mis dans cette église leur paroisse dans la nef de la Vierge sous des pierres blanches avec des noms et chiffres suffisants pour en faciliter la recherche si un jour besoin en était.

Primo

Le cercueil en plomb de messire Claude Grenet, docteur de la maison et société de Sorbonne, ancien curé de la paroisse de Saint-Benoist de Paris, décédé le 15 mai 1684, âgé de 79 ans ; ainsi l'inscription.

Autre cercueil où gist le corps de messire Pierre Le Roy, sieur de la Potterie, prêtre, décédé le 10 septembre 1670, âgé de 87 ans et demi.

Autre cercueil en plomb de messire Sébastien-Joseph du Cambout de Pont-Chasteau, décédé à Paris le 27 juin 1690, âgé de 57 ans.

Autre cercueil en plomb de haut et puissant seigneur, messire Charles-César du Cambout chevalier de Coislin, décédé à Versailles le 10 février 1699, âgé de 57 ans.

REQUIESCAT IN PACE.

Secondo

Premier cœur en plomb de Simon Akakia sieur Duplessis, mort le 12 avril 1705, âgé de 68 ans.

Deuxième cœur en plomb de Anthoine d'Asson.

Troisième cœur en plomb de Catherine Angran.

Quatrième cœur en plomb de François Boüilly.

Cinquième cœur en plomb de Catherine de Ricoüan, veuve de M. Pierre Benoise, conseiller au Grand Conseil, décédée le 17 mai 1699.

Sixième cœur en plomb de la Révérende Mère Marie-Angélique Suyreau, 22 ans abbesse de Maubuisson, et décédée à Port-Royal le 10 décembre 1658.

Septième cœur en plomb de messire François Retard, docteur en théologie de la Faculté de Paris, curé de Magny, qui avait beaucoup affectionné ce Monastère.

Neuf autres cœurs en plomb sans inscription.

Deux autres boîtes en plomb sans inscription dans lesquelles paraissent être des entrailles.

Le tout se rapportant aux chiffres et noms marqués sur les pierres de la nef de l'autel de la sainte Vierge où ils ont été réinhumez les jour et an cy dessus, et ce pour servir de mémoire.

Davril,

(Curé de Magny, et chargé par Son Éminence Monseigneur le Cardinal de Noailles, archevêque de Paris, de cette exhumation et réinhumation.)

Le ton de cette pièce, on en conviendra, est d'une violence regrettable et contraste singulièrement avec l'acte du même genre dressé par le curé de Palaiseau lors de la réinhumation des corps de la famille Arnauld. Dom Clémencet, à ce propos, fait remarquer malicieusement que M. Davril, frère du jésuite du même nom, devait partager ses sentiments de haine contre Port-Royal. Ce même auteur rapporte qu'un jour, un grand vicaire de Paris, en tournée d'inspection, fut si indigné à la lecture de cette page, qu'il allait la déchirer si M. de Vaucocourt, successeur de M. Davril, ne lui eût retenu la main prête à l'arracher.

Les neuf cœurs qui ne portaient point d'inscription sont impossibles à déterminer. Dans l'un sont réunis les trois cœurs de la famille Le Couturier : ceux du père, de la mère et du fils, morts tous trois en 1685. On les a retrouvés ainsi lors de l'exhumation de 1862, comme on le verra plus loin.

Les huit qui restent sont certainement de huit des treize personnes dont les noms suivent :

1° D'Innocent Fay, 1660.
2° De Pierre Benoise, 1699.
3° De M. Singlin, 1664.
4° De M. Hillerin, curé de Saint-Merry, 1669.
5° De Guillaume Thiersault, petit-fils de M. Angran de Bélisy, 1675.

6° De M. de Pontchâteau, 1690.
7° De Jeanne Bernadot, 1684.
8° De Madeleine Potier de Buzenval, 1671.
9° De Jean Issali, avocat au Parlement, 1707.
10° De Charles Benoise, conseiller au Parlement, 1667.
11° De Pierre-Thomas du Fossé, 1698.
12° De Jean Brigalier, 1685.
13° De Suzanne-Angélique Bignon, 1680.

Ce calcul est établi par dom Clémencet, d'après le nombre de cœurs déposés à Port-Royal depuis 1658, en tenant compte de ceux dont on a suivi les traces. Les cinq ou six qui manquent ont été enlevés furtivement ou confondus lors du bouleversement général.

Les deux boîtes renfermaient les entrailles de deux jeunes enfants morts en 1684 et 1687 : Alexandre de Bournonville et le comte de Hénin, fils du prince de Bournonville et de Charlotte de Luynes, ancienne élève des religieuses.

En relisant l'acte dressé par M. Davril, on voit que le curé de Magny ne chercha point à placer les corps ou les cœurs sous leurs tombes respectives, ce qui eût été simple et facile. Peut-être n'étaient-elles pas encore achetées. S'il en fit transporter un si grand nombre, ce ne fut point dans le dessein de sauver de la ruine des monuments intéressants, car il partageait l'indifférence de son époque pour les œuvres d'art, mais uniquement pour les faire servir, comme de vulgaires pavés, au dallage de son église. D'autres en avaient acquis pour les transformer en table de cabaret ; avec les pierres du cloître on édifiait les écuries du château de Pontchartrain et M. Davril ne crut pas déshonorer ces tombes en les plaçant sous les pieds des fidèles, selon l'usage de ce temps-là. M. de Vaucocourt, son successeur, plus calme parce qu'il jugeait de plus loin les événements, s'efforça de remettre les choses en meilleur état, et quand il répara son église vers 1730, modifia les premières dispositions.

Ces pierres couchées un peu partout, devant le maître-autel, mais surtout dans la nef de la sainte Vierge, gisaient là depuis cent trente ans, humides et vertes, quand, en 1862, M. l'abbé Lejour, curé, les sauva de la ruine. Guidé par un louable sentiment artistique, mû par l'intérêt qui s'attache aux choses du passé, encouragé et aidé par des amis dévoués, il fit relever et dresser ces tombes tout autour de l'église comme on les y voit maintenant. Il poursuivit et atteignit un double but : conserver aux arts et à l'histoire des monuments précieux, et préserver l'église d'une humidité funeste. Malheureusement, ces travaux n'ont pas été exécutés avec tout le soin et l'attention qu'ils méritaient. Plusieurs pierres, n'appartenant pas à l'Abbaye et qu'on aurait dû mettre séparément, se dressent comme authentiques. On n'a tenu compte ni de la date du décès des personnages ni de leur valeur dans l'histoire de l'Abbaye. Il semble que ceux qui ont présidé à ce travail n'ont été guidés que par les dimensions des tombes et encore auraient-ils pu mieux faire. Puis, parmi celles qui ont une valeur artistique, il y en a de mutilées, de cachées par les bancs, inconvénient qu'il eût fallu éviter à tout prix. Quoi qu'il en soit, ne nous montrons pas trop sévères critiques, car l'œuvre, telle qu'elle se comporte, est excellente et mérite la reconnaissance pour celui qui l'a conçue et ceux qui l'ont exécutée [1].

---

[1]. En dehors de cet important travail, M. l'abbé Lejour entreprit la restauration complète de l'édifice. On retoucha les murs extérieurs, on fit des travaux d'assainissement pour permettre le facile écoulement des eaux. A l'intérieur, le sol rehaussé d'un pied environ reçut une épaisse couche de bitume pour refouler l'humidité. Les vitres qui n'arrêtaient ni la pluie, ni la neige furent remplacées par des vitraux de couleur, simples, solides et de bon goût. — Les portes disjointes cédèrent la place à de belles menuiseries en chêne

L'acte authentique de ce travail a été dressé par M. Lejour. Je l'extrais du registre *ad hoc*, qui contient en outre de précieuses indications dont je saurai tirer parti au besoin.

Sépulture de MM. Claude Grenet, Le Roy de la Potherie, Sébastien-Joseph du Cambout de Pontchâteau, du duc de Coislin et de onze cœurs.

L'an de grâce mil huit cent soixante-deux, le 7 avril, nous prêtre soussigné curé de Magny-les-Hameaux, avons inhumé dans un caveau pratiqué à droite de l'autel de la sainte Vierge et recouvert d'une dalle les corps placés dans des cercueils de plomb et exhumés des fouilles de l'église les premiers jours de juillet de la même année, corps dont les noms suivent :

1º De M. Claude Grenet, prêtre, décédé en 1684 à l'âge de 79 ans.

2º De M. Le Roy de la Potherie, prêtre, mort en 1670.

3º De M. Sébastien-Joseph du Cambout de Pontchâteau, mort en 1690, à l'âge de 57 ans.

4º De M. Charles-César du Cambout duc de Coislin, décédé en 1699, âgé de 58 ans.

En outre, de *dix cœurs* dont deux seulement portent une inscription : celui de la dame Angran, morte en 1701 ; et un contenant trois cœurs de la famille Le Couturier, celui du père, de la mère et du fils morts la même année en 1685.

Enfin, dans un caveau à part, pratiqué à gauche en entrant dans l'église (par la porte latérale) et fermé par une pierre portant son épitaphe, le cœur de la Révérende Mère Marie Suireau, dite la Mère des Anges, abbesse de Maubuisson pendant vingt-

massif. Un ensemble de boiseries également en chêne s'harmonisant avec les tombes compléta l'ornementation intérieure. Enfin le 29 juin 1869, trois cloches superbes jetaient dans l'air leur joyeux carillon, et parachevaient dignement cette restauration. Le montant des dépenses de ces divers travaux, s'élevant à une trentaine de mille francs, fut couvert tant par les sacrifices personnels du curé que grâce aux souscriptions de quelques généreux paroissiens, aux offrandes de personnes du dehors et à différents secours des administrations publiques.

deux ans, et ensuite de Port-Royal, morte le 10 décembre 1658, âgée de cinquante-neuf ans.

Cette inhumation a été faite en présence de Honorine de Murphy, en communauté sœur Landry, de Félicité Aubert, en communauté sœur Euphrasie; de Eulalie Maugé, en communauté sœur Barthélemy; de Joséphine Louvet, en communauté sœur Bernard, lesquelles ont signé avec nous le présent acte.

Ce procès-verbal de 1862 constate, comme celui de 1711, la présence de quatre cercueils en plomb, mais il ne parle que de onze cœurs tandis que l'autre en relate seize. Que sont devenus les cinq qui manquent à l'appel? Ont-ils été enlevés lors du remaniement opéré par M. de Vaucocourt vers 1730 ou bien ont-ils été broyés par le poids des dalles et rendus méconnaissables? On n'en sait rien. L'important est de retenir que sous la grande dalle, sans inscription, qui se trouve du côté de l'épître de l'autel de la sainte Vierge, un caveau pratiqué tout exprès renferme quatre corps entiers et dix cœurs provenant des dépouilles de Port-Royal.

Outre ces restes précieux, on découvrit encore dans le chœur, près du maître-autel, plusieurs corps, dont ceux de MM. Retart et L'Air, curés de Magny.

Un autre placé devant le fauteuil du célébrant causa quelque surprise. C'était celui d'une jeune femme couchée dans le cercueil avec deux enfants, l'un à droite, l'autre à gauche. On voyait encore des morceaux de la bière, des débris de suaire, des cheveux et les dents blanches étaient parfaitement conservées. Le médecin appelé constata que ces restes étaient ceux d'une jeune femme d'une trentaine d'années, et que les enfants inhumés à ses côtés devaient être du même âge. Dès lors, ne se trouvait-on pas en présence du corps de Marie-Louise Séguier, duchesse de Luynes, décédée à Vaumurier en 1651, à l'âge de vingt-sept ans, en mettant au monde deux jumeaux, et inhumée avec eux dans le même cercueil à Port-Royal ? La famille de Luynes avertie répondit que, faute d'indication plus précise, il n'y avait pas lieu de réunir ces ossements à ceux des ancêtres. Et pourtant, à défaut de preuves écrites, qui manquaient absolument, n'avait-on pas des preuves morales ou *physiques* aussi fortes que des pièces authentiques ? En effet, au moment de la destruction de l'abbaye, la famille de Luynes, pour des raisons que nous ignorons, ne retira pas le corps de la duchesse. Le cercueil aura été trouvé sans doute après la translation à Magny des autres restes. On n'aura pas voulu, par respect pour le nom, le jeter dans la fosse commune de Saint-Lambert : on l'aura donc apporté ici et inhumé sans dresser d'acte spécial. Quelle autre femme se trouvant exactement dans les conditions de la duchesse, conditions exceptionnelles, pouvait avoir été enterrée dans cette église ? Il paraît donc certain, d'une certitude presque absolue, qu'on se trouvait en présence des restes de « Très Haute et très Puissante Dame, Madame Marie-Louise Séguier, duchesse de Luynes ». Ils ont été réunis aux autres et déposés dans un petit caveau sous le maître-autel.

Avant d'arriver à la description des tombes et à la biographie des personnages qu'elles ont recouverts dans le champ du repos, il est bon de parler avec quelque détail de MM. Le Roy de la Potherie, Grenet et César du Cambout, duc de Coislin, qui n'ont pas la leur ici, et des trois curés de Magny, qui se sont succédé pendant les troubles de l'Abbaye, dont les cendres reposent au milieu de nous : je veux dire, MM. Retart, L'Air et Besson. Ce récit ne sera pas un hors-d'œuvre, bien qu'offrant un intérêt moins général, car ces amis, dévoués jusqu'à la mort, font partie intégrante de Port-Royal tant par l'affection particulière qu'ils lui témoignèrent que par les services qu'ils lui ont rendus.

II

Messire Le Roy de la Potherie, 1670.

Le Roy de la Potherie, par son savoir, la pureté et l'intégrité de ses mœurs, fut trouvé digne de recevoir le sacerdoce. Il exerça quelque temps le ministère sacré ; mais son excessive humilité lui persuada dans la suite qu'il était incapable et indigne de conduire les âmes. L'autorité qui le jugeait différemment, loin d'approuver ses résolutions, lui offrit l'épiscopat. Cette dignité, que d'autres recevaient si volontiers, l'effraya, et, au lieu de l'accepter, il se retira complètement du ministère actif pour ne penser qu'à son salut. Au milieu du tumulte de Paris, il se créa une sorte de solitude, et sans se laisser distraire par les bruits du dehors, les compagnies, les conversations inutiles ou dangereuses, consacra tout son temps au service de Dieu. La vie des saints qu'il prenait pour modèle de la sienne et méditait sans cesse, lui inspira une pieuse dévotion pour leurs restes sacrés. Il en recueillit un grand nombre pour les vénérer : si le mot n'était par trop profane, je l'appellerais un collectionneur de reliques. Sa maison se transforma en un vénérable sanctuaire dans lequel il passait ses journées à prier Dieu par l'intercession de ses serviteurs.

La conformité de ses sentiments avec la règle austère de Port-Royal le mit en rapport avec cette Maison, et comme gage de son amitié, il lui donna la plus précieuse de toutes ses reliques : une épine de la couronne de Notre-Seigneur. Cette Sainte-Épine opéra plusieurs miracles dont Port-Royal fit grand bruit, et dont il se prévalut comme étant la confirmation de la cause qu'il défendait si courageusement. Plus tard, M. de la Potherie donna toutes ses autres reliques à l'Abbaye avec une somme de cent cinquante livres de rente pour l'entretien d'une lampe qui brûlerait continuellement devant elles. Il mourut en 1670 et fut enterré, comme il l'avait souhaité, devant l'autel qui portait les chers objets de son culte particulier. M. Hamon lui composa l'épitaphe suivante :

HIC JACET PETRUS LE ROY, QUI NON SOLA DIGNITATE
SED VITA ET MORIBUS PRESBYTER, RECUSATO PIA ET CAUTA
HUMILITATE EPISCOPATU, VITATIS SAPIENTER TURBIS ET SO-
LITUDINIS DELICIIS MEDIA IN VRBE FRUENS, SŒCULI INCURIOSUS,
QUIA SŒCULO MAJOR, SACRIFICIUM DEO QUOD OMNI LOCO
OFFERTUR, OMNI TEMPORE OFFEREBAT, NON TRANSITORIE
ALTARI SERVIENS, NEC UNIUS HORÆ SACERDOS ; CUM ADHUC
VIVERET, JAM CIVIS SUPERNÆ JERUSALEM, QUOD NUN-
QUAM A SACRIS RELIQUIIS QUAS MAGNA CURA CON-
QUISIERAT, AVELLI SE PATERETUR; SANCTORUM VENERATOR,
NEC MINUS IMITATOR SANCTITATIS, QUI FIDELI ET INTEGRO
CULTU VITALES CINERES JUGI PRÆSENTIA ET PIA SERVITUTE,
QUODQUE IN EIS INTELLIGEBAT ANIMO ET VIRTUTE COMPLEXUS,
CONVERSATIONEM IN TERRIS CŒLESTEM IMPLEVIT MORIENS
IV ID. SEPTEMBRIS 1670.
BENE ILLI PRECARE, QUI CUM HOC MONASTERIUM
DILEXISSET, IN FINEM DILEXIT ET THESAURUM
SUUM QUEM PAUPER CHRISTI IN SANCTORUM RELIQUIIS
HABUIT, PIO DONO, ET QUOD A PAUPERIBUS AMARI
POSSET, HIC ASSERVARI VOLUIT, IBIDEM SEPELIRI, NEC
SIC IN MORTE A PATRONIS SEJUNCTUS ET PERPETUUS
CLIENS.

Par M. Hamon.

Ici repose Pierre Le Roy, prêtre non seulement par le caractère de sa dignité, mais aussi par l'innocence de sa vie et la pureté de ses mœurs. Touché des sentiments d'une humilité aussi prudente que religieuse, il refusa l'épiscopat, et vivant comme s'il n'eût pas été de ce monde, parce qu'il s'était mis au-dessus, en se dégageant adroitement de ses embarras, il sut trouver les délices de la solitude au milieu de la ville. Prêtre non seulement pendant une heure et d'une manière transitoire, il servait en tout temps à l'autel et offrait constamment à Dieu le sacrifice qu'on lui offre partout. Bien que vivant sur la terre, il était déjà citoyen de la céleste Jérusalem par son assiduité continuelle auprès des saintes reliques qu'il avait recueillies avec un soin extrême. Aussi grand serviteur des saints par la fidélité et la pureté de son culte et par sa vénération continuelle envers leurs cendres vivifiantes, que parfait imitateur de leur sainteté par la pratique des vertus qu'il y découvrait, il finit par sa mort le 10 septembre 1670 la vie céleste qu'il menait sur la terre.

Priez pour le repos de son âme, puisqu'ayant aimé ce monastère dès le commencement il continua de l'aimer jusqu'à la fin, et voulut par un legs pieux que des pauvres pouvaient légitimement aimer, qu'il fut le dépositaire de son trésor, qui consistait en saintes reliques, tel qu'il convenait à un pauvre de Jésus-Christ. Il souhaita d'être enterré au même endroit, afin que dans sa mort même il ne fût point séparé de ses saints patrons et qu'il leur pût témoigner par là son éternelle vénération.

III

Messire Claude Grenet, curé de Saint-Benoist,
supérieur de Port-Royal, 1684.

Les rapports directs de M. Grenet, curé de Saint-Benoist, avec Port-Royal, datent de 1664. A cette époque, deux religieuses, transférées à l'hôpital de la Crèche, au faubourg Saint-Victor, pour refus de signature du

Formulaire, reçurent fréquemment ses visites et ses encouragements et, quoiqu'il eût signé, il leur assurait qu'elles pouvaient avoir la conscience tranquille.

A la paix, M. de Péréfixe le présenta pour la supériorité de Port-Royal. On l'accepta d'autant plus volontiers qu'on n'avait pas perdu le souvenir de ses bons offices auprès des exilées! Comme don de joyeux avènement, le nouveau supérieur apporta le pardon des offenses et la bénédiction de l'archevêque. Il croyait à la paix perpétuelle; mais, hélas! ce n'était qu'une trêve rompue dix ans après par une guerre sans pitié ni merci! En effet, M. de Harlay, obéissant aux ordres de la Cour, dispersa bientôt le petit troupeau de pensionnaires. M. Grenet courut se jeter à ses pieds et le supplia de ne pas déchaîner de plus grands maux. Le prélat promit tout, jura sur sa croix et sur sa conscience, sur tout ce qu'on voulut; serments sincères peut-être, mais qu'il ne devait pas tenir longtemps. Le bon et infortuné supérieur, qui avait quitté sa cure pour se consacrer entièrement à Port-Royal, souffrait extrêmement de toutes ces rigueurs déployées contre ses chères filles. Qu'il était désabusé! Et se rappelant les promesses sacrées d'autrefois, une tristesse mortelle envahissait son âme! Au moment de paraître devant Dieu, il écrivit à l'archevêque une longue lettre, qui est en même temps une vigoureuse apologie des religieuses qu'il connaissait intimement depuis quinze ans, et un avertissement au prélat : « Fallait-il, ô mon Dieu, que je connusse la foi, la piété, la pureté de vos épouses, sinon pour être témoin de l'injustice avec laquelle on les traite comme des coupables... Il me semble que je suis au même état que Jacob lorsqu'on vint lui apporter la robe de son fils Joseph; trop heureux si, ayant senti la douleur de ce bon père, je pouvais voir comme lui, avant de mourir, le rétablissement de mes saintes filles... parce que je suis persuadé que c'est la vérité et la justice qu'on persécute en les persécutant ! » Par son testament, M. Grenet légua 3 000 livres au Monastère, avec l'argenterie et les linges de sa chapelle, à charge d'une messe basse par semaine. Il mourut à Port-Royal. On l'enterra au pied de la croix, au cimetière du dedans et, sur sa tombe, on grava l'épitaphe suivante :

Ici repose le corps de messire Claude Grenet, prêtre, docteur de la Maison et société de Sorbonne, ancien curé de Saint-Benoist à Paris et supérieur de ce Monastère. Dieu qui l'avait choisi pour travailler au salut des âmes, lui inspira le désir d'exercer ce ministère dans les hôpitaux, dans les prisons, dans les missions de la campagne longtemps avant qu'il fût revêtu de la charge de pasteur. Cette nouvelle dignité, qu'il a toujours regardée avec crainte et tremblement, ne servit qu'à augmenter sa piété envers Dieu et son zèle pour les âmes qui lui furent confiées pendant l'espace de trente-huit ans qu'il a travaillé à les former à Jésus-Christ, ayant toujours étudié la science du salut. Jamais doctrine ne fut plus pure ni plus sainte que celle qu'il leur enseigna ; et comme il était ennemi de la nouveauté il joignit à la droiture et à la simplicité de son cœur un attachement inviolable à la hiérarchie de l'Église. Ce fut dans cet esprit que quatre ans avant que de mourir, il fit choix d'un successeur, où, conformément aux lois de l'Église, la chair et le sang n'eurent aucune part ; ne lui étant connu que par l'épreuve qu'il en avait fait depuis treize ans en qualité de son vicaire. Mais en se dépouillant de cette charge, il n'abandonna jamais le soin de cette Maison, pour qui il a conservé des entrailles de père pendant quinze ans entiers. La mort même ne fut pas capable de l'en séparer ; puisqu'après avoir donné son âme à Dieu, il pria les épouses de Jésus-Christ qui la composent, de recevoir son corps pour y être inhumé et y attendre avec elles l'heureux moment de la résurrection. Il mourut après quarante jours de maladie, plein de foi et de bonnes œuvres, le 15 de mai 1684, âgé de 79 ans.

Priez Dieu pour le repos de son âme.

IV

Charles-César du Cambout de Coislin, 1699.

Charles-César du Cambout de Coislin, chevalier de Malte, d'une des plus anciennes familles de Bretagne, neveu de l'abbé de Pontchâteau, de la duchesse d'Épernon, de la comtesse d'Harcourt, frère du cardinal de Coislin, évêque d'Orléans, était le troisième fils du marquis de Coislin, colonel général des Suisses et Grisons, maréchal des camps et armées du roi, et de dame Madeleine Séguier, fille du chancelier. Il servit huit ans sous les ordres du maréchal de Turenne et donna, en plusieurs rencontres, des marques de sa haute valeur militaire. Après la mort de Turenne, César du Cambout quitta l'armée et, dégoûté du monde, résolut d'imiter la vie austère de son oncle l'abbé de Pontchâteau. Il venait fréquemment le voir à Port-Royal et s'y fût retiré, sans aucun doute, si on n'en eût chassé les solitaires. Tombé gravement malade, quand il sentit sa fin approcher il demanda par son testament : « qu'on l'enterrât dans l'église de Port-Royal des Champs auprès de M. de Pontchâteau, son bon oncle, pourvu que les religieuses ne jugeassent pas le corps d'un pauvre pécheur comme lui, trop indigne d'être là avec les corps de tant de gens de bien et de saints. » Le cardinal de Coislin, voulant exécuter les suprêmes volontés de son frère, demanda à l'archevêque de Paris la permission nécessaire à cette translation. M. de Noailles en parla au roi et l'inhumation eut lieu à Port-Royal. En 1711, le corps fut apporté en l'église de Magny. Sur sa tombe, qui ne l'a point suivi, on lisait l'éloge suivant :

HIC IN SPEM VITÆ ÆTERNÆ EVIGI-
LATURUS DORMIT IN TERRÆ PULVERE,
CAROLUS CESAR DU CAMBOUT DE COISLIN, EQUES.
OMNIBUS ANIMI CORPORISQUE DOTIBUS INS-
TRUCTUS, IN AULA CLARUIT. SUB MAGNO TURRENIO,
CUI SUMME CHARUS ERAT, STRENUE MILITAVIT,
TURMAMQUE PER ANNOS OCTO DUXIT, MULTIS
HEROICÆ FORTITUDINIS DOCUMENTIS TERRA MA-
RIQUE EDITIS. DUCE ILLO ORBATUS, MILITIAM AB-
DICAVIT, PARTIM RERUM HUMANARUM FASTIDIO,
PARTIM CŒLESTIS AULÆ DESIDERIO, VIR OMNI-
UM VITÆ CIVILIS OFFICIORUM STUDIOSISSIMUS,
OMNIBUS AFFABILIS, VESTE, SUPELLECTILI, FAMILIA
MODESTUS, ERGA FAMULOS ET EGENOS IN RE MEDIOCRI
MUNIFICENTISSIMUS, SINISTRAM DEXTERÆ LARGI-
TIONES CELABAT. VITAM MEDITATUS SANCTIOREM,
MOTUS EXEMPLO PATRUI, CUJUS, DILECTIS CI-
NERIBUS ADJACERE EX TESTAMENTO ELEGIT, IN
MORBUM INCIDIT MOLESTISSIMUM. HUJUS
DOLORES PER TRIENNIUM PERPETUA PATIENTIA
CHRISTIANE TULIT, PÆNITENS TEMPORUM
AUT UNI SECULO, AUT NON SOLI DEO MALE
COLLOCATORUM. OBIIT IDIBUS FEBRUARII
ANNO DOMINI 1699 — FERME 58.
HUIC VIATOR BENE PRECARE.

Ici repose dans le sein de la terre, avec l'espérance d'en sortir pour passer à la vie éternelle, messire Charles-César du Cambout de Coislin, chevalier. Après avoir brillé à la Cour par toutes les qualités de l'esprit et du corps, il porta les armes avec beaucoup de réputation sous le grand Turenne qui l'aimait extrêmement. Pendant les huit ans de son service, il donna, sur terre et sur mer, plusieurs preuves de sa valeur héroïque. La mort lui ayant enlevé son chef, il quitta le service autant par dégoût des choses de la terre que par désir de travailler pour le ciel, parfaitement attaché à tous les devoirs de la vie civile, il était affable à tout le monde, modeste en ses habits, en ses meubles, en son train, il faisait à ses domestiques et aux pauvres, quoique avec une fortune médiocre, de très grandes libéralités dont il se dérobait la connaissance à lui-même. Pensant mener une vie encore plus sainte, à l'exemple de son oncle, auprès duquel il ordonna par son testament qu'il aurait sa sépulture, il tomba dans une très fâcheuse maladie. Il en supporta toutes les douleurs pendant trois ans avec une patience chrétienne que rien ne put altérer, et les sentiments d'une sincère pénitence du temps qu'il avait perdu en le donnant au monde ou en ne l'employant pas pour Dieu seul.

Il mourut le 13 février 1699, âgé de près de 58 ans.

Passants, priez pour le repos de son âme.

V

Messire François Retart, curé de 1648 à 1663.

François Retart, né à Abbeville en 1608, fit ses études à Paris et reçut le bonnet de docteur de l'illustre Maison et société de Sorbonne. Nommé curé de Magny en 1648, il fut heureux de posséder sur sa paroisse le célèbre Monastère dont il partageait les sentiments d'austère piété et de mortification. Il se lia étroitement avec les solitaires, auxquels il donna l'hospitalité quand le Désert trop étroit ne pouvait les contenir tous. A la dispersion des Petites

Écoles, M. Retart reçut chez lui plusieurs jeunes élèves. MM. Du Fossé, de Villeneuve et d'autres, et les garda jusqu'à ce que le calme se fût rétabli. Ami sincère et dévoué du Monastère en toutes circonstances, il ne négligeait pas néanmoins ses paroissiens, donnant à tous et à chacun les soins les plus empressés et appuyant ses discours par des bonnes œuvres. Sa santé chancelante l'avertit de sa fin prochaine et, voulant s'assurer un successeur fidèle, il se démit entre les mains de M. Burlugai, curé de Saint-Jean des Trous, ami de Du Gué de Bagnolz et de Port-Royal. Quelques jours plus tard, il rendit l'esprit, content de rejoindre son Dieu, préférant mourir plutôt que de voir les maux dont les siens allaient être accablés et répétant ces paroles des Macchabées : *Melius est nos mori quam videre mala gentis nostræ.* « Il nous est plus avantageux de mourir que de voir les malheurs de notre nation. »

Son acte de décès est ainsi conçu :

Ce trente et unième jour de mars 1663, fut inhumé messire François Retart, prêtre, docteur en théologie de la Faculté de Paris, curé de Magny, lequel, après avoir gouverné avec un zèle infatigable ladite paroisse pendant quinze années, fit prendre possession de la cure dudit Magny à messire Jean Burlugai[1], autre docteur en théologie de Paris, et donna sa bénédiction à tous ses paroissiens dans son lit le jour de son décès qui fut

1. M. Burlugai n'a été que trois ans curé de Magny. L'archevêque de Paris lui ayant demandé sa profession de foi, il la fit en établissant fortement la distinction du *droit* et du *fait*. M. de Péréfixe, le frappa d'interdit. Ce qu'apprenant, l'archevêque de Sens appela M. Burlugai dans son diocèse, le fit chanoine théologal de sa cathédrale, directeur de son grand séminaire et administrateur du grand hôpital. Ainsi ce qui méritait sur les bords de la Seine la peine ecclésiastique la plus grave recevait une récompense sur les rives de l'Yonne. M. Burlugai composa le bréviaire de Sens ou plutôt eut une large part à ce travail et mourut en 1702 en grande réputation de savoir et de piété.

le 30 de mars. Son corps est à l'entrée du balustre sous une tombe. Son cœur est à Port-Royal.

PRIEZ DIEU POUR LUY.

(*Extrait du registre paroissial.*)

Le Nécrologe contient sur M. Retart un article très élogieux que je me plais à transcrire, pour le faire mieux connaître aux arrière-petits-fils de ses paroissiens.

Le trentième jour de mars mourut, à l'âge de cinquante-cinq ans, messire François Retart, docteur en théologie, curé de Magny-l'Essart. Pendant plus de quatorze ans qu'il a desservi cette église, avec un zèle vraiment apostolique, il n'a épargné ni ses soins, ni ses biens, ni sa santé, lorsqu'il croyait pouvoir contribuer au bien spirituel ou temporel de ses paroissiens. Il travaillait à l'un par son exemple, ses instructions particulières remplies de lumière, et par ses prédications fréquentes et réitérées, prêchant ordinairement les dimanches et les fêtes deux et trois fois par jour. Il contribuait à l'autre par ses aumônes et ses libéralités, dont il n'y avait personne dans sa paroisse qui ne ressentît les effets dans ses besoins. Il a eu le bonheur de consommer sa vie dans les travaux et les exercices de son sacré ministère. Sa dernière maladie le saisit le lendemain d'une prédication de plus de trois heures, faite avec une ardeur extraordinaire le vendredi saint, et après avoir célébré le samedi suivant tout le service, auquel son attachement pour les anciennes coutumes de l'Église lui fit ajouter la cérémonie du baptême d'un enfant, qu'il avait différé à ce dessein. Il est mort non seulement dans la paix avec une entière résignation à la volonté de Dieu, mais encore avec une extrême joie de se voir délivré des périls de la vie et hors des occasions où les personnes de son caractère, engagées à défendre et à soutenir la vérité, se trouvent souvent de la blesser ou de l'affaiblir.

L'amour ferme et intrépide qu'il a eu pour elle, lui a toujours inspiré une sainte liberté qui ne flattait personne. Il l'a défendue dans toutes les rencontres, et il a eu la consolation, en mourant, de n'avoir rien fait contre elle. Ce Monastère, à qui son zèle et cet amour de la vérité et de la justice l'avaient lié très particulièrement, lui a d'étroites obligations pour les grandes assistances qu'il nous a prêtées dans les troubles excités contre notre Communauté. Il avait élu sa sépulture dans notre église; mais ses paroissiens ayant demandé avec justice qu'il fût inhumé dans celle de sa paroisse, on leur accorda cette grâce. Seulement son cœur fut apporté ici, où il est enterré dans la chapelle des saintes reliques avec cette épitaphe :

MESSIRE FRANÇOIS RETART.

EN IBI COR FRANCISCI RETARD, DOCTORIS SORBONICI ET RECTORIS DE MAGNY LESSART; QUOD CŒLESTIBUS AQUIS REDUNDANS, QUAS IN RELIGIOSA SCRIPTURARUM MEDITATIONE COLLEGERAT AGRUM DOMINICUM FELICITER IRRIGAVIT, JUNCTIS DOCTRINÆ ELEEMOSYNIS QUÆ FIDEM DICTIS ADSTRUERINT, DUM ABSOLUTO EVANGELII MINISTERIO PAUPERES EVANGELIZANTUR ET NUTRIUNTUR; COR BENEFICUM ABUNDANTIA CHARITATIS, QUOD NEMINEM TIMUIT, TIMENS DEUM HIC CUM VIRGINIBUS QUIESCIT PUDICUM COR, QUOD NIHIL ODIO HABUIT PRÆTER MUNDUM, NIHIL AMAVIT PRÆTER CHRISTUM. OBIIT DIE 30 MARTII ANNO DOMINI 1663.

Par M. Hamon.

Voici le cœur de messire François Retard, docteur de Sorbonne et curé de Magny-Lessart, qui, s'étant rempli des eaux célestes de la sainte méditation de l'Écriture, les répandit avec fruit dans le champ du Seigneur. Afin que ses discours trouvassent plus de créance, il sut joindre l'aumône à la doctrine et s'acquitter ainsi du ministère évangélique dans toute sa perfection, en nourrissant les pauvres en même temps qu'il leur annonçait l'Évangile. Cœur bienfaisant par la grandeur de sa charité, cœur qui, craignant Dieu, ne craignit personne.

Il repose ici au milieu des vierges, ce cœur chaste qui ne haït que le monde et n'aima que Jésus-Christ.

Il mourut le 30 mars 1663.

VI

Messire Félix L'Air, curé de 1666 à 1671.

M. Burlugai, frappé d'interdit par M. de Péréfixe, quitta la cure de Magny et se rendit à Sens à l'appel de l'archevêque. M. Félix L'Air lui succéda. C'était un brave, un intrépide qui ne se laissa point abattre par les maux sans nombre de ceux qu'il aimait. Au plus fort de la tourmente, alors que les religieuses de Port-Royal, interdites, mouraient sans sacrement, le vaillant curé, sans crainte des foudres de l'autorité, recommandait les captives tous les dimanches aux prières du prône. Il célébrait aussi des services solennels pour le repos de celles à qui l'Église avait refusé les dernières prières. On ne manqua pas de le dénoncer comme un janséniste endurci. Deux de ses paroissiennes qu'il n'avait pas voulu admettre à la communion pascale, l'accusèrent d'un rigorisme outré, et pour ces raisons, il reçut un *veniat* en règle de l'autorité diocésaine. Le curé se rendit à la voix qui l'appelait, mais n'eut pas de peine à confondre ses accusatrices. Il dévoila leur conduite, montrant que s'il était quelque peu rigoriste, c'était parce que ses paroissiennes ne l'étaient pas assez; que quant à l'absolution, il verrait s'il serait possible de la leur donner après le départ des soldats préposés à la garde du Monastère, M. L'Air revint donc de Paris avec les honneurs de la guerre, de mieux en mieux disposé à soutenir les pauvres assiégées.

Mais il tomba malade de langueur et se démit de sa cure. M. Besson le remplaça. Les religieuses touchées de son état, reconnaissantes pour les services rendus, dans l'espérance de prolonger une vie si précieuse, le prièrent de venir à Port-Royal. L'interdit était levé depuis un an et nous avons vu M. L'Air assister à la résurrection de l'Abbaye. On l'installa dans la maison du dehors où, malgré les bons soins qui lui furent prodigués, il mourut en novembre 1671.

Son successeur rédigea comme suit son acte de décès :

ACTE DE DÉCÈS DE MESSIRE FÉLIX L'AIR PRÊTRE, CURÉ DE MAGNY

Le vendredi après midi, vingt-septième jour de novembre, fut inhumé avec les cérémonies dans le chœur du côté de l'évangile, contre le balustre, messire Félix L'Air, vivant prêtre curé de de Magny. Il décéda à Port-Royal la nuit précédente à neuf heures et demie du soir; le lendemain apporté par les paroissiens et inhumé par messire Jean Besson prêtre, curé de Magny, son successeur.

(Extrait du registre paroissial.)

Le Nécrologe fait son éloge en ces termes :

Le vingt-cinquième jour de novembre 1671 mourut au dehors de ce monastère messire Félix Ler[1], curé de la paroisse

---

1. Ce curé de Magny signait L'Air et non pas Ler; je conserve cette orthographe qui est la vraie.

de Magny-Lessart, que nous devons regarder comme un de nos bienfaiteurs, puisque dans le temps même de nos plus grandes disgrâces, il a toujours eu pour nous une charité et un zèle qu'il nous a témoignés généreusement en toute occasion, sans craindre de se compromettre. Dans sa dernière maladie, il donna une preuve bien éclatante de son attachement et de son estime pour cette Maison, en la choisissant pour y passer les derniers jours de sa vie et y mourir, comme il fit en effet après y avoir demeuré quelques semaines et avoir souffert plusieurs mois une langueur très fâcheuse. Son corps fut porté à l'église de Magny, où il est inhumé. Tous les pauvres de la paroisse pleurèrent sa mort comme celle de leur père, aussi avait-il pour eux la même tendresse et son amour pour eux et pour la sainte pauvreté le portait à se dépouiller de tout en leur faveur.

VII

Messire Jean Besson, curé de 1671 à 1703.

Messire Jean Besson, qui dirigea la paroisse de Magny-Lessart pendant trente-deux ans, est un pénitent dans toute la rigueur du terme et un vrai disciple de Port-Royal.

On a vu plus haut qu'il fut, avec M. Eustace, confesseur de l'Abbaye, l'auteur du fameux *Cas de conscience* qui remit le feu aux poudres et provoqua la bulle *Vineam Domini Sabaoth*, qui condamnait le silence respectueux touchant le *fait* de Jansénius.

Nous possédons un bel éloge de M. Besson écrit sur le registre le jour de son enterrement par M. Eustace. On fit en outre deux épitaphes qui résument admirablement sa vie pénitente et ses vertus sacerdotales ; une en français par M. Baudoin destinée à l'église de Port-Royal, l'autre latine par M. Tronchai qui fut gravée sur sa pierre à Magny. Ces épitaphes ne furent point placées immédiatement parce que le cardinal de Noailles ne le permit pas. Quand on les lui présenta pour les faire approuver, il dit, après les avoir lues, « qu'étant à Rome, il avait vu l'épitaphe du pape Innocent XII qui ne contenait pas tant de choses ni de si grands éloges pour ce pape que ces épitaphes n'en contenaient pour le curé de Magny ».

Il les rendit donc avec défense de les mettre sur la tombe, ni dans l'église, et de rien faire sans ses ordres.

Mais ce qui était défendu alors fut permis depuis et l'est encore aujourd'hui. Nous allons donc donner successivement l'éloge par M. Eustace, l'épitaphe en français, gravée sur une plaque de marbre blanc à côté de la chaire, et celle en latin qu'on lit sur la tombe près de la porte latérale en entrant à gauche. Nous ferons la part de l'exagération poétique ; mais il en restera suffisamment pour apprécier la vie de ce vrai serviteur de Dieu qui pratiqua avec tant de rigueur les conseils évangéliques.

1° Éloge de M. Eustace :

Le samedi saint, septième avril mil sept cent trois, mourut sur les dix heures du matin, messire Jean Besson prêtre, curé de cette paroisse, âgé d'environ soixante ans, après avoir reçu le jour précédent l'extrême onction et le saint viatique avec un grand concours de son peuple. Il a servi cette église l'espace de près de trente et deux ans, dans une pratique et une observation exacte de la vérité et de la discipline ecclésiastique. Dieu, qui l'avait appelé à la gouverner, lui avait donné d'excellents talents naturels qu'il avait cultivés avec beaucoup de soins par l'étude et la méditation des vérités qui regardent la piété, lesquelles il puisait dans les sources de l'Écriture et de la Tradition avec une application continuelle. Il faisait tout le meilleur usage qui lui était possible de ces dons et de ces talents, avec un travail et un zèle infatigables, ne se rebutant point de toutes les contradictions qu'il pouvait trouver dans son ministère et s'élevant toujours au-dessus des peines et des difficultés qui l'y ont souvent traversé. Il ne s'oubliait point lui-même pour s'appliquer aux autres, et il était lui-même le premier objet de son zèle, prêchant encore plus la pénitence par son exemple que par ses paroles ; son jeûne était presque continuel, pratiquant celui de l'Église selon sa discipline ancienne, ne couchant que sur la planche sur laquelle on l'a mis en terre dans le cimetière sous l'égout du porche de l'église, et ne s'étant servi de lit depuis très longtemps que lorsqu'on l'y a contraint pour des maladies considérables. Son austérité pour sa personne ne le rendait point insensible aux besoins des pauvres dont il regardait les peines et les afflictions comme les siennes propres ; et on voit par l'état où il laisse son église combien il en aimait la propreté et par la disposition qu'il a fait de tout ce qui lui restait de bien pour un établissement de maîtresse d'école, sa vigilance pour l'instruction de la jeunesse. Il a été enterré à la manière des pauvres porté sur la bière et dans le cimetière comme il l'avait ordonné le neuvième dudit mois, en l'absence de M. le doyen et du président de la Conférence par moi Eustace qui lui ai administré les derniers sacrements, assisté de plusieurs curés voisins et ecclésiastiques soussignés et dans un grand concours de peuple.

2° Épitaphe française près de la chaire sur une plaque de marbre encadrée :

Souvenez-vous de ceux qui vous ont conduits et qui vous ont prêché la parole de Dieu; considérez la fin de leur vie et imitez leur foi.
Heb. XII, 7.

Sous l'égout de cette église a voulu être enterré m. Jean Besson, prêtre du diocèse d'Angers curé de cette paroisse durant 32 ans. L'attrait qu'il eut pour la pénitence lui en fit embrasser les plus grandes austéritez. Quoique d'un tempérament délicat, il ne buvait que de l'eau, portait le cilice, couchait sur une planche, se levait la nuit pour prier, jeunait presque continuellement, et selon l'ancienne discipline, pratiquait les mortifications avec une joie qui se répandait jusqu'au dehors. Ardent amateur de la sainte antiquité, il tascha de s'en approcher en tout le plus qu'il lui estait possible. Tout son temps estait partagé entre la prière, l'étude et particulièrement de l'Écriture sainte et le soin des ames que Dieu avait confiées a sa conduite. Également attentif a leurs besoins spirituels et corporels, après leur avoir rompu le pain de la parole, il distribuait celui du corps aux indigens avec une tendresse paternelle. Ses soins et ses libéralitez n'ont pas trouvé leur fin dans celle de sa vie : il continue de les instruire après sa mort dans les écoles de charité qu'il a fondées a la nomination du curé et des marguilliers de cette paroisse, auxquels il a joint l'Abbesse de Port-Royal des Champs, par un effet de son affection et de son estime pour cette célèbre Abbaye. Il a aussi fondé quatre messes par an. Enfin par son testament, il donne entièrement aux pauvres ce que son amour pour eux lui avait laissé de reste. Il sortit de l'autel le dimanche des Rameaux avec la maladie qui consomma son sacrifice le samedi saint 7ᵉ jour d'avril, l'an de J. Ch. 1703, le 60 de son age.

3° Épitaphe latine qui se lit sur la première pierre à gauche en entrant par la porte latérale :

> HIC
> EXPECTAT REDEMPTIONEM CORPORIS SUI
> JOHANES BESSON,
> PRESBYTER ANDEGAVENSIS.
> HUJUS ECCLESIÆ PASTOR VIGILANTISSIMUS
> VIR SAGACI INGENIO CONSPICUUS,
> VITÆ SANCTITATE DEO CHARUS
> HOMINIBUS MORUM SUAVITATE GRATUS;
> SACRARUM SCRIPTURARUM INDEFESSUS SCRUTATOR;
> SANCTORUM PATRUM DISCIPULUS FIDELIS;
> SACRÆ ANTIQUITATIS PERLUSTRATOR STUDIOSUS;
> PRIMAVÆ DISCIPLINÆ CUPIDUS SECTATOR.
> PŒNITENTIÆ
> NON TAM PRÆDICATOR SEVERUS
> QUAM AUSTERUS CULTOR,
> SIBI PARCUS,
> IN PAUPERES MUNIFICUS,
> TOTUM QUOD HABUIT
> IPSIS IMPENDIT
> ET SUPER IMPENDIT SEIPSUM,
> PASTOR BONUS,
> PRO CHARARUM ANIMABUS OVIUM,
> OBIIT VII APRILIS, ANNO DOMINI MDCCIII
> ÆTATIS LX
> REQUIESCAT IN PACE
> AMEN.

ICI
ATTEND LA RÉDEMPTION DE SON CORPS
JEAN BESSON,
PRÊTRE DU DIOCÈSE D'ANGERS.
PASTEUR VIGILANT DE CETTE ÉGLISE,
HOMME D'UNE REMARQUABLE INTELLIGENCE,
CHER A DIEU PAR LA SAINTETÉ DE SA VIE,
AGRÉABLE AUX HOMMES PAR LA SÉVÉRITÉ DE SES MŒURS,
SCRUTATEUR INFATIGABLE DES SAINTES ÉCRITURES,
FIDÈLE DISCIPLE DES SAINTS PÈRES,
IMITATEUR DE LA SAINTE ANTIQUITÉ,
SECTATEUR JALOUX DE LA DISCIPLINE DES PREMIERS SIÈCLES.
DE LA PÉNITENCE,
PRÉDICATEUR MOINS SÉVÈRE
QUE COMPAGNON ASSIDU ;
AVARE ENVERS LUI-MÊME,
GÉNÉREUX POUR LES PAUVRES,
TOUT CE QU'IL EUT
IL LE LEUR DONNA.
IL SE DONNA LUI-MÊME
COMME UN BON PASTEUR
POUR LES AMES DE SES CHÈRES BREBIS.
IL MOURUT LE 7 AVRIL DE L'AN DU SEIGNEUR 1703.
AGÉ DE 60 ANS.
QU'IL REPOSE EN PAIX
AINSI SOIT-IL.

VIII

Charles Le Camus et Marie de Maulevault sa femme, 1612 et 1623.
Henri Le Camus et Marie Rubentel sa femme, 1620 et 1658.

Les inscriptions des Pierres Tombales que nous allons examiner sont, les unes parfaitement conservées, les autres à demi effacées ; d'autres entièrement illisibles.

On pourrait les reproduire telles qu'elles se comportent actuellement ; mais cette manière de procéder, du goût de quelques antiquaires, déplairait à la plupart des lecteurs. Il semble plus intéressant de reconstituer, à l'aide du Nécrologe, les textes disparus et usés par le temps.

Ainsi, après avoir retracé la biographie de chaque personnage, rapidement, à grands traits, nous donnerons l'épitaphe et sa traduction pour celles composées en latin. Le lecteur voudra bien ne pas oublier ce qui a déjà été dit dans l'histoire d'un grand nombre d'entre eux, ou se reporter en arrière, si cela est nécessaire. L'histoire de Port-Royal et les biographies dont nous parlons sont combinées de manière à former un tout sans double emploi ni ennuyeuses répétitions.

La pierre de Charles Le Camus, la première à droite en partant du maître-autel, est très bien conservée et parfaitement lisible. Elle porte aux quatre angles les quatre écussons des personnes qui y sont mentionnées. Au milieu, en haut, une tête d'ange, en bas une tête de mort. Mais cette pierre n'a jamais été à Port-Royal et ne lui appartient pas. La famille Le Camus de Buloyer et de Romainville avait sa sépulture dans l'église. J'ai retrouvé les actes d'inhumation de Charles et de

Henri le Camus qui trépassèrent, le premier en son manoir de Buloyer, le second à Paris, ainsi que celui de damoiselle Marie de Maulevault. La date du décès de damoiselle Marie Rubentel n'a pas été gravée sur la tombe, car elle est morte à Port-Royal. Devenue veuve de Henri Le Camus, Marie Rubentel vécut saintement dans le monde, puis à l'âge de soixante-quatorze ans se retira à l'Abbaye. On la regarde comme un prodige de piété et d'humilité chrétienne. Elle était la plus ancienne amie de la Maison, et l'avait servie en maintes occasions avec un entier dévouement. Malgré son âge avancé, en dépit de la faiblesse de son corps cassé par les ans, cette pieuse veuve demanda à prendre l'habit de sœur converse. Elle le reçut avec une joie extrême, priant Dieu qu'il lui permît, après son noviciat, de faire profession.

Le Seigneur se contenta de sa bonne volonté, de son humilité, et pour achever de la purifier, il la visita par une grande infirmité corporelle. Cette novice de quatre-vingts ans supporta l'épreuve, non seulement sans murmurer, mais avec action de grâce et reconnaissance, et descendit au tombeau, les mains pleines de bonnes œuvres, le 29 juillet 1658.

La famille Le Camus a donné deux autres religieuses à Port-Royal : Louise de Sainte-Madeleine, et Françoise-Louise de Sainte-Claire, qui moururent en 1646 et en 1679.

Les lettres de la tombe, d'ailleurs bien conservées, ont été grattées et passées au minium. On avait projeté de faire subir à toutes les autres cette délicate opération. Mais, outre les difficultés que présenterait ce travail, et la somme qu'il faudrait y consacrer, il aurait le désavantage de déplaire à un grand nombre d'archéologues, qui ne souffrent pas qu'on rajeunisse les monuments anciens ni qu'on « répare des ans l'irréparable outrage ».

Pour ces raisons, on a cru prudent de ne pas pousser plus loin cette œuvre de restauration. La commission des monuments historiques verra plus tard ce qu'il sera bon de faire dans cet ordre d'idées.

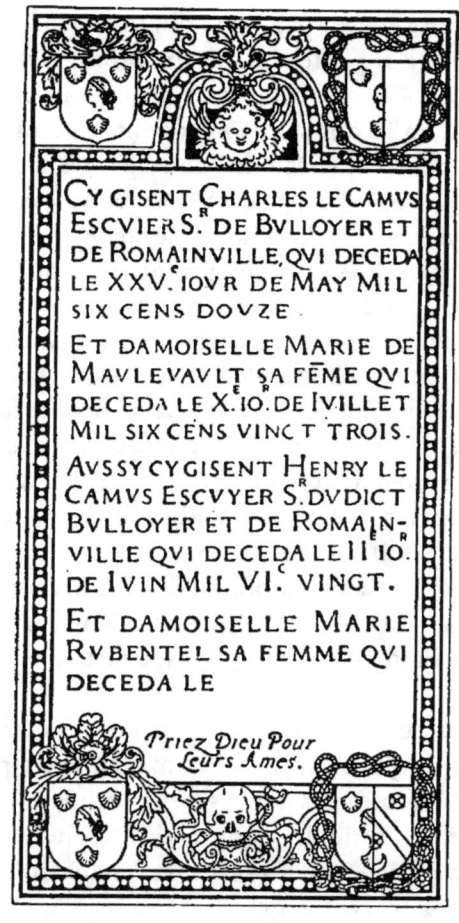

Fig. 3. — Pierre Tombale de Charles Le Camus.

Fig. 4. — Pierre Tombale de Jehanne de Chevreuse.

IX

Dame Jehanne de Chevreuse abbesse de Villiers, 1308.

Jehanne de Chevreuse, abbesse de Villiers[1], n'habita Port-Royal qu'à la fin de sa vie. S'étant démise de sa charge, elle se retira au Monastère, appelée par deux de ses sœurs qui y avaient fait profession. Sa famille compte parmi les insignes bienfaiteurs de l'Abbaye. Son père, Hervi de Chevreuse, vers 1265, lui légua quarante-quatre arpents de bois au-dessus de Vaumurier; et Gui, son oncle, en ajouta dix-huit dans la direction de Champ-Garnier.

Jehanne de Chevreuse trépassa en 1308, et fut enterrée dans le cloître. Sa tombe la représente sous un arc ogival, à neuf lobes, la tête couverte d'un voile, les mains jointes, et revêtue d'un manteau historié. Cette pierre conserve les grands traits du dessin, et produit un très bel effet. La figure 4 la représente dans ses détails.

Ici gist religieuse dame Jehanne de Chevreuse, jadis abbesse de Villiers; fille du noble homme Monseigneur Hervi de Chevreuse, seigneur de Meaucourt, qui trépassa l'an de grâce MCCC et VIII, vigille de la Toussaint. — Priez pour l'âme de lui.

1. Villiers-aux-Nonnains près de la Ferté-Alais, ancien diocèse de Sens, aujourd'hui diocèse de Versailles.

X

Raphaël Le Charon d'Espinoy de Saint-Ange, 1676.

Fils cadet de François Le Charon d'Espinoy, baron de Saint-Ange, premier maître d'hôtel de la reine Anne d'Autriche, et de dame Anne de Boulogne, Raphaël tient à Port-Royal dès sa plus tendre enfance. Sa mère, fille de M. de Boulogne, capitaine au régiment de Champagne, gouverneur de Nogent-le-Roi en Bassigny, fit profession à l'Abbaye après la mort de son mari. L'abbé de Saint-Cyran, ami de sa famille, confia le jeune Raphaël à Lancelot qui dirigeait les Petites Écoles. Sortant des mains de cet excellent maître, cet élève studieux se trouvait admirablement préparé pour de plus hautes études. Son intelligence et son nom lui permettaient d'aspirer dans le monde à une situation honorable, mais les conseils de Saint-Cyran, les prières de sa mère, et son attrait particulier l'amenèrent dans la solitude. Il se retira donc à Port-Royal, et occupa un petit logis que son père y avait fait bâtir pour venir s'y recueillir de temps en temps, et la Mère Angélique le prit en particulière affection. Il embrassa courageusement la vie pénitente, donnant au travail les instants qu'il ne consacrait pas à la prière. Il cultivait le jardin, vaquait aux plus humbles offices des serviteurs, prenait soin de l'éclairage et faisait les fonctions de vitrier de la Maison. Quand on dispersa les solitaires, il rentra à Paris, emportant avec lui le calme et le recueillement du Désert. Durant la captivité des religieuses gardées par les archers, sa mère, Anne de Sainte-Eugénie, tomba malade. Le fils, désolé, chercha le moyen d'adoucir le sort de celle qu'il aimait si tendrement. Il voulait courir l'embrasser une dernière fois, et recevoir sa bénédiction suprême. Impossible! tant la consigne était impitoyable!

L'archevêque, non plus, ne se laissa pas toucher par ses prières et par ses larmes, et il ne permit pas que sa mère reçût les derniers sacrements. En même temps, par une contradiction étrange, et que je ne me charge pas d'expliquer, M. de Péréfixe le rassura en lui disant que sa mère était une sainte et qu'il voudrait être à sa place! Anne de Sainte-Eugénie de Boulogne fut la dernière des cinq religieuses qui moururent sans sacrements, pendant l'interdit de 1664 à 1669. Quand elle eut rendu le dernier soupir, son fils, malgré l'archevêque, fit célébrer un service solennel dans une église de Paris.

En 1676, M. Raphaël Le Charon d'Espinoy retourna à Port-Royal, dans l'intention d'y finir ses jours. Il goûtait, depuis quelques mois seulement, les douceurs de la retraite, quand il tomba gravement malade d'une fièvre pernicieuse; on crut que le changement d'air et de climat, le retour à Paris, lui apporterait quelque soulagement : vain espoir! La maladie ne lâcha point sa victime, et trois semaines après, M. de Sacy, qui l'avait en grande estime et affection, recevait son dernier soupir.

Ses restes, transportés à Port-Royal, reposèrent auprès de ceux de sa mère, dans l'aile gauche de l'église. Par son testament, M. de Saint-Ange avait légué au Monastère tous les biens dont il pouvait disposer.

Sa tombe, ornée d'une tête d'ange entourée de lauriers, est très bien conservée. On la lit facilement, excepté cependant les cinq ou six dernières lignes, qui sont usées par le frottement des pieds des fidèles :

Voici son épitaphe :

D. O. M.

RAPHAEL LE CHARON D'ESPINOY HIC JACERE VOLUIT JUXTA MATREM ANNAM EUGENIAM DE BOULOGNE, QUÆ MORTUO CONJUGE, FRANCISCO LE CHARON, BARONE DE St-ANGE, IN AGRO GASTINENSI, PRIMARIO REGINÆ MATRIS ANNÆ AUSTRIACÆ ŒCONOMO, ET RELICTO MUNDO, CUI PRIDEAM MORTUA FUERAT, VITAM CRUCIS IN HOC MONASTERIO PROFESSA, SANCTE IN SANCTO HABITU ET VIXIT ET MORTUA EST. FILIUM HUNC PIA MATER TOTA VITA PARTURIIT, UT CHRISTO TANDEM PARERET, IN QUO QUIDQUID ESSE POTUIT, FILIUS OPTIMÆ PARENTI DEBET. MATERNORUM VISCERUM CHARITATI TRIBUI POTEST, QUA DEUS ADEO DELECTATUR, QUOD ABBATIAM RECUSAVERIT, NEC DUXERIT UXOREM : AB UTROQUE HOC VINCULO LIBER, MORTUUS EST ANNO ÆTATIS 45 DIE 12 SEPTEMBRIS 1676

Par M. Hamon.

A DIEU TRÈS-BON ET TRÈS-GRAND

Ici repose, comme il l'a souhaité, messire Raphael Le Charon d'Espinoy, auprès d'Anne de Sainte-d'Eugénie de Boulogne, sa mère, qui, après la mort de son mari, messire François Le Charon, baron de Saint-Ange en Gâtinais, premier maître d'hôtel de la reine mère, Anne d'Autriche, quitta le monde auquel elle était morte depuis longtemps et fit profession de la vie austère du cloître dans ce monastère où elle vécut et mourut en odeur de sainteté. Ce cher fils est redevable à cette incomparable mère de tout le bien qui s'est trouvé en lui, puisque tous les jours de sa vie, elle l'a comme porté dans son sein, pour l'engendrer enfin à Jésus-Christ. Il refusa une abbaye et préféra le célibat au mariage, ce que l'on peut attribuer aux mérites de cette grande charité que sa mère lui portait. Ainsi il mourut sans bénéfice et sans épouse dans la quarante-cinquième année de son âge le 12 septembre 1676.

XI

Heude de Montfaucon et Ælide de Galardon sa femme,
1299 et 1300.

Heude de Montfaucon et Ælide de Galardon sa femme, veuve en première noce de Gui de Rochefort, sont deux bienfaiteurs de Port-Royal dont ils augmentèrent le temporel par plusieurs donations. Ils moururent à quelques mois de distance en 1299 et 1300. La belle pierre (fig. 5) qui recouvrit leurs corps inhumés dans le cloître, du côté du chapitre, est dressée en face de la chaire et regarde la porte principale. Elle est parfaitement conservée : malheureusement les stalles du chœur la cachent en partie. Elle représente Heude et Ælide sous une double arcature ogivale trilobée soutenue par trois consoles feuillagées. Au-dessus de l'arcature trois anges, dont l'un les ailes étendues emporte dans un linceul les âmes des défunts représentées par deux enfants et les deux autres agitent des encensoirs, Heude est couvert d'une cotte de mailles, ceint d'une épée croisée au pommeau et d'un bouclier tombant sur la jambe droite. Ælide, les mains jointes, la tête voilée, le cou serré dans une guimpe, est revêtue d'une longue robe serrée à la taille. Au pourtour on lit l'inscription suivante :

Ici gist Monseigneur Heude de Montfaucon, chevalier que Dieu absolve, qui trépassa l'an de grâce M CC et IIIIXX et XIX, le dimanche après la Saint-Martin d'hiver (15 novembre 1299).

Et

Cy gist Madame Ælide de Galardon, femme jadis de noble homme Monseigneur Gui de Rochefort et de Monseigneur Heude de Montfaucon. Elle trépassa xiv avr. M CCC. — Priez pour elle.

XII

Henri-Charles Arnauld de Luzancy, 1684.

Henri-Charles Arnauld de Luzancy, fils de Robert Arnauld d'Andilly, fut placé fort jeune chez le cardinal de Richelieu. La frivolité de ses goûts, la légèreté de son caractère, et une sorte de répugnance instinctive pour l'étude, avaient inspiré à son père cette résolution. M. d'Andilly comptait d'ailleurs que, grâce à la protection du ministre, son fils parviendrait à une situation très honorable dans le monde. Il espérait aussi que le jeune page serait là plus à l'abri des dangers auxquels les

Fig. 5. — Pierre Tombale de Heude de Montfaucon et de Ælide de Galardon.

jeunes gentilshommes se trouvaient exposés et qu'il passerait sans naufrage l'époque difficile de la jeunesse. Le Seigneur se servit d'une des sœurs de Henri-Charles, déjà religieuse à Port-Royal, pour lui inspirer le goût de la piété, une salutaire horreur du péché mortel et un commencement d'aversion pour le monde et ses périls. Le jeune page faillit se tuer d'une chute de cheval et pour remercier Dieu de sa protection, il promit de se consacrer à son service dès qu'il pourrait se retirer honorablement. Mais le danger disparu, adieu les promesses! En tous cas, avant de les tenir, Henri-Charles Arnauld voulut tâter du métier militaire. Il partit au Havre en qualité d'enseigne et après six mois de garnison, il rejoignait l'armée, quand, en chemin, il tomba malade de la petite vérole. Il se fit soigner à Péronne, et, en face de la mort, renouvela sérieusement ses premières promesses. Quand il fut hors de danger, il se rendit chez M. Le Charon, baron de Saint-Ange, ami de son père, et de là écrivit à M. de Saint-Cyran pour lui découvrir l'état de son âme. L'abbé, qui n'avait pas assez éprouvé sa vocation, hésitait à prendre une résolution, mais sur les instances réitérées du jeune pénitent, il lui permit d'aller rejoindre les autres solitaires à Port-Royal : il n'avait que 18 ans!

En dehors des exercices spirituels, M. de Luzancy s'occupait plus spécialement des soins du ménage et de l'exploitation des terres. Il travaillait comme le dernier des serviteurs et sut par sa bonne humeur, son affabilité se faire aimer de tous ses compagnons. Tout ce qu'il eut, il le donna, et par la main d'un autre afin que Dieu seul connût ses bonnes œuvres. Il subit le sort commun et fut obligé, à trois reprises, de quitter la solitude si chère à son cœur. La dernière fois en 1679, il se retira à Pomponne avec M. de Sacy. Les deux cousins vivaient là depuis cinq ans dans le recueillement et la prière, quand la mort vint les séparer en emportant presque subitement son cher compagnon. La perte de la Mère Angélique de Saint-Jean, sa sœur, qui partit trois semaines après, l'affecta si profondément qu'il ne lui survécut que douze jours. Il mourut à Pomponne le 10 février 1684, âgé de soixante et un ans. Son corps, apporté à l'Abbaye, reposa auprès de celui de son père jusqu'en 1711. A l'exhumation, on le transporta à Palaiseau avec les autres de sa famille, comme nous l'avons rapporté en son lieu.

M. de Luzancy avait fait au monastère un legs de 10 000 livres. M. Hamon lui composa cette épitaphe :

HIC REQUIESCIT HENRICUS CAROLUS ARNAULD DE LUZANCY, QUEM IN AULA ET IN BELLO, PERICULOSIUS IN PACE TENTATUM, OMNIBUS MUNDI ET CARNIS PERICULIS, ADHUC ADOLESCENTEM GRATIA CHRISTI FECIT SUPERIOREM. CUM IN BELLO HOC CHRISTIANO NON SUIS VIRIBUS VICTOR, SAPIENTER INTELLEXISSET, GRATIAS DEO SATIS MAGNAS REDDI NON POSSE, PIE GRATUS, IN SOLLITUDINEM SECESSIT INNOGENTIÆ CONSERVATRICEM, IN QUA PER QUADRAGINTA ANNOS CHRISTO MILITAVIT, AB OMNI SECULI CURA ET SOLLICITUDINE ALIENUS. RIGIDUM ILLI FREQUENSQUE JEJUNIUM ET QUOTIDIANA SOBRIETAS JEJUNIO PAR. ORATIO QUÆ ILLI ERAT IN DELICIIS, SEMPER AUT QUIESCENTIS NEGOTIUM FUIT, AUT SOLATIUM LABORANTIS. PUPILLORUM MAXIMAM CURAM HABUIT, QUOS OMNI HUMANO OPE DESTITUTOS, OCCULTA LIBERALITATE PER ALIOS, UT IPSE LATERET, SUBLEVABAT. IN PAUPERIBUS ÆGROTIS CHRISTUM OCULIS FIDEI ASSIDUUS CONSOLATOR, INTUEBATUR, ILLORUM MORBIS, RES NECESSARIAS SUBMINISTRANDO, AD PROPRIAM SALUTEM UTEBATUR, ET QUI VIVOS ELEEMOSYNIS FOVEBAT, MORTUOS ULTIMIS CHRISTIANÆ PIETATIS PROSEQUEBATUR OFFICIIS. OBIIT IV IDUS FEBR. ANNI MDCLXXXIV AN. NATUS 61

REQUIESCAT IN PACE

Par M. Hamon.

Ici repose Henri-Charles Arnauld de Luzancy, s'étant vu exposé à toutes les tentations du monde et de la chair, tant à la Cour qu'à la guerre et plus dangereusement encore pendant la paix, la grâce de Jésus-Christ l'en rendit victorieux, lorsqu'il était encore tout jeune. Sorti avec avantage de ce combat chrétien, non par ses propres forces, mais par le secours tout-puissant de Dieu, il comprit sagement qu'il ne pouvait lui en rendre d'assez grandes actions de grâces. Pénétré de cette pieuse reconnaissance, il alla se cacher dans la solitude, asile assuré contre la corruption. Là, dégagé de tous les soins et de tous les embarras du siècle, il passa quarante ans au service de Jésus-Christ. La tempérance qu'il garda tous les jours de sa vie égalait la fréquence et l'austérité de ses jeûnes. La prière, qui faisait ses délices, lui servait d'occupation dans ses loisirs et de délassement dans ses travaux. Il prit un soin particulier des orphelins abandonnés et destitués de tout secours; leur faisant passer en secret ses libéralités par des mains étrangères afin de ne pas être découvert. Consolateur assidu des pauvres malades, il voyait Jésus-Christ en eux par les yeux de la foi, et il pourvoyait à son propre salut en leur donnant dans leurs maladies tout ce dont ils avaient besoin. Charitable envers les vivants qu'il faisait subsister par ses aumônes, il ne l'était pas moins envers les morts à qui il se faisait un mérite de rendre les derniers devoirs de la piété chrétienne.

Il mourut le 10 février 1684, âgé de 61 ans.

Qu'il repose en paix.

XIII

Messire Nicolle de Lespine, 1545.

Un enfant de Magny-Lessart qui n'a rien de commun avec Nicole de Port-Royal. C'est donc à tort que sa tombe a été dressée entre celles de MM. d'Andilly et de Luzancy. Nicolle, après avoir exercé le ministère dans quelque paroisse, est revenu mourir au milieu des siens et a été inhumé dans l'église en faveur de laquelle il a fait une fondation. L'acte de cette fondation, gravé sur la pierre, se trouve dans les fonts baptismaux en face à gauche collée au mur.

La tombe de Nicolle de Lespine porte l'effigie d'un prêtre vêtu des ornements sacerdotaux et tenant en mains un calice. Aux quatre angles, quatre médaillons et autour cette épitaphe en lettres gothiques :

Cy gist vénérable et discrète personne, M. Nicolle de Lespine, prêtre natif de Magny-Lessart, demeurant audit lieu, lequel trépassa le xviie jour de décembre mil cinq cent quarante cinq. — Priez Dieu pour lui.

XIV

Un curé de Magny-Lessart, xiiie siècle.

A gauche de la pierre de Nicolle de Lespine, le plus ancien monument qui concerne spécialement la paroisse de Magny. C'est une tombe presque contemporaine de la fondation de l'Abbaye de Port-Royal. Elle représente, sous un arc trilobé, un prêtre en habits sacerdotaux, aube, chasuble ronde relevée sur les bras, étole et manipule, les mains jointes. L'effigie, d'une grande pureté de lignes et d'un beau dessin, est bien conservée. L'inscription, dont on ne lit que quelques mots en capitales gothiques qui permettent de retrouver le sens général, indique le xiiie siècle. Malheureusement l'angle supérieur gauche manque et c'est là précisément qu'était gravé le nom du personnage : un curé de Magny-Lessart, comme l'indique le mot *curatus* qui se lit le premier sur l'épitaphe que voici :

..... *Curatus..... nomine dict..... quondam. Sum solitus vilis nunc et pede tritus.... mortuus..... corporis in membris octava luce novembris..... vitæ sol..... animæ......*

..... Curé appelé autrefois..... habitué maintenant à être méprisé et foulé aux pieds.... mort le huit novembre..... de la vie.. .. de l'âme.....

XV

Robert Arnauld d'Andilly, 1674.

J'ai tracé dans l'histoire avec trop de détails la vie de ce vénérable patriarche de Port-Royal pour qu'il soit besoin d'y revenir ici; rappelons-nous que M. d'Andilly a joué un rôle considérable à l'Abbaye et que pendant de longues années il fut le personnage obligé de toutes les scènes heureuses ou néfastes qui se succédèrent si rapidement et traversèrent l'existence des hôtes du saint Désert. Relisons, s'il le faut, les pages qui le concernent et après les avoir revues, nous comprendrons mieux la vérité du bel éloge que voici :

*SVB SOLE VANITAS, SVPRA
SOLEM VERITAS*

Hic jacet Robertvs Arnavld d'Andilly, qvi cvm prvdentiæ civili innocentiam, pietati vrbanitatem, acris et excelsi ingenii præstantiæ simplicitatem, magnanimitatemqve hvmilitati conjvnxisset, arcto dissimillimarvm virtvtvm conjvgio vtraqve fortvna christiane fvnctvs ; pvblicorvm mvnervm diligentissima administratione insignis, qvæ prisca virtvte gessit, rei privatæ negligens, dvm pvblicæ consvlit ; qvibvsqve negotiis par ; otii sancti charitate impvlsvs, qvod illi magnæ dignitatis instar erat, avlæ et secvlo monasterii hvjvs solitvdinem prætvlit. In qva triginta annis sibi et deo vixit, omnibvs charvs, et omnes christiana charitate complexvs, cvm illi præcipvvm esset amare et amari, et ad id tam natvra qvam gratia conformatvs videretvr. Tandem plenvs diervm, svmmaqve senectvte fere non infirmior sed tantvm sapientior, et qvæ major lavs est, ervditæ senectvtis factvs pver christi advlta jam hvmilitate ; peritvra fastidiens , æternis intentvs, gravissimi morbi dolorem præ mortis gavdio tam expetitæ non sensit, firma in devm spe tvtvs, in qvo fortis erat deficiendo, et vivvs moriendo obiit annos natvs 85 die 27 septembris MDCLXXIV

Par M. Hamon.

Sur la terre tout est vanité,
Au ciel règne la vérité.

Ici repose Robert Arnauld d'Andilly, ayant su joindre l'innocence des mœurs à la politique, la piété à la politesse, la simplicité à l'excellence du bel esprit et l'humilité à la grandeur d'âme ; il se conduisit toujours en parfait chrétien, dans la faveur comme dans la disgrâce, qui reçurent l'une et l'autre un nouvel éclat par l'union de tant de vertus si difficiles à réunir. Capable de toutes sortes d'emplois, et déjà illustre par l'administration des charges publiques qu'il avait exercées avec une ancienne probité et une exactitude des plus scrupuleuses ; plein de vigilance pour les intérêts publics, au préjudice des siens propres, épris de l'amour d'une sainte retraite, qu'il regardait comme une condition avantageuse, il renonça au monde et à la Cour pour se retirer dans ce Monastère. Il y a vécu trente ans uniquement occupé de Dieu et du soin de son salut ; aimé de tout le monde et ayant pour tout le monde les entrailles d'une charité chrétienne ; car son caractère particulier, qu'il semblait tenir autant de la grâce que de la nature, était d'aimer et de se faire aimer. Enfin plein de jours, et, ce qui est encore le sujet d'un plus grand éloge, arrivé à une vieillesse consommée qui, loin d'affaiblir ses facultés n'avait fait que le rendre plus sage, il rentra par une parfaite humilité dans l'état d'un enfant, tel que le demande Jésus-Christ. Pénétré de mépris pour les choses de la terre, tout occupé des pensées de l'éternité, insensible aux douleurs d'une violente maladie par l'excès de sa joie à la vue de la mort qu'il avait désirée, soutenu par une ferme espérance en Dieu, qui le fortifiait dans sa défaillance et le rendait vivant dans la mort même, il mourut le 27 septembre 1674, âgé de 85 ans.

XVI

Béatrix de Dreux, abbesse de Port-Royal vers 1328.

La tombe de Béatrix de Dreux se trouve coupée par le milieu et il n'en reste que la partie supérieure. Cette abbesse était fille de Robert IV, comte de Dreux, et de Béatrix de Montfort. Sa sœur Yolande devint reine d'Écosse par son union avec Alexandre III, puis duchesse de Bretagne par son second mariage avec le duc Artus.

Béatrix fut élue abbesse vers 1316 et on suppose qu'elle est morte en 1328.

Sa tombe, qui la représente sous une arcature trilobée surmontée de deux anges tenant des encensoirs, était placée dans l'église de Port-Royal auprès de l'horloge dont les poids, par leur chute, ont effacé une partie de l'inscription gothique. Au-dessus de l'épaule droite on voit l'écusson de la maison de Dreux : *échiqueté d'or et d'azur, à la bordure de gueules.*

Cy gist Madame Béatris de Dreux — jadis abbesse de Porrois qui trépassa... notre Seigneur XV jours en may. — Priez pour l'âme de li.

Au-dessus de cette pierre, le marbre de Jean Besson avec son éloge — nous l'avons donné plus haut.

XVII

Guillaume Du Gué de Bagnolz, 1657.

C'est une grande et belle figure que celle de M. Du Gué de Bagnolz et assurément une des plus parfaites de Port-Royal. Possesseur d'une fortune considérable, occupant dans le monde une haute situation, tout semblait devoir l'attacher fortement au siècle. Il est bien difficile aux riches, dit le Sauveur, d'entrer dans le royaume du Ciel. M. de Bagnolz, frappé de cette parole qui ne s'adresse pourtant qu'aux mauvais riches, fit tout ce qu'il lui fut possible pour y arriver. Sa vie, véritable modèle de piété et de charité chrétienne, figurerait avec honneur dans un recueil des actes héroïques des serviteurs de Dieu.

Né à Lyon et doué des plus éminentes qualités de l'esprit et du cœur, Guillaume Du Gué de Bagnolz fut tout jeune pourvu d'une charge de Maître des Requêtes. La soif d'équité qui le dévorait, son amour de la justice devait bientôt le tirer d'un milieu où ces vertus sacrées sont trop souvent méconnues. Il n'avait que trente ans quand il perdit sa jeune épouse, qui n'en comptait que vingt-cinq, et ce coup terrible acheva de le déterminer. Il vendit sa charge, acheta le château de Saint-Jean des Trous proche Chevreuse pour y vivre en solitaire, s'y occuper uniquement de sa sanctification, de l'éducation de ses enfants et d'œuvres de bienfaisance.

Avant sa retraite, Du Gué de Bagnolz connaissait Port-Royal par M. Singlin dont les sermons l'avaient touché. Il vint à dessein se fixer dans les environs et fut, avec M. de Luynes, de Bernières, de Sévigné, un insigne bienfaiteur de l'Abbaye. Ses enfants, élevés avec d'autres jeunes gens de famille nobles mais pauvres, eurent pour maîtres les maîtres de Port-Royal. Il confia sa fille aux religieuses qui l'instruisirent dans la science et la piété jusqu'à dix-huit ans. Pendant l'éducation de cette chère enfant, ce père vraiment chrétien demandait à Dieu qu'il lui inspirât le désir de se consacrer à son service dans le Monastère.

De son revenu se montant à 60 000 livres, M. de Bagnolz fit deux parts inégales : la plus grosse, c'est-à-dire 40 000 livres, devint la portion des pauvres ; le reste dut suffire pour sa maison, l'instruction de ses enfants et ses aumônes de chaque jour. Il avait coutume de dire que, quelque abondantes que soient les aumônes, elles ne le sont pas assez pour payer les dettes que nous avons contractées envers Dieu par nos prévarications.

Lorsque surgirent les premières difficultés à l'occasion de la signature du Formulaire, le solitaire de Saint-Jean des Trous usa de toute l'influence qu'il avait conservée dans le monde pour les aplanir. Il courait à Paris, revenait à Port-Royal, consultait les théologiens en renom, rédigeait des mémoires, visitait les prélats, provoquait des conférences, en un mot mettait tout en œuvre pour éclairer sa conscience, celle de ses amis et de ses adversaires. C'est pendant ces courses incessantes et dans l'ardeur de cette controverse qu'il tomba malade chez M. de Bernières. Le mal prenant une tournure inquiétante, M. Singlin parut à son chevet pour le consoler. On lui administra les derniers sacrements et cet homme de bien, dans la force de l'âge, entra dans son éternité le 15 mai 1657, n'ayant que quarante et un ans.

M. de Bagnolz avait demandé de reposer à Port-Royal. On accéda d'autant plus volontiers à son désir qu'il méritait cet honneur à plus d'un titre. Il avait donné à l'Abbaye 40 000 livres pour la reconstruction du cloître et lui laissait 6 000 livres de rente afin de lui permettre de recevoir à la profession des jeunes filles pauvres des biens de la fortune mais riches d'une sérieuse vocation.

En 1711, son corps fut transporté à l'église de Saint-Jean des Trous et quand on l'exhuma de Port-Royal, il se produisit un phénomène bien extraordinaire. Le cercueil de plomb s'étant dessoudé, il en sortit la valeur d'une pinte de sang parfaitement limpide et sans aucune odeur désagréable. On l'ouvrit; le visage était très bien conservé. En 1735, quand on le tira de l'église pour le placer dans le caveau de famille, il n'était pas davantage changé; enfin, en 1752, c'est-à-dire cent ans après sa mort, on constata une troisième fois qu'il était dans un parfait état de conservation.

Sa pierre, ornée en haut des armes du défunt qui sont : *d'azur au chevron, accompagné de trois étoiles surmontées d'un casque à crinière, le tout d'or;* en bas, d'un bénitier croisé de deux torches enflammées et aux angles de quatre têtes de mort, porte l'inscription suivante :

HIC SITVS EST GVILLELMVS DVGVÉ DE BAGNOLZ, LIBELLORVM SVPPLICVM MAGISTER QVI SÆCVLARIBVS ORNAMENTIS ILLVSTRIS, MOX SÆCVLI CONTEMPTV ILLVSTRIOR; CHARITATIS ARDORE, PAVPERVM CVRA, VIDVARVM DEFENSIONE, SANCTA IMPRIMIS ET PROVIDA LIBERORVM EDVCATIONE INSIGNIS, OMNIBVS DENIQVE CHRISTIANÆ PIETATIS ET VIVENS ET MORIENS PERFVNCTVS OFFICIIS. OBIIT ANNO ÆTATIS XLI, XV MAII MDCLVII. TV EI BEATAM ÆTERNITATEM QVAM SEMPER IN MENTE HABVIT, OPTA, LECTOR, ET ADPRECARE.

Par M. Hamon.

Ici repose Guillaume Du Gué de Bagnolz, maître des requêtes. Déjà illustre par tous les avantages éclatants qu'on trouve dans le monde, il le devint encore plus par le mépris qu'il en fit. L'ardeur de sa charité, le soin qu'il prit des pauvres, la protection qu'il accorda aux veuves, et surtout la sainte éducation qu'il eut soin de procurer à ses enfants, ajoutèrent un nouveau relief à son mérite. En un mot, sa vie et sa mort furent marquées par toutes les œuvres de la piété chrétienne. Il mourut le 15ᵉ jour de mai 1657 la quarante-unième année de son âge. Vous qui lisez ceci, priez Dieu qu'il lui accorde la bienheureuse éternité qu'il eut toujours dans le cœur.

XVIII

Messire Gilles Dupoil, curé de Magny, xvıᵉ siècle.

Cette pierre avec l'effigie d'un prêtre revêtu des habits sacerdotaux est de l'époque de celle de Nicolle de Lespine. Elle est sans doute d'un curé de Magny. L'effigie sous un arc plein cintre soutenu par deux pilastres à chapiteaux est usée à la partie supérieure et l'épitaphe en gothique est indéchiffrable, sauf le nom du défunt : *Gilles Dupoil,* qui se lit en haut à droite du spectateur.

XIX

Jeanne de la Fin (la nièce), abbesse, 1558.

Cette dalle, très effacée, est attribuée à Jeanne de la Fin, la nièce, abbesse de Port-Royal, parce que le millésime

MDLVIII en lettres gothiques du xviᵉ siècle se lit encore à gauche du spectateur en haut et que l'effigie représente une religieuse vêtue de la coule, sorte de manteau à larges manches, introduite par elle à Port-Royal.

Deux abbesses, la tante et la nièce, portent le nom de Jeanne de la Fin. — La tante gouverna le Monastère pendant quarante-cinq ans. Elle se démit de sa charge en faveur de sa nièce et vécut longtemps encore après cette démission. Cette abbesse, très régulière et fort religieuse, administra sagement le temporel de la Maison, remit de l'ordre dans les titres égarés, revendiqua les biens dont on s'était emparé à la faveur des guerres continuelles de cette époque. Elle mourut en 1522.

Jeanne de la Fin, la nièce, administra pendant près d'un demi-siècle et augmenta considérablement le domaine de l'Abbaye. Elle répara l'église, construisit le clocher, plusieurs bâtiments et orna le chœur de stalles superbes en chêne massif. Elle acheta la plus grande partie des terres des Granges, les fermes de Vaumurier et de Champ-Garnier, etc. Elle modifia le costume, ajoutant au grand manteau, s'ouvrant par devant, la coule dont nous venons de parler, et mourut en 1558. La tante et la nièce ont gouverné Port-Royal durant quatre-vingt-neuf ans.

ÉPITAPHE DE JEANNE DE LA FIN LA TANTE

Ci gist religieuse et noble dame, sœur Jeanne de la Fin, religieuse de Bonlieu de l'ordre de Cîteaux au diocèse de Lyon, qui fut abbesse de ce Monastère de Port-Royal l'espace de 45 ans, et depuis qu'elle eut cédé à sœur Jeanne de la Fin, sa nièce, survéquit et mourut le 4 de décembre 1522. — Priez Dieu qu'il lui fasse mercy.

ÉPITAPHE DE JEANNE DE LA FIN LA NIÈCE

Ci gist noble et dévote dame, Madame Jehanne de la Fin, humble abbesse de céans, comme il appert par les épitaphes ci-devant attachez. — Priez Dieu pour son âme.

La fin couronne l'œuvre.

XX

Lucresse Besson, 1687.

Lucresse Besson, sœur du curé du même nom, bien que n'ayant pas habité Port-Royal, lui appartient par son esprit de piété, d'humilité et de pauvreté. Digne sœur d'un digne frère, la nature et la grâce les avaient doublement unis en enrichissant leurs âmes des dons les plus précieux et en leur inspirant les mêmes sentiments de charité pour les pauvres, la même compassion pour ceux qui souffrent et qui pleurent.

Lucresse Besson, née en Anjou, était venue habiter ici parce que son mari, occupé à la Cour, se trouvait à proximité de Versailles, ce qui lui permettait de vaquer à son emploi. D'autre part, son frère l'attirait à Magny et il était tout naturel qu'elle vînt s'établir auprès de lui. L'abbé Besson parle en termes émus de la vie et de la mort de celle qu'il aimait. C'est un éloge simple, sans phrases et partant conforme à la vérité.

Le vendredi 21 mars mil six cent quatre-vingt-sept, fête de saint Benoist, mourut entre cinq et six heures du soir, damoiselle Anne-Lucresse Besson, épouse de Gabriel Amoureuse, escuyer, sieur des Landes en Anjou, âgée de quarante-deux ans et demi moins trois jours. La Providence l'ayant conduite en ce lieu icy pour obéir à son mari qui était occupé à la Cour, Dieu luy a fait miséricorde de n'y chercher que luy seul, de n'avoir de joie qu'à servir à l'Église et aux pauvres et avancer de plus en plus dans la pauvreté de Jésus-Christ et le mépris de soy-même. Elle fut enterrée le samedi, sur les cinq heures du soir sans aucune tenture; n'y ayant pour tout luminaire autour du corps que deux bouts de cierge, et à l'entrée du cimetière, y ayant été apportée sans cercueil et dans la bierre des pauvres ainsi qu'elle l'avait demandé avec instance, afin, disait-elle, d'être toujours sous les pieds de tout le monde et qu'il n'y eût rien en sa sépulture où elle ne confessât jusqu'à sa mort le néant où elle se trouvait devant Dieu. Quoique toute la paroisse ait assisté à sa sépulture, jusqu'aux gens de travail et surtout les pauvres qui témoignaient ne pouvoir assez la pleurer, son mari et ses parents étant en Anjou, il n'y en a eu aucun que nous, curé, qui ait signé sur le registre.

(Extrait du Registre paroissial.)

Sur sa pierre, ornée d'un écusson portant ses armes, surmonté d'un casque à lambrequins, on lit l'inscription suivante qui n'est guère que la répétition de ce que je viens de transcrire :

Cy gist Damoiˡˢ Anne Lucresse Besson épouse de Gabriel Amoureuse Vernus esc. Sʳ des Landes en Anjou laquelle passa ici les dernières années de sa vie dans la prière et dans un grand amour pour la pauvreté de Jésus-Christ. Elle eust toujours une si grande charité pour les pauvres qu'elle regardait comme rien d'exposer tous les jours le peu de santé qu'elle avait pour les servir dans leurs maladies. Elle a demandé a la mort qu'on ne portast son corps a l'église que dans la bière des pauvres, qu'il n'y eut pour tout luminaire que deux cierges aux côtés de la croix et qu'on l'enterrat sans cercueil a l'extrémité du cimetière afin, disait-elle, d'être toujours sous les pieds de tout le monde et qu'il n'y eust rien en sa sépulture qui ne confessat, même après sa mort, le néant qu'elle se trouvait devant Dieu. Elle mourut le 21 mars 1687 le jour de la fête de Sᵗ Benoist pour la règle duquel elle avait une vénération particulière.

Priez Dieu pour le repos de son âme.

XXI

Bouchard IV de Marly, 1297.

Les deux monuments qui se dressent à droite et à gauche de la porte principale sont assurément les mieux conservés et les plus beaux de Port-Royal. Leur dimension, la pureté du dessin, la netteté des lignes, le fini des détails, permettent de les classer parmi les morceaux les plus précieux de l'art funéraire du Moyen Age. Pour s'en convaincre, il suffit de jeter les yeux sur les figures 6 et 7 qui les reproduisent.

Bouchard IV appartient à la grande famille des Montmorency-Marly. — Ses ancêtres, Mathieu Ier et Mathilde de Garlande, fondèrent le Monastère. Son arrière-grand-père, Bouchard Ier, époux de Mathilde de Châteaufort, obtint de l'évêque de Paris l'érection du Monastère en Abbaye et l'enrichit de plusieurs terres et rentes sur ses domaines. Ce Bouchard Ier était père de saint Thibauld de Montmorency-Marly, élu abbé des Vaux-de-Cernay en 1235, qui fut aussi supérieur de Port-Royal. Bouchard IV, dont nous parlons, avait pour père Mathieu IV de Marly, grand chambellan de France, et pour mère Marguerite de Lévis. Il trépassa, jeune encore, le 9 mars 1297 et choisit l'église de Port-Royal pour lieu de son dernier repos. On l'enterra devant le maître-autel du côté de l'épître.

Il est représenté, sur sa tombe, la tête nue, les mains jointes, vêtu d'une cotte, ceint d'une épée croisée au pommeau et portant sur la jambe gauche l'écu aux armes des Montmorency : *d'or à la croix de gueules cantonnée de quatre aiglettes ou alérions d'azur*. Sous ses pieds, cachés par le banc, est un lévrier. La tête est encadrée par un arc ogival trilobé supporté par des colonnettes à chapiteaux feuillagés. Dans le tympan, deux anges agitent des encensoirs.

Au pourtour se lit l'inscription suivante en lettres gothiques :

Anno Domini millesimo ducentesimo nonagesimo septimo, idus martii, obiit dominus Bouchardus miles, quondam dominus de Marliaco, cujus anima per misericordiam Dei requiescat in pace. Amen.

L'an du Seigneur 1297, le 9 mars, mourut Bouchard chevalier, autrefois seigneur de Marly. Que par la miséricorde de Dieu, son âme repose en paix. Amen.

XXII

Marguerite de Lévis, 1327.

De l'autre côté de la porte et faisant pendant à la précédente, la magnifique tombe de Marguerite de Lévis, mère de Bouchard IV, qui lui survécut trente ans.

Marguerite de Lévis, fille de Gui Ier de Lévis, maréchal de la Foi, fondateur de l'abbaye de la Roche [1], épousa Mathieu IV de Marly, grand chambellan de France, dont elle eut six garçons. Trois de ses sœurs : Philippe, Catherine et Yolande, firent profession à Port-Royal dont Philippe devint abbesse. Après la mort de son mari, Marguerite de Lévis se retira au Monastère, où elle mourut le 15 avril 1327. On l'enterra en habits de religieuse auprès de son fils.

Sa pierre la représente sous un arc trilobé avec colon-

---

1. La Roche est aujourd'hui convertie en École d'horticulture pour les orphelins d'Élancourt.

Fig. 6. — Pierre Tombale de Bouchard IV de Marly.

Fig. 7. — Pierre Tombale de Marguerite de Lévis.

nettes, contreforts et pinacle. Deux anges emportent son âme et deux autres tiennent des encensoirs. On y lit l'inscription en vers que voici :

> Anno MC *bis*, LX *bis*, V semel 1 *bis*
> Hic requiescit ibi post cujus nomen habebis,
> Margarita fuit Mathæi Malliacensis
> Uxor et hanc genuit generosus Guido Levensis,
> Sex parit ista mares, vir obit, petit hæc moniales,
> Intra claustrales elegit esse Lares.
> In requie multa sit nonnæ veste sepulta;
> Luceat æterna sibi lux in pace superna.

L'an 1327.

Ici repose Marguerite, épouse de Mathieu de Marly et fille du vaillant Gui de Lévis. Elle donna le jour à six fils et après la mort de son mari se retira dans le Monastère pour y finir ses jours. On l'enterra dans l'habit des religieuses. Que la lumière éternelle luise pour elle au céleste séjour. Amen.

XXIII

Agnès de Sainte-Thècle Racine, abbesse, 1700.

Transportons-nous maintenant aux fonts baptismaux. Huit pierres de petite dimension sont dressées là, quatre de chaque côté. La première à droite en haut, aux trois quarts effacée, est celle d'Agnès de Sainte-Thècle Racine. Cette abbesse du soleil couchant de Port-Royal n'a pas le seul mérite d'être la tante du grand poète, ce qui serait un faible titre de gloire. Son meilleur est qu'elle fut une religieuse, intelligente et pieuse, une abbesse digne de commander à une Maison plus prospère.

Si on se rappelle ce qui a été dit précédemment, c'est par les solitaires réfugiés à la Ferté-Milon que les familles Des Moulins et Racine connurent Port-Royal. La tante d'Agnès, Suzanne des Moulins, religieuse professe, la fit venir dès l'âge de neuf ans pour y être élevée comme pensionnaire. Devenue grande, Agnès Racine ne quitta pas l'Abbaye. Elle y prit le voile et l'habit sans avoir connu le monde puisqu'elle l'avait quitté avant d'en savoir les dangers. Sa régularité, sa piété, sa douceur, l'appelèrent fort jeune aux charges de la Maison dans ces temps difficiles et fâcheux, funestes avant-coureurs du désastre suprême. Elle était prieure depuis quinze ans, quand on l'élut abbesse. La Supérieure introduisit une réforme qui en d'autres temps eût produit un excellent résultat. Les entrées, les allées et venues au Monastère, des personnes du dehors, se multipliaient trop à son gré; elle y mit ordre en les supprimant. Les visiteurs, sous des apparences de piété, n'étaient pas toujours animés d'intentions droites et pures. De plus, ces rapports fréquents avec le monde présentaient le grave inconvénient de relâcher les liens de la discipline et d'affaiblir la ferveur. Les sœurs quelquefois regardaient en arrière et se montraient moins fidèles à leur vocation.

M. Eustace, confesseur, approuva cette détermination et la justifia auprès de ceux des amis qui la trouvaient excessive.

Agnès de Sainte-Thècle Racine gouverna pendant douze ans et rendit son âme à Dieu le 19 mai 1700, âgée de 74 ans, on l'enterra dans le bas-côté gauche du chœur avec cette épitaphe :

HIC
IN PACE
DORMIT ET
REQUIESCIT PACIS
AMANTISSIMA R. M.
AGNES A SANCTA THECLA
RACINE, III KAL. SEPTEMBRIS AN.
1627 HUIC MUNDO NATA ET
RENATA CHRISTO; SPONSO VIRGINUM
VIRGINITATEM VOVIT ANNO 1648
HAC IN DOMO IN QUA AD PIETATEM A TENERIS INFOR-
MATA EST. ASSUMTIS, UT AIT S. P. BENEDICTUS FORTIS-
SIMIS ATQUE PRÆCLARIS ARMIS, ITA DEO OMNI
TEMPORE DE BONIS SUIS IN SE PARUIT; ET PER DIVERSA
ET GRAVIA DOMUS DEI OFFICIA MIRUM ADEO FUIT
PIETATIS, MODESTIÆ, HUMILITATIS ATQUE
REGULARIS OBSERVANTIÆ EXEMPLUM, UT DIG-
NA HABITA SIT QUÆ PREPOSITA, INDE
ET ABBATISSA DELIGERETUR, QUIBUS
IN GRADIBUS PER 26 ET AM-
PLIUS ANNOS IN BONA
ET SANCTA CONVERSATIONE
SORORIBUS PRÆFULSIT!
OBIIT XIV KAL.
JUNII AN.
1700

Par M. Tronchon.

Ici repose, dans le sein de la paix qu'elle aima passionnément, la Révérende Mère Agnès de Sainte-Thècle Racine. Étant née le 3o août 1627, elle fut baptisée le même jour, et en 1648, fit profession dans ce Monastère où, dès son enfance, elle avait été formée à la piété. Ayant pris en main, selon la règle de Saint-Benoist, les nobles et puissantes armes de l'obéissance, elle se rendit toujours si parfaitement fidèle à Dieu dans les grâces qu'il lui départit et donna, dans divers emplois considérables du Monastère, des exemples si admirables de piété, de modestie et d'exactitude aux exercices réguliers qu'elle mérita d'être élue prieure et ensuite abbesse. En l'une et l'autre qualité, elle gouverna cette Maison pendant plus de vingt-six ans avec une conduite aussi sainte que pleine de douceur envers ses filles. Elle mourut le 19 mai 1700.

XXIV

Christophe et Bernard Le Couturier et Jeanne Brigalier, 1685.

Christophe Le Couturier, gentilhomme ordinaire de Mademoiselle de Montpensier, et Jeanne Brigalier, sa femme, moururent les 13 et 31 mars 1685.

Pierre-Bernard Le Couturier, leur fils, également gentilhomme de Son Altesse Royale, devait transporter à Port-Royal leurs cœurs réunis. Mais une maladie de langueur l'empêcha de réaliser son pieux dessein. En attendant qu'il se rétablît, il fit placer le précieux dépôt en l'église de Saint-Jacques-du-Haut-Pas, sa paroisse. Malheureusement ses jours étaient comptés, et neuf mois après ses parents, Pierre-Bernard mourait à son tour, le 13 décembre 1685. Pour se conformer à son vœu le plus cher, on réunit son cœur à ceux de son père et de sa mère et on les apporta à Port-Royal le 8 mai 1686.

Les trois cœurs, enfermés ensemble, reposent maintenant dans le caveau près de l'autel de la sainte Vierge, et sur leur pierre on lit gravée l'épitaphe qui suit :

D. O. M.

HIC CONDITA SUNT TRIA CORDA, NATURA, CHARITATE ET CONCORDIA ERGA HOC CŒNOBIUM AMORE INTER SE CONJUNCTISSIMA, QUÆ A SÆCULI SERVITUTE IN CHRISTI LIBERTATEM DIU ANTE VINDICATA, UNUS ANNUS, UNO TUMULO IN SPEM BEATÆ RESURRECTIONIS CONCLUSIT : UNUM CHRISTOPHORI LE COUSTURIER, QUI FUIT NOBILIS ASSECLA PRINCIPIS REGIÆ MONTPENSERIÆ : ALTERUM JOANNÆ BRIGALIER CONJUGIS DILECTISSIMÆ, QUÆ CUM MATURE MARITO PER VITÆ SANCTIORIS EXEMPLA PRÆLUXISSET AD PIETATEM, PAUCIS DIEBUS PRÆIVIT AD VITAM ÆTERNAM ÆRUMNIS VITÆ DEFUNCTA III IDUS MARTII; CUJUS EXEMPLA MARITUS PER ANNOS BENE MULTOS FRATERNAM CUM EA ET CÆLIBEM VITAM AGENS, SECUTUS; TANDEMQUE PRÆSERTIM DEI ET PAUPERUM AMORE ET CHRISTIANA LIBERORUM EDUCATIONE PROPE SUPERANS, MOX ET CHRISTIANA MORTE ADJUNCTUS EST AD PROEMIUM PRIE. KAL. APRIL. QUIBUS TERTIUS ACCESSIT FILIUS PETRUS BERNARDUS, QUI CHRISTIANÆ INSTITUTIONIS DEPOSITO SANCTE SERVATO, IDIB. DECEMBRIS EJUSDEM ANNI MDCLXXXV, IN DOMINO MORIENS, DILECTISSIMIS PARENTIBUS COR SUUM ADJUNGI PRÆCEPIT. REQUIESCANT IN PACE.

Par M. Hamon.

Ici reposent trois cœurs entre qui les liens de la nature, ceux de la charité et l'affection qu'ils portaient à ce Monastère, avaient formé une parfaite union. Depuis longtemps affranchis de l'asservissement du siècle et participants de la liberté de Jésus-Christ, une même année les vit inhumés dans le même tombeau où ils attendent la bienheureuse résurrection. Le premier est celui de Christophe Le Cousturier, gentilhomme ordinaire de Son Altesse Royale Mlle de Montpensier; le second, de Jeanne Brigalier, sa chère épouse, qui dès le commencement, par une conduite toute sainte, lui ayant servi de modèle pour la piété, le précéda de peu de jours à la gloire du ciel, étant morte le 13 mars. Le mari, de son côté, fidèle à imiter ses exemples, vécut avec elle comme avec sa sœur plusieurs années en continence. Il fut aussi très recommandable par l'éducation chrétienne qu'il eut soin de procurer à ses enfants, son amour envers Dieu et envers les pauvres; une mort chrétienne les réunit bientôt, le 31 du même mois, dans la possession d'une commune récompense.

A ces deux cœurs il faut ajouter celui de leur fils, Pierre-Bernard, qui, ayant gardé saintement le dépôt d'une éducation chrétienne, mourut dans le Seigneur le 13 décembre de la même année et ordonna que son cœur serait inhumé avec ceux de ses chers parents.

Qu'ils reposent en paix.

XXV

Messire Charles Hillerin, 1669.

Curé de la riche paroisse de Saint-Merry, jouissant d'une belle fortune personnelle outre les revenus de sa charge et autres bénéfices, M. Hillerin menait presque le train de maison d'un grand seigneur. Son équipage éclaboussa plus d'une fois le pauvre qu'il aurait dû consoler. Spirituel, enjoué, prêchant à merveille, ses paroissiens l'avaient en grande estime, car sa vie, très peu austère, il est vrai, mais fort honnête selon le monde, ne scandalisait personne. A la tête de ses amis, et son meilleur, il faut placer M. d'Andilly. C'est par lui que le curé de Saint-Merry entra en relation avec M. de Saint-Cyran. Il le visita souvent dans sa prison de Vincennes et ne tarda pas, comme tant d'autres, à subir la fascination qu'exerçait autour de lui cet homme étrange. Bientôt après, M. Hillerin résolut de réformer sa vie. Il vendit son équipage, congédia ses valets, quitta les salons du riche pour la mansarde du malheureux et remplit avec zèle les offices d'un vrai pasteur. Engagé dans la voie étroite et ne voulant pas s'arrêter en chemin, il songea à se démettre de sa cure et à se retirer dans quelque solitude. La lutte fut longue et difficile entre le vieil homme qui lui disait de rester et l'homme nouveau qui l'engageait à partir. M. de Saint-Cyran était mort et M. Singlin n'osait se prononcer catégoriquement; en même temps, le fonds d'orgueil qui repose dans l'âme des plus humbles, un reste d'amour-propre, des amis nombreux, persuadaient au digne curé que Dieu le voulait à la tête de sa paroisse et qu'il ferait là plus de bien que partout ailleurs. Enfin l'homme nouveau l'emporta, et le jour de la Purification, 1643, le pasteur monta en chaire, fit ses adieux, remit ses fidèles à la garde du successeur qu'il s'était choisi et se retira en Poitou au prieuré de Saint-André qui lui appartenait. M. Hillerin emmena avec lui un vertueux ecclésiastique qui partageait ses goûts, et un jeune homme que nous connaissons : M. Fontaine. Cet austère pénitent se condamna en silence, s'interdit toutes les fonctions du ministère, ne se croyant plus digne de faire même le catéchisme aux enfants.

M. Hillerin manqua cependant quelquefois à la règle qu'il s'était imposée, quittant sa retraite, qui dura vingt-cinq ans, pour aller à Angers voir l'évêque Henri Arnauld, venir à Paris, descendre à Port-Royal, y resserrer les liens d'amitié et de charité chrétiennes qui l'unissaient aux solitaires du vallon.

M. Baudry d'Asson, gentilhomme du Poitou dont nous parlerons ci-après, est un de ses fils spirituels et c'est lui qui adressa à Port-Royal le nouveau converti. Il y amena également le jeune Fontaine qui ne trouvait pas, au fond de sa province, ce qui convenait à la culture de son esprit et à l'ardeur de son intelligence. M. Hillerin tomba malade pendant un voyage qu'il fit à Paris en 1669. On l'enterra à Saint-Jacques-du-Haut-Pas aux pieds de M. de Saint-Cyran. Son cœur destiné à Port-Royal reposa dans l'église.

Sur sa pierre aux trois quarts effacée, qui se trouve sous celle de la Mère Racine, on lisait l'épitaphe suivante que je reconstitue à l'aide du Nécrologe :

Hic depositvm est
cor
Caroli d'Hillerin olim parochi S. Mederici, qvi cvm magno omnivm plavsv annvntiaret evangelivm, memor domini Jesv qvi cœpit facere et docere, raro sed vtili exemplo, ad originem fidei reversvs pænitentiam agere malvit qvam prædicare. Cvm Devm elegit ad qvietem solitvdinis vocantem, a mvndo abjectvs est, et amissa[1] plvsqvam sexdecim millia librarvm annvi reditvs, vt frvctvosior esset amor pavpervm damno conjvnctvs, si damnvm est amittere peritvra et perdentia. Tanti beneficii recordatio nvnqvam intermissa, et sæpe cvm lacrymis fidei et charitatis memorabat qvantvm Deo deberet, qvi tam vili et tam facili jactvra contentvs, regnvm cœlorvm obtvlerat non merenti. Obiit 14 april.
1669.

Par M. Hamon.

1. Il aurait fallu écrire *amisit* et non *amissa.*

Ici repose messire Charles d'Hillerin, ci-devant curé de Saint-Merry. Au milieu de l'applaudissement général que tout le monde donnait à ses prédications, se souvenant que le Seigneur Jésus a commencé par agir avant que d'enseigner, il aima mieux pratiquer la pénitence que de l'annoncer aux autres; remontant, par cet exemple aussi rare qu'avantageux, aux premiers principes de la foi. Ayant obéi à la voix de Dieu qui l'appelait au repos de la solitude, il tomba dans le mépris du monde et perdit plus de seize mille livres de rente, ce qui rendit plus méritoire son amour pour les pauvres étant suivi de cette perte, si toutefois on peut appeler perte la privation des choses qui doivent périr et que perdent tous les jours ceux qui les possèdent. Il avait un souvenir continuel d'une si grande faveur, et se rappelait souvent avec larmes, dans l'ardeur de sa foi et de sa charité, combien il était redevable à Dieu de s'être contenté de si peu de chose et de lui offrir le ciel sans l'avoir mérité.

Il mourut le 14 avril 1669.

XXVI

Messire Emmanuel Le Cerf, prêtre de l'Oratoire, 1674.

Ouvrier de la dernière heure, Emmanuel Le Cerf se retira dans la solitude à l'âge de soixante-douze ans. Pourtant sa vie ne s'était point écoulée dans l'oisiveté, sans produire des œuvres de sanctification et de salut. Il se considérait néanmoins comme un serviteur inutile et se hâta de racheter par la rigueur de sa pénitence les ignorances de sa jeunesse et les illusions de son âge mûr.

Emmanuel Le Cerf, de l'Oratoire, disciple du cardinal de Bérulle qui l'avait appelé aux saints Ordres, occupa dans la Congrégation naissante des postes importants et prêcha avec succès la vérité évangélique. Il édifia par sa vie exemplaire plusieurs paroisses qui lui furent confiées;

mais craignant, comme dit l'Apôtre, d'être reprouvé après avoir longtemps prêché le salut aux autres, il renonça à son emploi et vint s'enfermer à Port-Royal. A partir de ce moment, il s'interdit la célébration du sacrifice de l'autel, se réduisit à la communion laïque et édifia tout le monde par sa profonde humilité. Quand il mourut, après quatre ans de pénitence, il demanda comme une faveur qu'on l'ensevelît dans le plus mauvais drap de la maison et qu'on l'enterrât comme un laïque dans le cimetière du dehors. Les deux premières lignes de son épitaphe sont complètement mutilées à l'aide d'un ciseau, le reste se lit sans trop de difficulté.

HIC JACET EMMANUEL LE CERF, QUI CUM MAJOREM VITÆ PARTEM ERUDIENDIS POPULIS CONSUMPSISSET, VITAM EVANGELICAM EVANGELICÆ PRÆDICATIONI ANTEPONENDAM RATUS, UT SIBI MORERETUR, QUI ALIIS TANTUM VIXERAT, AD PÆNITENTIAM ACCURRIT SENEX, EO FESTINANTIUS QUO SERIUS, PONDUSQUE IPSUM SENECTUTIS QUO NIHIL AD PATIENDUM APTIUS ET VARIOS CORPORIS MORBOS IN REMEDIUM ANIMÆ CONVERSOS TANQUAM OPPORTUNUM ÆTERNITATIS VIATICUM AMPLEXUS, MORTEM HUMILIS, NEC SE JAM SACERDOTEM SED LAICUM GERENS, IN HOC QUIETIS PORTU EXPECTAVIT, QUÆ OBTIGIT FERE NONAGENARIO. OBIIT 8 DECEMBRIS 1674 ET IN CŒMETERIO PROPE CRUCEM SEPELIRI VOLUIT.

Requiescat in pace.

Par M. Hamon.

Fig. 8. — Pierre rappelant l'acte de fondation de Claude Rebours.

Ici repose messire Emmanuel Le Cerf, qui, ayant passé la plus grande partie de sa vie à instruire les peuples, crut devoir préférer la vie évangélique à la prédication de l'Évangile; afin que n'ayant jusque-là vécu que pour les autres, il ne songeât plus qu'à mourir. Il était déjà vieux lorsqu'il eut recours à la pénitence, qu'il embrassa avec d'autant plus d'ardeur qu'il commençait plus tard. Il sut profiter, comme d'un moyen favorable pour arriver à l'éternité, des infirmités de la vieillesse plus propres que toute autre chose à exercer la patience et faire servir les maladies corporelles à guérir les blessures de son âme. Ne se regardant plus et ne voulant plus qu'on le regardât comme prêtre, mais comme simple laïque, en cet état d'humilité, il attendit la mort dans ce séjour de paix où il expira le 8 décembre 1674 âgé presque de quatre-vingt-dix ans[1], et voulut être enterré dans le cimetière près de la croix.

XXVII

Claude Rebours, 1556.

La pierre en face scellée au mur et ornée d'un bas-relief, ainsi que les deux plus petites qui l'accompagnent, ne tiennent en aucune façon à Port-Royal. Ce sont des actes de fondations faites à l'église de Magny-Lessart, qui n'offrent qu'un intérêt très secondaire. Néanmoins nous reproduisons la principale comme modèle du genre (fig. 8).

Un bas-relief orne la partie supérieure et surmonte l'inscription remarquable par la netteté et l'élégance des caractères gothiques xve siècle. Au milieu on aperçoit la Vierge recevant dans ses bras le corps inanimé du Sauveur descendu de la croix. A droite le fondateur agenouillé devant un prie-Dieu orné de ses armes et protégé

---

1. M. Hamon se trompe probablement sur son âge, qui ne devait être que de soixante-seize ans.

par saint Claude son patron revêtu de la chape et coiffé de la mitre épiscopale. A gauche Jeanne Canion sa femme dans la même attitude, devant un prie-Dieu également armorié, accompagnée de saint Jean Baptiste et de l'agneau symbolique. Aux deux angles, deux têtes de mort.

XXVIII

Madeleine de Sainte-Agnès de Ligny, abbesse, 1675.

A gauche des fonts, la première pierre en haut est de François Retart, curé de Magny dont j'ai donné plus haut l'inscription, l'autre est celle de Madeleine de Ligny.

Mlle de Ligny, nièce par sa mère du chancelier Séguier, de l'évêque d'Auxerre, sœur de l'évêque de Meaux, est une inflexible de Port-Royal. Elle aurait pu prendre pour devise : « Je casse, mais ne plie pas. » Elle était postulante à Paris quand Angélique Arnauld alla fonder la Maison du Saint-Sacrement. La Mère l'emmena avec elle et en fit une fille selon son cœur. Quand le nouvel Institut fut devenu suspect à cause de M. de Saint-Cyran, les oncles de Mlle de Ligny mirent tout en œuvre pour la détacher de ses amis. Mais la jeune postulante leur déclara ouvertement qu'elle ne serait jamais religieuse autre part qu'au Saint-Sacrement ou à Port-Royal et leur affirma que tout ce qu'on débitait sur le compte de M. de Saint-Cyran n'était pas conforme à la vérité. Libre du côté de sa famille, Madeleine de Ligny courut avec plus d'ardeur dans la voie de la perfection. N'étant encore que novice, elle voulait se dépouiller de tous ses biens pour les donner aux pauvres, suivant le conseil que saint

Jérôme donne aux vierges chrétiennes. La Mère Angélique ralentit un peu ce beau zèle, l'engagea à bien y réfléchir, et lui interdit même de donner quoi que ce fût à Port-Royal, sa mère ayant beaucoup fait pour le Monastère. Dès qu'elle eut prononcé ses vœux, on la fit passer par toutes les charges de la Maison : maîtresse des pensionnaires, maîtresse des novices, sous-prieure, prieure et enfin abbesse en 1661. Les temps étaient difficiles et une grande tempête commençait à gronder; aussi ses compagnes, en lui accordant leurs suffrages, comptait sans doute sur le crédit de sa famille pour l'apaiser.

L'abbesse refusa de signer le Formulaire malgré toutes les explications qu'on lui donna et le jour où M. de Péréfixe descendit à Port-Royal pour l'excommunier et l'interdire, elle s'attira la dure apostrophe que voici : « Taisez-vous, vous n'êtes qu'une petite opiniâtre et une superbe qui n'avez point d'esprit, et qui vous mêlez de juger des choses à quoi vous n'entendez rien ; vous n'êtes qu'une petite *pimbèche*, une petite sotte, une petite ignorante qui ne savez ce que vous voulez dire. » Le prélat crut qu'en éloignant les plus décidées on viendrait plus facilement à bout des résistances et l'abbesse fut exilée à Meaux chez les Filles de Sainte-Marie. M. de Meaux, son frère, qui l'avait demandée, ne fut pas plus heureux que M. de Paris. Enfin, de guerre lasse, on la laissa en repos lui permettant soit de rester aux Filles de Sainte-Marie, soit de retourner à Port-Royal. L'abbesse n'hésita pas et rejoignit son Monastère pour y partager la dure captivité de ses sœurs jusqu'en 1669. La Mère de Ligny, qui avait entendu tomber sur sa tête l'excommunication, eut le bonheur de voir lever l'interdit. Six mois plus tard, à la fin de son troisième triennat, cette inflexible fille de la Réformatrice, qui semble n'avoir été là que pour combattre, était remplacée dans sa charge par la Mère Du

Fargis. Rentrée dans le rang, Madeleine de Ligny s'occupa plus spécialement de son salut, se laissant conduire comme la plus petite de ses compagnes et les édifiant toutes par sa patience et sa douceur. Sa dernière maladie dura près d'un an et elle perdit, par des attaques successives, l'usage de tous ses sens. Elle s'éteignit doucement à l'âge de cinquante-neuf ans, laissant à ses sœurs en Jésus-Christ, pour les consoler, le fortifiant exemple de ses vertus. Sa tombe, maintenant à demi effacée, portait l'épitaphe suivante :

Hic jacet R. M. Magdalena Agnès de Ligny-Segueria, quæ a natura supra modum superba, postquam humillimum Dei servum Johannem Vergerium audivit adhuc adolescens, sic mutata est, ut totam se funditus exuisse videretur : humilitate, docilitate; silentii, solitudinis, pauperum amore, precatione et sacrarum litterarum meditatione perpetua, inferioribus ministeriis sic functa est juvencula, ut summis jam tum digna sit habita; summum invita subiit annos nata 44, difficillimis temporibus adversariorum insidiis, conviciis, prensationibus minisque frustra tentata, obtrectationes ipsamque adeo captivitatem fere solidum quadriennium pertulit silentio, sic ut nihilo secius Deo, sibi, sororibus pauperibusque vacaret. Reliquum vitæ sexcennium privata, silentii, solitudinis, obedientiæque fructus inter lectiones, laudationes precesque assiduas degustavit, donec morbo mensium novem molestissimo consummata, amoris et spei plena, migravit ad misericordem sponsum, annorum nata 59, XI mai 1675.

Par M. Hamon.

Ici repose la Révérende Mère Madeleine-Agnès de Ligny-Séguier. Ayant l'esprit naturellement orgueilleux jusqu'à l'excès, elle changea tellement après qu'elle eut passé quelques années de sa jeunesse sous la direction de M. du Verger, cet humble serviteur de Dieu, qu'elle sembla s'être entièrement dépouillée d'elle-même. Dès lors, elle s'acquitta des moindres offices avec tant d'humilité et de soumission; elle y fit paraître un si grand amour pour le silence, la solitude et les pauvres; elle y observa une prière et une application si assidue à l'Écriture sainte qu'on la jugea digne des plus grands emplois. A quarante-quatre ans elle fut élevée, malgré sa résistance, à la première dignité de la Maison, dans des temps très fâcheux, où ses ennemis s'efforcèrent en vain de la séduire par leurs calomnies, leurs brigues et leurs menaces. Elle souffrit sans se plaindre, pendant quatre ans presque entiers, leurs médisances et la captivité sans interrompre ses pratiques de piété envers Dieu, envers elle-même, envers ses sœurs, et envers les pauvres. Elle passa les six dernières années de sa vie comme une simple religieuse à goûter les fruits du silence, de la solitude et de l'obéissance, lisant, chantant l'office et priant continuellement. Enfin, consumée par une fâcheuse maladie, qui la fit beaucoup souffrir pendant neuf mois; enflammée d'amour et pleine d'espérance, elle quitta la terre pour aller à son époux, le Dieu de miséricorde, le onzième jour de mai 1675, à l'âge de 59 ans.

XXIX

Messire François Bouilly, chanoine d'Abbeville, 1668.

Après l'abbesse, le jardinier.

François Bouilly connut Port-Royal en passant par Saint-Merry. M. du Hamel, successeur de M. Hillerin, le prit comme pensionnaire avec quelques jeunes gens de son âge venus à Paris pour leurs études théologiques. Le genre de vie des solitaires dont on parlait beaucoup, piqua vivement sa curiosité et bientôt il sentit naître en lui un irrésistible désir de les imiter. Il quitta son canonicat et vint les rejoindre au *saint Désert*. Il se mit à la culture du jardin des Granges et y travailla pendant vingt et un ans avec une ardeur qui ne se démentit jamais. Il apprit à l'abbé de Pontchâteau l'art de faire pousser des légumes, de tailler les arbres et de cultiver la vigne qui tapissait le coteau. A ce travail continuel, mais qui pouvait avoir ses charmes, M. Bouilly ajoutait la pénitence la plus rude, qui en manquait, et était capable de décourager une volonté moins ferme. Il jeûnait fréquemment au pain et à l'eau et se mortifiait en toute occasion avec tant d'adresse qu'on avait peine à s'en apercevoir.

La fonction de jardinier le mit à l'abri des vexations endurées par ses amis ; et pendant que les solitaires dispersés gémissaient au loin, lui, toujours à sa bêche, formait des vœux ardents pour leur retour. On raconte que M. Daubrai, lieutenant de police, lorsqu'il vint en 1656 pour l'expulsion, l'apostropha en ces termes : « Bonhomme, mettras-tu bien ton nom ? » Et le bonhomme de répondre : « Ah ! Monsieur, je *sommes* plus habitué à manier la bêche que la plume. » — « Fais comme tu pourras ! »

Jamais on ne vit désintéressement plus parfait, car ayant donné tout son bien à la Maison, moyennant une rente viagère, il ne se mit jamais en peine d'en tirer une reconnaissance, tant il craignait de manquer à l'esprit de pauvreté.

M. Bouilly assista M. de la Rivière dans sa dernière maladie. Il tomba malade à son tour dans cette année terrible de 1668, qui emporta, un seul excepté, tous les solitaires des Granges[1], et la fièvre contagieuse le con-

---

1. Du 30 mars au 15 avril moururent 5 solitaires qui sont : MM. de

duisit au tombeau le 8 avril, à l'âge de quarante-six ans. On ne permit point de l'enterrer à Port-Royal et son corps rejoignit celui de son ami dans le cimetière de Magny. L'Abbaye garda son cœur et lui fit dresser cette épitaphe :

la Rivière, Bouilly, Michel Baston, Moreau, chirurgien, et Charles des Champs des Landes. On les enterra tous à Magny.

Hic positvm est cor Francisci Bovilly, qvi canonicvs adhvc pver factvs, cvm impositi oneris gravitatem intellexisset, excusso prvdenter secvli et canonicatvs jvgo, portvm hvnc salvtis elegit, in qvo, non otiose occvltatvs, sponsis Christi famvlaretvr, servitvtem ambiens conciliatricem libertatis. Vt animvm non minvs qvam hortvm coleret, laborem avide arripvit, qvasi divtvrnam pænitentiæ sitim explere cvpiens, et ipsam hanc sitim mvlto svdore qværens ad salvtis remedivm. In dvplici latebra loci et laboris necdvm se tvtvm satis a secvlo arbitrabatvr, qvod minvs timet qvi vicinior est. Interdvm aliqvo timore jvdiciorvm Dei anxivs, anteqvam moreretvr, prorsvs tota spe misericordiæ Salvanti adhæsit, vt in pace vixisse evm intelligeres.

Obiit VII Aprilis
1668

Par M. Hamon.

Ici repose le cœur de François Bouilly, qui, ayant compris l'étendue des obligations qu'il avait contractées en recevant, dès l'enfance, un canonicat, renonça prudemment au monde et à son bénéfice et choisit ce port salutaire pour s'y cacher et s'y occuper dans le travail au service des épouses de Jésus-Christ ; recherchant avec ardeur la servitude qui procure la liberté, afin de cultiver son âme avec la même application qu'il donnait au jardin, il embrassa le travail avec autant d'avidité que s'il eût voulu éteindre la soif qu'il avait depuis longtemps de la pénitence, et qu'il entretint néanmoins par beaucoup de fatigues, comme avantageux à son salut. Quoique caché de la sorte dans la retraite et dans le travail, il ne se croyait pas encore assez à couvert contre le monde : crainte qui occupe moins celui qui est plus près du précipice. Il fut quelquefois frappé jusqu'à l'inquiétude de l'appréhension des jugements de Dieu ; mais avant sa mort, il mit si parfaitement toute son espérance en la miséricorde qui opère le salut, qu'on eût dit qu'il avait passé toute sa vie en paix.

Il mourut le 7 avril 1668.

XXX

Messire Antoine Baudry d'Asson de Saint-Gilles, 1668.

Antoine Baudry d'Asson, gentilhomme du Poitou, ecclésiastique et bénéficier, possédait le prieuré de Saint-Gilles, dépendant de l'abbaye de Geneston, dont le jeune de Pontchâteau était titulaire et deux chapelles à la nomination de sa famille, quand M. Hillerin se retira à Saint-André non loin de la terre d'Asson. Cet heureux voisinage le mit en rapport avec l'ancien curé de Saint-Merry ; puis l'intimité s'établit. M. Hillerin expliqua à son nouvel ami les motifs de sa retraite et lui donna le livre de la *Fréquente Communion*. M. de Saint-Gilles, fort intelligent, et qui avait étudié trois ans en Sorbonne, lut et médita l'ouvrage. Il en fut touché et pria celui qui le lui avait procuré de le présenter à l'auteur. Tous deux vinrent à Paris, virent M. Singlin, et le néophyte se dirigea sur Port-Royal. Il s'établit à la ferme des Granges, et tout au fond du jardin, bâtit un petit ermitage couvert en paille qu'on appela plaisamment le *Palais Saint-Gilles*. L'hôte de ce palais de chaume, tout en travaillant à la terre, apprit la menuiserie de maître Nicolas, excellent ouvrier qu'on fit venir tout exprès, et l'apprenti sut bientôt manier avec habileté la scie et le rabot. M. de Saint-Gilles abandonna alors son prieuré et ne conserva que ses deux chapelles, dont il donna le revenu aux pauvres.

Cependant les *Messieurs* du vallon qui le savaient intelligent, actif, entreprenant, hardi, le prièrent de descendre avec eux. M. d'Asson quitta l'établi, s'assit au bureau prêt à faire tout ce qu'on demanderait de lui. Il s'agissait d'imprimer en secret plusieurs ouvrages, surtout les *Provinciales,* et de déjouer la police aux aguets. Notre gentilhomme s'en chargea et s'en acquitta à merveille. A la ville, prêt à toute éventualité, il portait l'épée, ne se faisant aucun scrupule de changer d'habit pour dépister la police. Dans cet équipage, et caché de son mieux, il voyait les imprimeurs, corrigeait les épreuves et combinait ses affaires si ingénieusement, qu'on put, tout en faisant payer aux libraires les frais d'impression, répandre dans le public une grande quantité d'exemplaires des *Provinciales*. On le dénonça ; mais, comme le lieutenant de police ne put le saisir, il annonça qu'il le ferait « *trompetter* dans les rues à trois briefs jours et pendre en effigie à la porte de Port-Royal ». L'année suivante, M. de Saint-Gilles courait à Rotterdam faire des ouvertures au cardinal de Retz, qui se consolait là-bas de ses infortunes sur les rives de la Seine. Il l'engageait à se mettre à la tête des jansénistes. Mais le cardinal découragé ne voulut rien promettre et préféra continuer sa vie errante et plus que frivole, tout en observant de loin les événements. En rentrant, l'envoyé de Port-Royal faillit périr dans un naufrage. Heureusement le vaisseau, après cinq jours d'horrible tempête, put rentrer au port, et le messager regagna la France par la voie de terre.

De retour à Paris, Mme de Longueville chargea M. d'Asson d'une mission délicate. Il fallait aller en Champagne, aux environs de Stenay, et réparer autant que possible les maux que la duchesse y avait causés pendant les guerres des Princes auxquelles elle avait pris une part trop active. M. de Saint-Gilles s'acquitta avec autant de délicatesse que d'habileté de cette difficile mission.

A Paris, à Port-Royal, partout et autant qu'il le put, il rendit service aux religieuses. Mais sa joie fut pleine et parfaite quand, en 1664, il vit l'abbé de Pontchâteau rejoindre les solitaires, car il disait souvent : « Je voudrais bien voir ici mon petit abbé. » Pendant l'interdit, ils demeurèrent ensemble avec M. de Sainte-Marthe, dans une maison du faubourg Saint-Antoine, inconnus de tous, mais les édifiant par leur régularité et leur piété. Cette vie calme convenait peu à son caractère entreprenant et hardi et contrastait singulièrement avec l'agitation des années précédentes. Aussi, pour dompter sa vigoureuse nature, se livra-t-il à d'excessives pénitences. On le vit se détacher de plus en plus du monde, jusqu'à vendre ses livres pour en donner le prix aux pauvres. A son lit de mort, miné par la fièvre, comme il paraissait tout absorbé, on lui demanda à quoi il pensait ; il répondit : « A me présenter devant Dieu. » Il s'y présenta en effet le 30 décembre 1668, après avoir passé vingt et un ans dans la retraite et l'exercice d'une pénitence continuelle.

Cet homme si actif, qui a joué un rôle si important à Port-Royal, était, dit Fontaine, « la consolation de M. Singlin par les voyages qu'il entreprenait ; de M. Arnauld, par les ouvrages qu'il composait ; de M. de Sacy, par les entretiens qu'il avait souvent avec lui ; des religieuses, par les négociations dont il se chargeait, et de tous les amis, par les bons offices qu'il était toujours prêt à leur rendre ».

On l'enterra à Sainte-Marguerite, mais son cœur déposé dans l'église de l'Abbaye, près de l'autel de Saint-Laurent, portait l'inscription que voici, dont les premières lignes seulement sont encore lisibles :

Hic situm est
cor
Antonii Baudry de Saint-Gilles d'Asson qui sæculi nobilitatis oblitus, ut veram fidei nobilitatem compararet, quæ toto de humilitate est, servum se fecit ancillarum Christi, quas solas Sponsi nobilitate gloriosas dilexit, et utiliter miratus est. Tantus in eo pauperum amor, ut vere in eis et propter eum egeret. Tantus amor justitiæ, ut quidquid alii injuste paterentur, pæna esset servo Dei et patientiæ meritum. Pauper factus ex divite, cum negotiis careret, aliorum Negotia, quæcunque pietati jungerentur sua fecit; melius arbitratus veritati et charitati laborare, sequendo aliorum judicium, quam sibi privatim requiescere sequendo suum.
Obiit 30 decembris
1668

Par M. Hamon.

Ici repose le cœur de messire Antoine Baudry de Saint-Gilles d'Asson, qui, méprisant la noblesse de sa naissance, pour acquérir la vraie noblesse de la foi qui consiste dans l'humilité, se rendit serviteur des servantes de Jésus-Christ, qu'il aima comme les seules en qui éclatât la noblesse de l'Époux et qui firent l'objet de son admiration et de son imitation. Il avait un si grand amour pour les pauvres, qu'il lui faisait souffrir la pauvreté en leur personne. Il était si passionné pour la justice que toutes les injustices faites aux autres, réfléchissant sur ce serviteur de Dieu, lui devenaient une croix et ajoutaient un nouveau mérite à sa patience. Devenu pauvre de riche qu'il était et dégagé des embarras du siècle, il épousa toutes les affaires des autres qui pouvaient s'allier avec la piété; persuadé qu'il lui était plus avantageux de travailler pour la cause de la vérité et pour les offices de charité, en suivant la volonté d'autrui, que de vivre en son particulier dans le repos, en suivant sa propre volonté. Il mourut le 30 décembre 1668.

XXXI

Messire Pierre Borel, 1687.

Entre le confessionnal et la porte latérale, la première pierre à droite en haut taillée en losange est celle de Pierre Borel, prêtre du diocèse de Beauvais, moins brillant, moins bouillant, mais d'un savoir aussi étendu que M. Baudry d'Asson de Saint-Gilles. Son enfance et sa jeunesse s'écoulèrent dans la pratique des vertus exigées des clercs qui se destinent au sacerdoce. Ordonné prêtre, il s'effraya bientôt de l'importance des devoirs que cette dignité impose et vint s'enfermer dans la solitude. C'était en 1646 et l'Abbaye, veuve de ses religieuses par leur transmigration à Port-Royal de Paris, prêtait davantage, pour ainsi dire, au recueillement et à la prière. A ce moment, M. Du Gué de Bagnolz venait de se retirer au château de Saint-Jean des Trous. Il demanda aux *Messieurs* un maître pour ses enfants, persuadé qu'il n'en pourrait recevoir de plus capable et de plus digne que de leurs mains : ils lui envoyèrent M. Borel. Le solitaire, devenu précepteur, remplit sa charge avec honneur. Ses élèves, d'ailleurs intelligents et dociles, récompensèrent son dévouement puisque l'aîné devint Conseiller d'État.

Avec les fils de Bagnolz, M. Borel formait à la science et à la vertu cinq ou six autres enfants nobles mais pauvres auxquels s'intéressait le bienfaisant châtelain de Saint-Jean des Trous. Sa tâche accomplie, après quatre ou cinq ans, le précepteur rentra à Port-Royal avec une pension de 400 livres de rente, unique ressource qui lui permit de ne pas mourir de faim dans les années de disette. La paix venait d'être rendue à l'Abbaye et M. Borel la servit en qualité de chapelain et de confesseur des personnes séculières. Ce ministère dura douze ans jusqu'en 1679. Alors la dispersion générale l'obligea à quitter cette Maison devenue sa patrie et où il espérait consommer sa course. Triste et désolé, mais comptant sur la Providence, il gagna Paris, prit un petit logis qu'il transforma en ermitage. Il faisait lui-même son ménage, raccommodait son linge et ses vêtements, et vivait avec tant de frugalité que sur ses 400 livres il trouvait moyen de faire bonne la part des pauvres. A plusieurs reprises, M. de Sacy et d'autres amis qui connaissaient son dénuement lui offrirent quelques secours, qu'il refusa toujours, tant il craignait en recevant l'or d'autrui de perdre le trésor précieux de la pauvreté. Ce pauvre en esprit et en vérité passa huit ans dans cette retraite, ne sortant que pour aller à l'église, et sa vieillesse s'écoula, tranquille et pure, dans l'attente des jugements de Dieu. Il entra dans son éternité le 8 janvier 1687, à l'âge de soixante-quinze ans. Son corps fut enterré à Port-Royal.

MESSIRE PIERRE BOREL.

Hic jacet Petrus Borel presbyter Bellovacensis, qui adolescentia sancte decursa, rite promotus ad sacerdotium, sed Secum altius reputans muneris majestatem, et onus officii, in Monasterium, hoc tum desertum, anno 1646, se proripuit studio sanctioris vitæ, in quo per biennium solitudine, silentio, abstinentia renovatus in Aquilæ juventutem, instituendis ad pietatem et litteras pueris addictus, et animo gratuito et sollicitudine paterna, hoc officio strenue functus. Monasterio redintegrato, sacellanus addictus est. Soli Deo vacans, et optima parte quam elegerat aliquandiu potitus, animarum curam quam humilitate deprecabatur, tanto dignior charitate subiit, donec procelllis temporum ejectus, in casam se recepit solus per annos VIII, Deo soli serviens, parcissime ministrans sibi ut esset ipsi in re augustissima unde pauperibus daret, quibus de necessitudine sua jugiter largitus, oblatis undequaque subsidiis, aut repudiatis, aut ad egentiores translatis, vita durissima sibi usque similis nec lethalis morbi molestiis interpellatus a Deo, quem invisibilem tanquam videns sustinuit semper, exitu tranquillo ad eum migravit an. 1687 die 28 Jan. Aetatis 75

Par M. Dodart.

Ici repose messire Pierre Borel, prêtre de Beauvais, qui, après avoir saintement passé sa jeunesse, fut élevé au sacerdoce selon les règles de l'Église. Mais ayant fait de plus sérieuses réflexions sur la grandeur et les obligations de cette dignité, il se retira en 1646 dans ce Monastère qui était alors désert, pour y mener une vie encore plus sainte; après s'y être renouvelé pendant deux ans dans les exercices de la retraite, du silence, de l'abstinence, comme l'aigle renouvelle sa jeunesse, il fut chargé d'instruire quelques enfants et de les former à la piété, ce qu'il fit avec un grand désintéressement, le zèle et l'application d'un vrai père. Après le rétablissement du Monastère, il y exerça l'office de chapelain, uniquement occupé de Dieu et du ministère de l'autel. Ayant passé quelque temps dans le repos et l'obscurité qu'il avait choisis comme la meilleure condition, il fut obligé de prendre la charge de confesseur que son humilité lui faisait fuir, mais dont sa charité le rendait parfaitement digne. Il s'en acquitta jusqu'au jour où la persécution le chassa d'ici. Alors il se retira dans une petite chambre où il demeura seul, huit ans entiers, tout appliqué au culte de Dieu, se privant de tout ce qu'il pouvait, afin d'avoir, dans sa disette, de quoi répandre dans le sein des pauvres, à qui il donnait toujours de son propre nécessaire. Les secours que des personnes charitables lui envoyaient, ou il les refusait ou il les donnait à d'autres qui en avaient plus besoin. Toujours le même dans l'austérité de sa vie, il la termina par une mort paisible le 28 janvier 1687, âgé de soixante-quinze ans, sans que la violence d'une maladie mortelle pût interrompre son application à Dieu, qu'il eut toujours aussi présent que si, d'invisible qu'il est, il se fût rendu visible en sa faveur.

XXXII

Marie des Anges Suireau, abbesse de Maubuisson et de Port-Royal, 1658.

Derrière sa tombe, dans un petit caveau pratiqué à cet effet, on a déposé le cœur de la Révérende Mère Marie des Anges.

Un jour de l'année 1615, une voiture s'arrêta devant la porte du Monastère. Cette voiture amenait plusieurs jeunes filles de Chartres qui désiraient entrer à Port-Royal. La Mère Angélique avertie vint les recevoir, et, pendant l'entretien, elle en remarqua une fort timide qui n'osait approcher ; car elle n'apportait pour toute dot qu'une sérieuse vocation. Cette jeune fille de seize ans, nommée Marie Suireau, entra, prit l'habit et fit profession sous le nom de sœur Marie des Anges.

Marie Suireau, fille d'un avocat de Chartres, grand homme de bien mais pauvre, et tante du célèbre Nicole, montra dès l'enfance des signes non équivoques d'une tendre et sincère piété. On peut dire que l'enfant sanctifia sa mère. Car cette femme auparavant peu chrétienne revint à d'excellents sentiments ; à tel point, qu'elle se retira, elle aussi, à Port-Royal et y mourut sous l'habit de sœur converse. La jeune fille, malgré son grand désir, désespérait, vu sa pauvreté, d'entrer jamais en religion, quand un bon Père capucin, qui connaissait le désintéressement de la Mère Angélique, l'engagea à se joindre aux jeunes personnes dont nous venons de parler.

En 1622, l'abbesse du Lys, près Melun, voulant établir la réforme, demanda à la Mère Angélique de lui envoyer quelques sujets. La sœur Marie des Anges partit en qualité de maîtresse des novices. Elle était au Lys depuis quatre ans quand on la rappela pour une fonction plus importante.

Mme de Soissons, sœur du duc de Longueville, abbesse de Maubuisson, était tombée malade. Mme de Longueville demanda à Port-Royal une religieuse capable de devenir sa coadjutrice. La Mère des Anges fut désignée et on la nomma, non pas coadjutrice, car Mme de Soissons mourut, mais abbesse pour lui succéder.

La nouvelle élue se rendit à son poste avec la Mère

Agnès et huit des religieuses venues à Port-Royal avec la Mère Angélique, à son retour de Maubuisson, qui remportèrent à cette Maison l'esprit de la réforme.

Le Monastère, au spirituel comme au temporel, laissait beaucoup à désirer. En cinq années, Mᵐᵉ de Soissons l'avait endetté de 100 000 livres, épuisé toutes les provisions et même engagé son avenir en louant les terres à des conditions désavantageuses. Au spirituel, on ne trouvait plus trace de la Mère Angélique. Chaque sœur vivait en son particulier, s'arrangeant à sa manière et le plus commodément possible. Le luxe l'avait envahi, et les religieuses, vaniteuses et coquettes, paraissaient plus occupées à plaire au monde qu'à servir Dieu. Comme on le voit, la tâche très difficile paraissait au-dessus des forces d'une jeune abbesse de vingt-cinq ans. Elle se mit résolument à l'œuvre et commença par expulser les six plus mauvaises têtes qui n'avaient nulle trace de vocation. Ce coup d'autorité calma bien des ardeurs et inspira de salutaires réflexions à la Communauté. Mais l'abbesse, sachant que tout gouvernement ferme doit être tempéré de douceur, s'appliqua à gagner les anciennes par sa bonté. Les plus prévenues ne résistèrent pas longtemps à ces témoignages d'affection et toutes se mirent à l'aimer comme une mère.

Maîtresse de la situation, Marie des Anges commença par réformer le chant du chœur. L'office s'y faisait sans dignité, avec précipitation, comme s'il se fût agi de se débarrasser d'une ennuyeuse corvée : elle y mit bon ordre, et le chant revêtit ce caractère grave et religieux qui convient au saint lieu. Elle amena ensuite les sœurs à reprendre la communauté, comme indispensable à l'esprit de détachement nécessaire aux vraies servantes de Jésus-Christ. Insensiblement chacune se sépara de ses objets les plus chers et vint les sacrifier aux pieds de l'abbesse.

Le costume, fort coquet, nourrissait la vanité et une

coiffure élégante permettait de soigner la chevelure : une coiffe plus simple la remplaça et fit disparaître cet ornement inutile dans le cloître. Un jour l'abbesse, armée de ciseaux, pénétra dans la chambre d'une religieuse gratifiée d'une magnifique chevelure qu'elle était en devoir d'admirer dans la glace. La Mère se mit à couper à foison, et la pauvre fille stupéfaite, comme une brebis craintive et sans voix, se laissa tondre sans mot dire. L'opération terminée, la Supérieure lui dit d'une voix grave : « Ma sœur, que je n'entende plus parler de cheveux ni de miroir ! »

Sa sollicitude se porta également sur le temporel : elle paya les dettes, remit de l'ordre dans les finances, gagna plusieurs procès épineux, sans pour cela chercher à enrichir l'Abbaye; car tout ce qui restait, les charges acquittées, passait dans les mains des pauvres. Par suite d'une administration molle et sans contrôle, des abus nombreux s'étaient introduits dans les terres et villages dépendant de Maubuisson. L'abbesse fit venir les officiers de justice, s'enquit auprès d'eux de l'état exact des choses et recommanda à tous la plus grande vigilance. Elle exigea que chaque année au 1er mai, tous, administrateurs et administrés, se présentassent à l'Abbaye pour lui rendre compte de la situation matérielle et morale des villages et seigneuries et recevoir les plaintes des mécontents. On le voit, dès le début de son gouvernement, la Mère Marie des Anges s'éleva à la hauteur de sa difficile mission, et par son intelligence, sa fermeté, sa douceur, réussit à souhait là où beaucoup d'autres eussent échoué.

Un rare exemple de fermeté qui l'honore et la fait connaître autant que ce qui précède, doit trouver place dans ce récit. Quand elle arriva à Maubuisson, elle y trouva une jeune personne, fille du duc de Longueville, dont on voulait faire sa coadjutrice. Cette jeune fille, placée là dès l'âge de sept ans avec sa tante, Mme de Soissons, n'avait, on le pense bien, pas la moindre vocation. Une sorte de petite cour qui s'était formée autour de l'enfant nourrissait ses idées d'orgueil et d'ambition. A treize ans, la demoiselle demanda à entrer au noviciat ; six mois après elle sollicita l'habit, on le lui donna ; quand l'heure de la profession eut sonné, elle fit profession, mais la vigilante abbesse observait attentivement afin de percer à jour sa dissimulation. Le moment décisif arriva et la Mère des Anges repoussa énergiquement les ouvertures du duc de Longueville. Le duc revient à la charge avec le même insuccès, et de guerre lasse, voyant qu'il se brisait contre ce roc, retira sa fille. Il l'envoya chercher ailleurs le goût de la piété qu'elle ne trouva nulle part, ce qui ne l'empêcha pas de revenir à Maubuisson en qualité d'abbesse, après la mort de celle qui succéda à la Mère Suireau.

Depuis vingt-deux ans, cette fille de Port-Royal gouvernait l'Abbaye de Maubuisson. Elle y avait fait le bien, non pas sans contradiction, car elle lutta souvent contre ceux mêmes qui auraient dû être ses coopérateurs dans l'œuvre de la réforme. Elle crut sa mission terminée et pensa à se démettre. Elle y travailla secrètement ; et un beau jour, elle présenta aux religieuses consternées celle qui allait lui succéder. Toutes se mirent à fondre en larmes, la supplièrent de ne point les quitter ; mais la Mère partit malgré les lamentations de ses chères filles. Revenue à Port-Royal de Paris, elle rentra humblement sous la direction de la Mère Angélique. En 1654, on l'élut abbesse du Monastère et au commencement de son second triennat, elle s'endormit dans le Seigneur à l'âge de cinquante-neuf ans.

La vie que nous venons de tracer nous dit assez qu'elles furent les éminentes qualités de la Mère Marie des Anges, qui se résument ainsi : un parfait amour de la prière, beaucoup de fermeté, de douceur, d'humilité, un grand esprit de désintéressement et de mortification, enfin une admirable résignation dans les épreuves et les souffrances qui ne lui furent point ménagées par la Providence. Les deux Monastères de Port-Royal partagèrent sa précieuse dépouille : celui de Paris conserva son corps ; son cœur vint reposer aux Champs. On dit que ce cœur resta deux ans frais et vermeil ; on l'enferma ensuite dans du plomb avec cette inscription :

Hic situm est cor R. M. Mariæ ab Angelis Suyreau, quæ cum nominata fuisset abbatissa Monasterii de Maubuisson, tam graviter hoc accepit, tamque intimo humilitatis sensu, ut pene exanimis ceciderit; et tanto nihilominus obedientiæ exemplo, ut revocatis sensibus postquam ad se rediisset, nec verbo contradixerit. Post multos annos dignitatem quam invita susceperat, mœrentibus omnibus, gaudens abdicavit. Cum jam libera ad hoc monasterium, in quo antea votum emiserat reversa fuisset, tam læta omnibus se subjecit, ut illam prius abbatissam fuisse nemo conjicere potuisset. Electa iterum abbatissa, et cum laude munere functa est, ut clare pateret nullas ad sapienter regendum aptiores esse, quam quæ humiliores sunt ad obediendum. In utroque Monasterio, tam magno paupertatis amori, tam magnum pauperum amorem sic conjunxit, ut cujusvis pauperis mater videri posset. Pie gravis, et sancte hilaris, cura omnium maternam gerens, quamvis nulli deesset officio; semper Deo intus velut otiosa vacabat pro se, pro suis, pro Christi Ecclesia semper gemens. Obiit 4 id. decem. 1658 ætatis 50

Par M. Hamon.

Ici repose le cœur de la Révérende Mère Marie des Anges Suyreau. Ayant été nommée abbesse de Maubuisson, elle en apprit la nouvelle avec tant de douleur et un si vif sentiment de son incapacité, qu'elle en tomba presque en défaillance ; mais, après avoir repris ses sens, elle s'y rendit avec une soumission si parfaite qu'elle n'ouvrit pas même la bouche pour s'en plaindre. Après qu'elle eut gouverné ce Monastère un grand nombre d'années, elle quitta avec joie, au milieu des larmes des religieuses, une dignité qu'elle n'avait acceptée que contre son gré. Délivrée de ce fardeau, elle revint dans cette Abbaye où elle avait fait profession et se soumit aux autres avec tant de joie qu'on n'eût pas dit qu'elle eût jamais été abbesse. Élue de nouveau à cette dignité, elle s'acquitta si bien de son devoir, qu'il parut visiblement que personne n'est plus propre à gouverner que celles qui savent le mieux obéir. Dans les deux Monastères, elle sut joindre à un amour sincère de la pauvreté un si grand amour pour les pauvres, qu'on l'aurait prise pour la mère de chacun d'eux en particulier. Sans se dispenser d'aucun exercice, elle leur rendait à tous le service d'une mère, avec une pieuse gravité et une sainte joie. Toujours occupée intérieurement de Dieu, comme si elle n'eût eu rien autre chose à faire, elle poussait vers lui des gémissements continuels pour elle-même, pour les siens et pour l'Église de Jésus-Christ. Elle mourut en la cinquante-neuvième année de son âge, le 10 décembre 1658.

XXXIII

Catherine Angran de Bélisy, 1701.

Au-dessous de la pierre de M. Borel, belle tombe en marbre noir, très bien conservée, de Catherine Angran de Bélisy.

Trois amies dévouées de Port-Royal portent ce nom ; et sans un peu d'attention, il serait facile de les confondre.

La première, Angélique Du Vivier, fille d'un Président aux Enquêtes, épousa M. Angran, seigneur de Fonterpuis, Conseiller au Parlement de Metz, qui mourut en 1674.

La seconde, Marie Aubery, épousa en premières noces M. Angran, Conseiller à la Cour des Aides, et en deuxièmes noces le marquis de Roucy. Ce second mariage le brouilla quelque temps avec sa famille.

La troisième, la nôtre, Catherine Angran, fut mariée à M. de Bélisy, Conseiller au Grand Conseil.

Celle de ces trois dames Angran qui reçut chez elle le docteur Arnauld, le cacha dans les temps les plus fâcheux avec un dévouement admirable, qui plus tard se déclara hautement son amie, l'alla visiter en exil, « le courut partout » comme disait Louis XIV, devint sa légataire universelle et l'exécutrice de ses dernières volontés, est Mme de Fonterpuis.

Mme de Bélisy, également toute dévouée au docteur pourchassé, lui offrit aussi ses services ; mais, si Arnauld les accepta afin de dépister ses ennemis, ce ne fut que rarement et pour un temps très limité.

Catherine Angran, dont nous possédons le marbre et le cœur probablement, a été une des bienfaitrices inépuisables de Port-Royal. Elle y descendait souvent pour s'y édifier, y retremper son âme dans la retraite et donna en toute occasion des marques sensibles de son affection et de son attachement. Comme témoignage suprême de son amour, elle demanda que son cœur fût apporté au Monastère. Les religieuses reconnaissantes lui élevèrent un modeste monument sur lequel on lit cette inscription très élogieuse :

Sub hoc marmore depositum est cor Catharinæ Angran, uxoris Jacobi Barthelemy de Belisy, in Concilio Magno Consiliarii; cor simplex et fidele, cor docile et rectum; cor splendidum et magnum, ad omne bonum opus semper paratum; cor per quod requieverunt viscera sanctorum; cor quod consolatum est cor viduæ, pupilli, pauperis et peregrini; cor vere bonum et optimum, mandata enim Dei in corde mulieris hujus sanctæ, quam fecit Dominus sicut Rachel et Liam, ut esset exemplum virtutis. Obiit octogenaria IX kal. Junii an. Dom. MDCCI. Hoc grati animi monumentum poni curaverunt Sanctimoniales hujusce Domus quas frequens invisit, semper amavit, beneficiis et sui hac potiore parte donavit

Par M. Tronchon.

Sous ce marbre a été déposé le cœur de Catherine Angran, épouse de Barthélemy de Bélisy, Conseiller au Grand Conseil : cœur recommandable par sa simplicité, sa foi, sa docilité, sa droiture, sa candeur, sa magnificence ; cœur toujours préparé pour toutes sortes de bonnes œuvres, cœur où les saints ont trouvé le repos, la veuve et l'orphelin, le pauvre et l'étranger une source de consolation ; cœur véritablement bon, cœur excellent, car les commandements de Dieu étaient gravés dans le cœur de cette sainte femme que le Seigneur a rendue comme Rachel et Lia pour être un modèle de vertu. Elle mourut le 24 mai 1701, âgée de quatre-vingts ans. Les religieuses de cette Maison qu'elle visita souvent, qu'elle aima toujours, qu'elle combla de ses bienfaits, auxquelles elle donna la meilleure partie d'elle-même, lui élevèrent ce monument de gratitude et de reconnaissance.

XXXIV

Angélique de Saint-Jean Arnauld, abbesse, 1684.

La Mère Angélique de Saint-Jean, fille de M. Arnauld d'Andilly, nièce du docteur Arnauld et des Mères Angélique et Agnès, cousine de MM. Le Maître et de Sacy, est digne en tous points de cette étonnante famille qui *régna* si longtemps à Port-Royal. Intelligente comme ceux de sa race, pieuse comme celles qui l'avaient élevée, ferme jusqu'à l'excès, elle parut au moment difficile et porta d'une main forte le drapeau de la résistance.

A six ans, ses tantes se chargèrent de son éducation. On peut se figurer le soin qu'y apportèrent ces merveilleuses institutrices qui respectaient l'enfance comme une chose sacrée. La petite Angélique, admirablement douée, avança rapidement dans les sciences et la vertu. Devenue grande, le monde qu'elle ne connaissait pas, mais dont néanmoins elle sentait la séduction, ne put la conquérir. Sa pensée, d'abord folâtre et légère, devint grave et sérieuse. Elle revêtit les livrées des vierges chrétiennes, fit profession, l'heure venue, et fut établie maîtresse des novices, charge qu'elle exerça très heureusement pendant vingt ans.

En 1664, la sœur Angélique de Saint-Jean qui savait, disent les auteurs, tout ce qu'il y a de plus important dans l'histoire et dans la science ecclésiastique, soutint bravement la controverse soulevée à l'occasion du fameux Formulaire. A force d'épiloguer sur la *foi divine* et la *foi humaine*, la soumission de *cœur* et la soumission de *bouche*, les docteurs chargés de la convaincre s'embrouillèrent dans leurs arguments et furent plus d'une fois arrêtés à *quia*. Trois autres sœurs, Madeleine de Ligny, Eustoquie de Brégy et Christine Briquet, lui aidaient à repousser l'ennemi et à l'enfermer dans ses retranchements. Des négociations et des conférences, durant lesquelles on manqua de part et d'autre à la charité, était sortie une formule très acceptable, quand un malheureux mot remit tout en question. Angélique et ses sœurs n'en voulaient à aucun prix, M. de Péréfixe l'exigeait, et comme personne ne voulut céder, il fut impossible de s'entendre. La sœur Angélique eut tort, je l'ai dit autre part ; ce qu'on demandait n'engageait ni la conscience ni la *vérité*. On croirait qu'en le rejetant, elle se laissa plutôt emporter par un esprit de contention et de dispute que par un sincère désir de paix, et les maux qui fondirent sur Port-Royal peuvent, en partie du moins, lui être imputés.

De toutes ces résistances sortirent l'excommunication et l'interdit qui dura cinq ans et l'exil de douze religieuses les plus turbulentes. Sœur Angélique fut envoyée aux Annonciades du faubourg Saint-Jacques. Comme son oncle le docteur, elle aimait beaucoup à écrire : du reste elle écrivait bien, et ne résista pas au désir de rédiger la relation de sa captivité.

L'expulsée nous raconte qu'on l'enferma dans une chambre comme dans une prison où trois sœurs avaient seules le droit de la visiter. Sous le rapport matériel, elle ne manqua de rien, mais on l'entreprit bien vite sur la signature. Ces bonnes religieuses, dans la louable intention de l'éclairer, se mirent à discuter sur les matières en litige, mais avec aussi peu de succès, on le pense bien, que les docteurs et l'archevêque. Il faut dire aussi que ses interlocutrices paraissaient fort mal armées pour la lutte, et la malicieuse Angélique se rit plus d'une fois de leur ignorance.

Bannie de son Monastère, enfermée dans une maison hostile, l'infortunée captive ne pouvait se consoler par la réception des sacrements. Elle tenta une démarche auprès M. de Péréfixe pour le conjurer de faire cesser cette famine spirituelle dont elle souffrait cruellement.

Le prélat, en signe d'intérêt particulier, apporta lui-même la réponse à sa lettre, conféra avec elle, toujours inutilement. La Toussaint arriva, autre démarche, nouveau refus; de même pour Noël et pour Pâques.

Le Formulaire d'Alexandre VIII et le Mandement de l'archevêque de Paris qui en prescrivait la signature, la trouvèrent occupée à la rédaction d'un petit écrit pour la justification de sa conduite. Elle était moins que jamais disposée à signer et le serment ajouté à l'acte en question ne fit qu'augmenter sa répugnance. Ne recevant presque point de nouvelles du dehors, ignorant ce qui se passait à Port-Royal, elle était dans une étrange perplexité, et, malgré sa confiance en Dieu, concevait quelque inquiétude touchant l'issue de cette affaire. L'interdit durerait-il toujours? La maison des Annonciades se changerait-elle en une prison perpétuelle? Un soir que tout occupée de ces pensées, elle répandait son âme devant Dieu dans la prière, on frappa à la porte de sa cellule. On lui apportait l'ordre de partir immédiatement. Un carrosse la prit dans les ténèbres et la conduisit vers une destination inconnue. Les lanternes fumeuses, à moitié éteintes, qui laissaient le Paris d'alors dans l'obscurité, ne lui permettaient pas de distinguer les objets. Enfin la voiture s'arrêta devant Port-Poyal de Paris. Angélique descendit, trouva la Mère Agnès qu'elle embrassa avec effusion, et le lendemain, dès le matin, elle et ses compagnes dispersées en d'autres lieux étaient réunies et reconduites à Port-Royal des Champs. Réintégrées au Monastère, elles subirent toutes ensemble cette captivité de cinq ans qui dura jusqu'en 1669. Angélique de Saint-Jean la passa courageusement, toujours en avant, toujours luttant, toujours sur la brèche et s'affermissant de plus en plus dans ses résolutions. Elle en vînt même à aimer cette réclusion, à chérir l'interdit, à tourner à son avantage spirituel la privation des sacrements dont elle avait beaucoup souffert au commencement. Elle écrivait à son oncle : « En l'état où sont les choses, je dirais quasi que nous ne saurions être mieux, puisque les choses mêmes dont on nous prive nous deviennent un mérite pour obtenir de Dieu la grâce que nous aurions espéré recevoir par ce moyen-là même. On vit dans l'union, on meurt dans la paix ! » Son imagination surchauffée lui persuada, comme à toutes ses compagnes, que sérieusement elles luttaient pour la vérité même, et elle voudrait résister à son oncle qui lui parle d'un projet d'accommodement. « Je ne sais ce que c'est qu'une requête où l'on dit que votre nom doit paraître, cela me fait peur ; car, si c'est pour tenter quelque accommodement, il n'y en a point qui ne soit ruineux dans toutes les circonstances de l'état de cette affaire. » L'accord se fit cependant, on pourrait dire malgré elle, et la paix rentra à Port-Royal.

On la nomma prieure presque aussitôt et, en 1678, on l'éleva à la dignité d'abbesse. Cette seconde partie du rôle de la Mère Angélique à Port-Royal est bien plus belle et mérite les plus grands éloges. Ici point de contention ni de dispute ; l'abbesse se défend contre des agresseurs sans conscience, jaloux de la prospérité renaissante de la Maison et qui l'attaquent lâchement par les armes de la calomnie. Le résultat de cette campagne amène l'expulsion des pensionnaires et des novices, c'est-à-dire une captivité plus dure que la première. On répandit dans le public que Port-Royal, toujours hérétique au fond, rejetait de plus le culte de la sainte Vierge et des Saints. La Mère réfuta cette inepte accusation par une longue et belle lettre remplie des faits les plus concluants ; n'importe, la calomnie fit son chemin, et on s'aperçut une fois de plus que les menteurs sont trop souvent écoutés. L'abbesse adressa une requête au roi, plusieurs lettres au pape Innocent XI très bien disposé en faveur de Port-Royal, pour implorer sa protection, une supplique à l'archevêque pour le conjurer de permettre la rentrée des novices. « Aussi, monseigneur, nous devons présumer que le rang où il vous a mis (J.-C.) vous obligeant à l'aimer davantage, vous entrerez aussi plus avant dans les sentiments de tendresse qu'il a pour ses brebis, dont il ne veut pas qu'aucune périsse ; que vous rouvrirez la porte de la bergerie à plusieurs d'entre elles que l'air du monde peut tuer, si elles ne trouvent une retraite. »

J'ai rapporté, comme preuve de son énergie et de sa piété, à quelle occasion elle ordonna la démolition immédiate du château de Vaumurier.

Son premier triennat se passa donc en requêtes et négociations infructueuses. Le Chapitre, sous la présidence de M. Grenet supérieur, la réélut pour trois ans. Malgré ses efforts et sa bonne volonté, l'abbesse infortunée vit de jour en jour dépérir sa Maison et le chagrin dévorait son âme ardente. La mort de son cousin M. de Sacy, celle de son frère M. de Luzancy, transperça son cœur de douleur et en dépit de sa foi vive et de sa ferme espérance, tous ces maux réunis l'accablèrent d'un poids insupportable. Ayant le pressentiment de sa fin prochaine et avant de se mettre au lit, elle plia son voile avec soin comme pour le rendre à celui qui le lui avait donné quarante ans auparavant, et le 29 janvier 1684 elle expira doucement au milieu des pleurs et des sanglots de ses chères filles.

On l'enterra près de la porte, du côté gauche du chœur et sur sa tombe, aujourd'hui entièrement effacée, excepté les huit premières lignes, M. Hamon chanta ses louanges en ces termes :

Hic sita est Mater Angelica Arnauld a Sta-Joanne, hujus Monasterii Abbatissa, in quo a teneris educata fuerat. Crevit cum ea virginitatis amor et pene adhuc infanti votum fuit ut Christo nuberet. Sacro velo donata virgo virginitatis amatrix, omnes sensus tantæ virtutis ornamento insigniri ita semper studuit, ut ipse incessus gravitatem et modestiam virginis spirare videretur. Dotibus ingenii magna, sed major contemtu : pretiosæ lampadis magnitudinem sola non magnificit : hoc unum curavit, ut æterno oleo impleretur. Sponsa Christi, amavit Ecclesiam Christi, lucris ejus gaudens et damnis mœrens, sicque omnia ejus sacramenta admirata est, ut vel fimbriam vestimenti veneraretur : nihil parvum arbitrata quod ad Christum et Ecclesiam pertineret. Scientiam scripturarum pia meditatione magis quam lectione consecuta, optimo interprete usa est amore Sponsi : in prosperis humiliter, in adversis fortiter, in parvis studiose, in magnis et arduis magnifice se gessit. Pulsanti Sponso in magni morbi vehementia gaudens aperuit, et in morte quam horret natura, fide sensuum victrice acquievit, sperans se Sponsum ex misericordia ejus laudaturam, quem imperfecte a se laudatum, pie gemens, querebatur. Obiit IV kalendas Februarii 1684, annos nata 59.

Par M. Hamon.

Ici repose la Révérende Mère Angélique de Saint-Jean Arnauld, abbesse de ce Monastère, où elle avait été élevée dès ses plus tendres années. L'amour de la sainte virginité crut en elle à mesure qu'elle croissait en âge, et tous ses vœux, lorsqu'elle n'était encore qu'enfant, furent d'avoir Jésus-Christ pour époux. Ayant reçu le voile sacré, elle aima la virginité et travailla à faire que cette admirable vertu régnât de telle sorte sur tous ses sens, que sa démarche même semblait respirer la modestie et la gravité d'une vierge. Elle fut grande par les rares qualités naturelles que Dieu lui avait départies ; mais elle le fut encore davantage par le mépris qu'elle en fit. Elle fut la seule qui n'aima point la riche matière de sa lampe ornée de pierres précieuses, tout son soin consistant à la remplir de l'huile céleste. En qualité d'épouse de Jésus-Christ, elle aima son Église, dont les avantages faisaient sa joie et les pertes sa douleur. Tous ses mystères la tenaient dans une telle admiration, qu'elle respectait jusqu'aux franges de ses vêtements et qu'elle ne pouvait regarder rien comme peu important de tout ce qui regardait Jésus-Christ et son Église. Elle avait acquis une grande lumière de l'intelligence de l'Écriture sainte, plus par ses pieuses méditations que par l'assiduité de sa lecture ; et son amour pour son époux fut l'excellent et unique interprète dont elle se servit pour la pénétrer. Elle fut humble dans la prospérité, constante dans l'adversité, exacte et vigilante dans les petites choses, magnifique dans celles qui étaient grandes et difficiles. Lorsqu'une maladie violente lui fit sentir que l'époux frappait à la porte, elle lui ouvrit avec joie ; et sa foi la rendant victorieuse de ses sens, elle envisagea paisiblement la mort dont la nature a tant d'horreur, espérant qu'alors elle serait, par la miséricorde de Dieu, plus en état de le louer, car elle se plaignait toujours avec gémissements de l'avoir loué d'une manière trop imparfaite.

Elle est morte le 29 janvier 1684, âgée de 59 ans.

La dalle rectangulaire qui touche au tambour est celle de l'abbé Besson, dont j'ai parlé plus haut. La première de l'autre côté recouvrait les restes de Jean Doamplup de Bordeaux.

XXXV

Messire Jean Doamplup, 1671.

Ce solitaire, amené par M. Manguelin, venait de Bordeaux en passant par Bazas : il faut expliquer comment. L'évêque de Bazas, M. Litolphi Maroni, disciple de Port-Royal, s'était retiré dans cette solitude, bien résolu à se démettre de son évêché et à embrasser la vie pénitente des hôtes du Désert. Mais eux, M. Singlin le premier, ne le voulurent pas, et, le jugeant plus utile sur son siège, le prièrent de retourner à son troupeau. L'évêque y consentit, quoique à regret, et repartit emmenant avec lui M. Manguelin, prêtre fort distingué, docteur de Sorbonne, pour lui donner la direction de son séminaire. Au nombre des premiers élèves se trouvait le jeune Jean Doamplup, que son père avait confié à M. de Bazas dans l'espérance qu'il obtiendrait plus tard un bénéfice ecclésiastique. Mais bientôt l'évêque mourut et le supérieur du séminaire, dégagé de sa promesse, se hâta de rejoindre ceux qu'il n'avait quittés qu'à regret, emmenant avec lui son élève dont il connaissait les heureuses dispositions. On l'envoya à Maubuisson auprès de la Mère Marie des Anges Suireau, pour y remplir l'office de sacristain. Il revint avec l'abbesse à Port-Royal de Paris et continua ses modestes fonctions dans ce Monastère pendant vingt-quatre ans. Son amour de la pauvreté et de la mortification était si parfait qu'on ne voyait dans sa chambre aucun meuble, pas même une chaise. Car il priait et travaillait soit à genoux soit debout et sans feu, par les froids les plus rigoureux ! Jamais il ne fut possible de vaincre son humilité et de le faire avancer plus haut que le sous-diaconat, bien qu'il fût parfaitement capable et digne d'exercer le ministère sacré. Au moment du schisme des deux Maisons de Port-Royal, Jean Doamplup se retira à celle des Champs.

On rapporte que l'abbesse intruse, la sœur Dorothée Perdreau, lui donna vingt-quatre heures pour évacuer les lieux, sans quoi elle le faisait jeter à la porte : manière bien simple de reconnaître et de récompenser vingt-cinq années de services dévoués. L'humble sacristain vécut à Port-Royal des Champs en parfait solitaire, faisant en sorte que chaque jour, qu'il regardait comme s'il dût être le dernier, ressemblât exactement à celui qui l'avait précédé. Il mourut en 1681, entouré du respect et de la vénération de tous, et d'autant plus estimé, honoré et exalté qu'il s'était humilié davantage. M. Hamon résuma sa vie en une longue épitaphe. Elle est gravée sur une tombe encadrée d'un chapelet, ce qui permet de supposer que le pieux sous-diacre avait une dévotion particulière à la sainte Vierge.

Hic jacet Joannes Doamplvp Bvrdigalensis, qvi cvm a svis notæ sanctitatis Episcopo traditvs esset propter falsam spem sæcvli felicivs apvd evm veris bonis ditatvs est, factvs amator pavpertatis et pœnitentiæ, qvam postea in hoc Monasterio egit per qvatvor et viginti annos cvm magna innocentiæ lavde. Ad svbdiaconatvm, vitæ meritis et obedientiæ, evectvs, hoc vnvm cvravit ne aliqvid præter officivm cvraret. In templo et in cvbicvlo assidvvs, qvod illi velvt templvm erat; omnivm negotiorvm expers, et ab omni sollicitvdine liber, præterqvam ab ea qvæ timori Dei conjvncta, secvritatem affert; gavdens in otio sancto et frvens intvs veritatis deliciis, qvas nemo gvstat foris. Per plvres annos nec pedem posvit extra limen Monasterii, non magis solitvdinis reverentia, qvam mvndi contemtv, persvasvs Devm facilivs inveniri posse in cordis arcano majori gratia et minori amittendi pericvlo. Hoc in eo præcipvvm qvod pietatis stvdio victa natvra, a qva omnis inconstantia, idem perpetvo fverit vt qvod vno die id ipsvm cvnctis diebvs faceret, sicqve singvlis horis vitam absolveret, nvlla novitate distinctam beatam vitam omnibvs votis et semper expectans ad qvam evolavit id. Jvnii MDCLXXI

Ici repose Jean Doamplup, natif de Bordeaux. Ses parents, dans les vues trompeuses d'une fortune passagère, le confièrent à un évêque d'une sainteté reconnue, auprès duquel il eut un sort plus heureux, s'y étant enrichi des vrais biens, en épousant la pauvreté et la pénitence qu'il pratiqua depuis dans cette Maison pendant vingt-quatre ans, avec une grande réputation de pureté de mœurs. Son mérite et la régularité de sa vie l'ayant élevé au sous-diaconat, l'unique soin qu'il eut, fut de n'en point avoir d'autre que de remplir ses obligations. Tranquille sur tout le reste, et seulement occupé de cette sollicitude, qui jointe à la crainte de Dieu dissipe toute autre crainte, il était assidu à l'église et à sa chambre dont il s'était fait un oratoire. Plein de joie au milieu de ce saint repos, il goûtait dans la retraite les délices de la vérité que l'on ne rencontre point ailleurs. Persuadé que l'on trouve plus facilement Dieu dans le secret du cœur et qu'on l'y trouve avec plus davantage et moins de danger de le perdre, il fut plusieurs années sans sortir du Monastère, autant par le respect qu'il avait pour la solitude que par le mépris qu'il faisait du monde. Dès que la piété se fut rendue en lui maîtresse de la nature, source de l'inconstance humaine, son caractère particulier fut une constante et invariable uniformité de conduite ; de sorte que ce qu'il faisait un jour, il le pratiquait tous les jours de sa vie, et que chaque heure le trouvait dans les mêmes exercices sans la moindre variation. Toujours occupé du désir de l'éternité bienheureuse, il y fut appelé le 13 juin 1674.

XXXVI

Messire Nicolas Thiboust, 1688.

Nicolas Thiboust, prêtre du diocèse d'Évreux, chanoine de Saint-Thomas du Louvre, vint, à quatre-vingts ans, finir ses jours dans la solitude. Sa vie avait toujours été très régulière et pendant quarante-quatre ans qu'il remplit ses fonctions à Saint-Thomas, il ne cessa d'édifier ses confrères par son exactitude aux offices et les fidèles par son recueillement et sa piété. Cependant, persuadé de son indignité et de l'inutilité de sa vie, sachant que le plus juste doit trembler de paraître devant Dieu et redouter ses jugements ; il voulut se recueillir plus spécialement avant d'entrer dans son éternité. D'autre part, son grand âge ne lui permettait plus de remplir exactement les devoirs de sa charge et il ne crut pas qu'il lui fût permis de la conserver plus longtemps ; il s'en démit et descendit à Port-Royal. Il y vécut encore douze ans, méditant sans cesse ces paroles : « Un Dieu ! Un moment ! Une éternité ! » attendant chaque jour sa délivrance, redoublant de piété et de ferveur à mesure qu'il approchait du terme de son exil. Aussi longtemps qu'il le put, à l'encontre de son compagnon de solitude Emmanuel Le Cerf, il célébra les saints mystères, persuadé qu'on ne peut plus dignement honorer Dieu qu'en lui offrant le sacrifice eucharistique et propitiatoire. Outre son office ordinaire, ce vénérable vieillard récitait tous les jours le psautier et d'autres prières ; et quand, à quatre-vingt-douze ans, la mort vint rompre les liens fragiles qui le retenaient ici-bas, et délivrer son âme, elle le trouva en oraison. On peut dire qu'il s'endormit dans le Seigneur le 3 mars 1688. On grava sur sa tombe cette épitaphe composée par M. Dodart, et qui résume fort bien les œuvres de piété de cette longue existence :

Hic quiescit Nicolaus Thiboust, Presbyter Ebroïcensis et Sancti Thomæ ad Regiam luparam Collegialis et Regalis ecclesiæ per annos XLIV canonicus. Ibi divinam psalmodiam pietate, exemplo, consilio restituit, et bona sacrata penè collapsa, prudentia omnique ope curavit restaurari. Vir sibi Deoque vacans, semper sui similis viam Domini constanter ambulavit. Antiquos mores a puero, pueri innocentiam, ad finem usque vitæ retinuit ; pristinum jejunii ecclesiastici ritum, quem in natali solo perseverantem adolescens viderat, religiosissime coluit ; quadragesimale ad vesperam usque producens. Illi divitiæ carere divitiis, ut Deo liberius serviret ; et ut vita ejus Dei laus perennis esset, nocturnam canonici cursus partem adimpleturus noctis somnum nunquam non intermisit, diurnam quotidiana psalterii recitatione, sacrorum codicum lectione, ecclesiastica mortuorum commendatione continuavit. Christianam veritatem impense adamavit, pro justitia constantissime laboravit, malis quorumdam artibus et ambitiosis prensationibus tantum non loco dejectus, stetit tamen, Deo sustentante, ut sponte sua postmodum cederet. Solitis ecclesiæ suæ munus impar effectus, in hanc solitudinem secessit ubi lumbis præcinctis, lucernis fidei ac bonorum operum accensis ; jugi oratione, ut per effœtas vires licuit publicæ laudis atque agni immaculati cum sacris ejusdem sponsis assidua oblatione, factus simili homini expectanti Dominum suum cum eo, ut confidimus, introivit ad nuptias, annos natus XCII die III martii anni MDCLXXXVIII

Requiescat in pace.

Par M. Dodart.

Ici repose messire Nicolas Thiboust, prêtre du diocèse d'Évreux, qui fut quarante-quatre ans chanoine de l'église collégiale et royale de Saint-Thomas du Louvre. Il employa son industrie et tous ses biens à en réparer les ruines et contribua le plus par sa piété, son exemple, ses conseils à y rétablir l'office divin. Tout occupé du culte de Dieu et du soin de son salut, et toujours égal à soi-même; il marcha avec confiance dans la voie du Seigneur. Dès son enfance, il fit paraître les mœurs d'un vieillard et toute sa vie, il conserva l'innocence d'un enfant. Il observa religieusement le jeûne de l'Église selon le rite des anciens, tel que dans son enfance, il l'avait vu pratiquer dans son pays et il poussait ceux du carême jusqu'à l'heure des vêpres. Il faisait consister ses richesses à n'en point avoir, pour être en état de servir Dieu avec plus de liberté, et afin de faire de sa vie une suite continuelle de louanges à la divine majesté, il ne manqua jamais de se lever la nuit pour l'office de matines et de réciter tous les jours, outre les autres heures canoniales, le psautier avec l'office des morts, joignant à tout cela une lecture assidue de la sainte Écriture. En récompense de son amour extrême pour la vérité et de ses travaux pour la justice, il se vit sur le point d'être chassé de son bénéfice par les artifices malins et les brigues ambitieuses de certaines personnes. Mais Dieu l'y maintint, afin qu'il eût le mérite de s'en démettre volontairement. Ne pouvant plus remplir les obligations, comme il avait fait jusqu'alors, il le quitta et se retira dans ce désert. Là, dans l'exercice d'une prière continuelle, et une assistance exacte à la messe conventuelle et au reste de l'office, autant que l'épuisement de ses forces le lui pouvait permettre, les reins ceints et les lampes ardentes de la foi et des bonnes œuvres à la main, comme un serviteur qui attend le retour de son maître, il entra avec lui, comme nous avons lieu de croire, au festin des noces le troisième jour de mars 1688 en la quatre-vingt-douzième année de son âge.

XXXVII

Catherine Mallon de Nointel, 1676.

« Le dix-neuvième jour de novembre 1676, dit le Nécrologe, mourut dame Catherine Mallon, veuve de messire Édouard Olier, chevalier, seigneur de Nointel, d'Angervilliers et autres lieux, laquelle s'étant retirée du monde pour vaquer avec plus de liberté aux exercices de la piété chrétienne, a demeuré quatre ans et neuf mois dans ce Monastère, où elle est morte, et a été inhumée dans l'aile gauche de notre église, du côté de la chapelle de Saint-Laurent. »

La tombe de Catherine Mallon porte les armes des Olier de Nointel et des Mallon. Les premières : *d'or au chevron de gueules, accompagné de trois raisins au naturel, feuillés de sinople;* les secondes : *d'azur à trois merlettes d'or.*

Édouard Olier, marquis de Nointel, était Conseiller au Parlement de Paris. Son fils, Charles-François, envoyé en 1679 en ambassade à Constantinople, représenta glorieusement la France et s'occupa activement de la recherche des monuments de l'antiquité classique. L'épitaphe de Catherine Mallon est la suivante :

D. O. M.

Hic jacet Catharina Mallon, vidua nobilis viri Eduardi Olier equitis, D. D. de Nointel, d'Angervilliers, quæ suis et alienis chara, iisque ornata virtutibus quæ mulierem christianam decent, Deo ita volente, cujus semper judicia justa sunt, ærumnis fere omnibus afflicta, quæ in hominem cadere possunt, maximis; ideo magis spem filiorum expectat, quod Patris optimi divinam manum erudientis et castigantis usque ad finem vitæ experta sit. Obiit 19 Novembris, anno Christi 1676, ætatis 61

Requiescat in pace.

Par M. Hamon.

Ici repose Catherine Mallon, veuve d'Édouard Olier, chevalier, seigneur de Nointel, d'Angervilliers. Elle sut se faire aimer autant des étrangers que de ses proches et réunir en sa personne les vertus qui font l'ornement de la femme chrétienne. Dieu, dont les jugements sont toujours justes, permit qu'elle passât par presque toutes les grandes afflictions qui peuvent arriver à l'homme : ce qui lui donna d'autant plus de droit de prétendre à l'héritage des enfants, qu'elle a plus senti, jusqu'à la fin de sa vie, la main de Dieu qui l'a instruite en la châtiant en père plein de tendresse. Elle est morte à l'âge de 61 ans, le 19 novembre 1676.

XXXVIII

Messire François-Estienne Cailleteau, 1721.

Port-Royal n'existait plus depuis dix ans quand mourut François-Étienne Cailleteau ; il ne lui appartient donc à aucun titre, et sa tombe, comme celle dont nous avons déjà parlé, ne devrait pas figurer à la place qu'elle occupe.

Je copie l'acte d'inhumation qui nous dira quel était ce jeune clerc enlevé à l'Église à la fleur de l'âge.

ENTERREMENT DE MESSIRE FRANÇOIS-ÉTIENNE CAILLETAU, CLERC DE L'ASSURANCE

L'an mil sept cent vingt et un, le jeudi au soir seizième du mois d'octobre, a été inhumé en cette église, au chœur de la chapelle de la sainte Vierge, au bas du marchepied de l'autel, le corps de défunt messire François-Estienne Cailleteau, clerc minoré, âgé de vingt-sept ans, fils de Pierre Cailleteau, architecte et contrôleur des bâtiments du roy, et de demoiselle Colombier, son épouse, lequel, après avoir reçu les sacrements, est décédé du jour d'hier à Brouëssy, maison de campagne de Monsieur son père, située en cette paroisse, à laquelle sépulture ont assisté le sieur Jean Moreau, entrepreneur des bâtiments, demeurant à Versailles, et le sieur Nicolas Coquelin, chirurgien, demeurant aussi à Versailles, tous deux oncles maternels du défunt, et aussi le sieur Jean Coquelin, dessinateur, demeurant aussi audit Versailles, cousin du défunt, et le sieur Pierre Goddefroy, demeurant audit Brouëssy, allié, et demoiselle Vaché, épouse du sieur Nicolas Guenet, bourgeois de Versailles, lesquels ont signé[1].

(*Extrait du Registre paroissial.*)

1. Rien dans ce qui précède n'indique que le jeune clerc fut un janséniste persévérant qui voulut reposer le plus près possible de Port-Royal, comme le dit à tort M. de Guilhermy.

CY DESSOUS REPOSE
LE CORPS DE DEFFUNT
MESSIRE FRANÇOIS
ÉTIENNE CAILLETEAU
DE L'ASSURANCE, CLERC
MINORÉ, DÉCÉDÉ LE 15
OCTOBRE 1721, AGÉ DE
27 ANS ET DEMY.

PRIEZ POUR LUY
AFFIN QU'IL PRIE
POUR VOUS.

XXXIX

Messire Sébastien-Joseph du Cambout de Pontchâteau, 1690.

Petit ou grand, chacun de nos personnages se trouve à sa place dans notre histoire et concourt à la construction de l'édifice. Les uns, les illustres, brillent au premier plan de ce tableau aux vastes proportions; les autres, les célèbres, plus nombreux, en forment le fond et le chargent sans confusion de leur masse imposante; d'autres enfin, fort modestes, apparaissent dans le lointain teinté de lumière et d'ombre, complètent l'œuvre et le perfectionnent. Celui dont nous allons retracer la vie appartient par sa naissance, son savoir, les services rendus et l'austérité de sa pénitence à la première catégorie, celle des illustres de Port-Royal : on le verra, du reste, par la suite de ce récit.

Sébastien-Joseph du Cambout de Pontchâteau naquit en 1634 au château de Coislin en Bretagne. Il était le troisième fils de Charles du Cambout marquis de Coislin, baron de Pontchâteau et de la Roche-Bernard, gouverneur de Brest, lieutenant général en Basse-Bretagne, cousin germain du cardinal de Richelieu. Sébastien-Joseph, frère de la duchesse d'Épernon, de la comtesse d'Harcourt-Lorraine, oncle du duc de Coislin, du cardinal du même nom, évêque d'Orléans, et de César du Cambout, chevalier de Coislin, neveu (à la mode de Bretagne) du Premier Ministre, le cardinal de Richelieu, fut dès son enfance pourvu de plusieurs abbayes. Son aîné s'étant démis de ses bénéfices pour suivre la carrière des armes, on les fit passer sur la tête du jeune frère à peine parvenu à l'âge de raison. Comme nous l'avons remarqué autrefois pour la Mère Angélique, Charles du Cambout, ainsi qu'Arnauld, trompa la Cour de Rome, et en conférant à son fils les abbayes de Saint-Gilles, de la Vieuxville et de Geneston qui valaient quinze mille livres de rente, le pape lui mandait qu'il était exactement informé « de la prudhomie, de la science et des bonnes mœurs » du titulaire : le petit abbé n'avait que sept ans !

Son père l'envoya fort jeune à Paris et le plaça au collège des Jésuites où il fit ses humanités. Il suivit ensuite le cours de philosophie à l'Université et étudia la théologie avec succès. Il était donc fort instruit ; car il savait, outre le latin et le grec, l'allemand, l'espagnol et l'italien. A seize ou dix-sept ans, le jeune abbé, ayant domestique et équipage, menait le train des seigneurs de sa naissance et de son rang et brillait au milieu d'eux. Admirablement doué, il possédait, dit un biographe, « tous les avantages de l'esprit et du corps qu'on pouvait désirer dans une personne de sa qualité ; il était bien fait, de bonne mine, il avait l'air et les manières très engageantes, une extrême politesse, une grande facilité d'apprendre, de concevoir et de s'énoncer ; une sagesse et une droiture qui passaient de beaucoup celle de son âge » ; en un mot, il souriait au monde et le monde lui rendait son sourire. Cependant, malgré sa dissipation extérieure, sa foi vive qui ne se démentit jamais, une crainte salutaire des jugements de Dieu, le sauvèrent de bien des périls et devinrent pour lui le commencement de la sagesse. Sa nature, si elle eût été laissée à elle-même et à l'inspiration de la grâce, le portait directement vers Port-Royal. Il y alla et entendit M. Singlin. Le pieux directeur lui parla avec force et onction contre la pluralité des bénéfices qui l'enrichissaient au détriment d'autres clercs très dignes qui végétaient dans l'indigence, et de la nécessité de s'en dépouiller. L'abbé de Pontchâteau se laissa parfaitement persuader, mais sa famille et ses amis lui représentèrent que n'ayant pour vivre que le revenu de ses abbayes, il devait les garder afin de pouvoir soutenir le rang que lui donnait sa naissance. D'autre part, son précepteur l'empêcha même d'exécuter certaines réformes urgentes conseillées par M. Singlin.

La première visite qu'il fit à Port-Royal des Champs date du carême 1653. M. Baudry d'Asson de Saint-Gilles, qui l'attendait avec anxiété depuis longtemps et priait sans cesse pour sa conversion, le reçut avec une joie extrême et remercia Dieu de lui avoir envoyé son *petit abbé*. Néanmoins, s'il crut le garder longtemps cette fois, son illusion ne dura pas plus que le carême. Afin de le détacher de Port-Royal, son précepteur l'en éloigna en le faisant changer de logement, l'engagea à voyager en Allemagne, et enfin lui persuada de visiter l'Italie et Rome. Son dessein était de l'arrêter à Lyon chez le cardinal archevêque, Alphonse Du Plessis, frère du Premier Ministre. En effet, il y arriva; le prélat le logea dans son palais, le prit en affection, le flatta par l'appât des dignités et l'appelait déjà son futur successeur.

Après huit ou neuf mois de séjour dans cette ville, l'abbé allait poursuivre sa route vers Rome, dans les équipages de l'archevêque, quand ce prélat tomba malade et mourut si subitement qu'il n'eut pas le temps de disposer d'aucun bénéfice en faveur de M. de Pontchâteau. Il lui laissa seulement par un codicille pour cinquante mille livres de meubles et une parole plus précieuse que tout son héritage, « qu'il eût bien mieux valu, pour lui, mourir dans le lit de dom Alphonse que dans celui de cardinal de Lyon ». Alphonse du Plessis, d'abord évêque de Luçon, s'en était démis en faveur de son frère Armand, et s'était fait chartreux. Quand Armand fut parvenu au faîte de la puissance, il tira le chartreux de sa cellule, le fit archevêque d'Aix, puis de Lyon, cardinal, grand aumônier de France, commandeur de l'ordre du Saint-Esprit, abbé de la Chaise-Dieu, de Saint-Victor de Marseille et de Saint-Martin de Tours. En ce temps-là, il faisait bon avoir un frère Ministre et tout-puissant.

M. de Pontchâteau, désorienté par cette fin tragique, et sollicité par MM. de Port-Royal, revint à Paris. Mazarin lui offrit la coadjutorerie de l'évêché de Dol; mais l'abbé, peu disposé à aller s'enfermer dans ce coin de la Bretagne, et d'ailleurs se trouvant trop jeune, remercia et se remit sous la conduite de M. Singlin. Sa famille s'opposait toujours à ses desseins de retraite absolue, et avec raison, car sa vocation paraissait encore trop chancelante et trop mal affermie. Son âme devint le théâtre de combats singuliers; tantôt, la parole de l'archevêque de Lyon lui revenant en mémoire, il voulait se faire chartreux; tantôt, se tournant franchement vers le monde, il songeait à s'engager dans le mariage. Il allait bien de temps en temps à Port-Royal des Champs, plutôt en amateur qu'en pénitent, travaillait avec MM. de Saint-Gilles et Arnauld, et prenait des leçons d'horticulture du maître jardinier, le chanoine Bouilly. Il était aux Champs en 1656, lors de l'expulsion des solitaires. A Paris, il logea avec plusieurs d'entre eux, entretint des relations très suivies avec les autres, et écrivit le récit des miracles de la Sainte-Épine, ce qui lui valut le titre d'honneur de *greffier de la Sainte-Épine*.

L'année suivante, sa vertu fut mise à une terrible épreuve. Étant parti en Bretagne pour assister aux États de sa province, « il se *détraqua* beaucoup par des compagnies qu'il fréquenta, les festins où il se trouva, l'amusement de la vie dans lequel il se laissa aller », de sorte qu'il oublia Port-Royal, à tel point qu'il partit pour Rome sans même prévenir les Messieurs autrement que par un petit billet laissé à M. Du Mont, ainsi conçu : « Je vous supplie qu'on ne se mette point en peine de moi, je suis parti pour Rome. » Tout le monde fut contristé de cette nouvelle. M. Singlin pensait laisser cet esprit volage à son malheureux sort, mais la Mère Angélique, pleine de charité, le lui reprochait en lui disant : « Auriez-vous bien le courage d'abandonner *le petit abbé* ? »

Je fais grâce au lecteur de l'itinéraire parcouru, des divertissements, des audiences du pape, des visites aux cardinaux et aux monuments accumulés par trente siècles sur le sol de l'ancienne et de la nouvelle Rome. Ce voyage dura un an, pendant lequel M. de Pontchâteau, tout occupé de ses plaisirs, ne trouva pas même une minute pour écrire un mot à ses amis. Rentré à Paris, où il séjourna un mois, il n'en vit aucun, et partit pour ses abbayes de Bretagne. Cette absence, comme le voyage de Rome, dura un an et l'éloigna de plus en plus, non seulement de la voie étroite de Port-Royal, mais de la voie simplement chrétienne. Ses bons amis, qu'il payait d'ingratitude, le suivaient en gémissant et conjuraient le Seigneur de leur ramener bientôt l'enfant prodigue, car, lui, ce malheureux prodigue, ne savait pas encore rougir de ses égarements. Sa foi, néanmoins, parlait de temps en temps à son âme inquiète, car il écrivait à M. Baudry d'Asson : « Je soupire après ma patrie, je me suis égaré dans une région lointaine. » Ainsi disait sa foi, tandis que sa volonté, inclinée vers le mal, n'avait pas assez de force pour briser les liens de sa captivité. D'ailleurs, les obstacles semblaient comme à plaisir s'accumuler sous ses pas. Mme d'Épernon, sa sœur, étant devenue veuve, l'abbé de Pontchâteau se retira chez elle. Il y rencontra une jeune demoiselle de qualité attachée à la duchesse, et dont les charmes le séduisirent tellement, qu'il songea sérieusement à quitter l'état ecclésiastique pour l'épouser. Les choses allaient bon train, quand sa sœur s'en aperçut. De là une discussion violente, à la suite de laquelle l'abbé quitta la maison, bien résolu à passer outre et à braver l'opinion. La pauvre demoiselle, tourmentée de tout ce tapage, tomba malade et mourut! Cette chaîne, la plus pesante qu'il eût jamais portée, fut providentiellement brisée le 22 mars 1663; et tous les ans, au jour anniversaire, l'abbé de Pontchâteau récitait spécialement, en signe d'action de grâces, le psaume : *Misericordias Domini in æternum cantabo :* « Je chanterai éternellement les miséricordes du Seigneur. »

Il courut immédiatement chez M. de Saint-Gilles et le conjura de le remettre entre les mains de M. Singlin. Le directeur, alors caché, lui écrivit de sa retraite : « Vous ne voulez donc point quitter la vie que vous menez? » Et comme l'abbé lui répondait qu'il le voudrait bien, mais qu'il ne le pouvait pas encore, M. Singlin lui repartit ces paroles, qui le frappèrent comme un coup de foudre : « Ne dites pas que vous ne le pouvez pas, mais que vous ne le voulez pas! » Le malheureux jeune homme en rêva toute la nuit, retourna, pesa ces paroles en tous sens et, le lendemain, dès l'aurore, il quitta le logis de l'abbé de Coislin, son neveu, au cloître Notre-Dame, et, de ce moment décisif, ne vit plus jamais aucun membre de sa famille!

Le nouveau converti congédia ses gens, vendit son équipage, donna une partie de sa riche bibliothèque, se démit de ses abbayes, dont on le força à garder deux mille livres de revenu, qu'il ne toucha jamais, et plaça sur l'île de Nordstrand les vingt mille livres qui lui revenaient de son patrimoine, en vertu d'un arrangement avec son frère aîné. Délégué par ses amis pour aller voir les choses de près, M. de Pontchâteau partit à Nordstrand [1]. Il revint par la Hollande et l'Allemagne, et s'arrêta au Monastère de Haute-Fontaine, en Champagne, pour y saluer l'abbé Le Roy, qu'il avait connu à Paris, et qu'il venait voir à sa campagne de Mérantais [2]. L'interdit qui pesait alors sur Port-Royal l'empêcha de s'y retirer. Il s'établit donc à Paris sous des noms divers, avec MM. de Sainte-Marthe et de Saint-Gilles, épiant toutes les occasions d'être utile aux religieuses et aux amis pourchassés. M. de Saint-Gilles les quitta bientôt pour aller rejoindre son Dieu, et les deux survivants se rendaient souvent incognito à Port-Royal. « Il venait quelquefois, dit une captive, se promener aux Granges avec M. de Sainte-Marthe, et il regardait de là la communauté qui faisait en ce temps-là tous les jours des processions en disant le psautier, ce qui lui était une grande consolation et un sujet de nous offrir toutes à Dieu avec bien de la charité. »

La paix, à laquelle il contribua beaucoup par ses visites au nonce et ses démarches auprès des évêques négociateurs, lui permit d'accourir à Port-Royal. Il s'installa

1. L'île de Nordstrand, située sur la côte ouest du Schleswig-Holstein, avait été en partie submergée par une irruption de la mer, en 1634, et dans ce déluge partiel, plusieurs milliers de personnes avaient péri. Une société se constitua, avec des privilèges très étendus pour reconquérir le pays au moyen de digues comme on le fit plus tard pour la mer de Haarlem, en Hollande. Messieurs de Port-Royal : Arnauld, Nicole, de Saint-Amour, de Ponchâteau, les Angran, etc., y placèrent des sommes importantes dans le but unique de les faire fructifier. La spéculation ne fut pas heureuse et après une série de déboires le duc de Holstein acheta les parts de nos Messieurs en 1678. Mais le paiement s'en fit attendre et l'affaire ne se liquida que très péniblement.

2. L'habitation actuelle de la propriété de Mérantais est située un peu plus haut que l'ancien château dont on voit encore les caves à demi ruinées tout au bord de la colline.

sur la hauteur des Granges, dans un pauvre petit bâtiment, pauvrement meublé, couchant sur une claie, cultivant le jardin, la vigne et la ferme, coupant les moissons, recueillant les fruits, allant au marché vendre les denrées, acheter les provisions, jeûnant souvent, priant toujours, se mortifiant sans cesse avec une incroyable ardeur. Il avait pris le nom de Mercier ; mais les voisins qui le rencontraient disaient : « Nous le connaissons bien, nous savons que c'est M. de Pontchâteau ; nous l'avons vu souvent quand il allait à Mérantais, chez M. l'abbé Le Roy. »

Telle était la vie de ce pénitent depuis huit ans lorsqu'en 1677 M. d'Aleth le pria d'aller à Rome pour l'affaire de la régale. Il y retournait en 1679 porteur d'une lettre de la Mère Angélique de Saint-Jean au pape Innocent XI et pour plaider la cause du Monastère toujours calomnié. L'ambassadeur de France, informé de son arrivée, et sachant qu'il traversait les vues de la Cour, le fit sortir de la ville. Hélas ! quand il la quitta, Port-Royal lui était fermé pour jamais, et il ne lui fut plus permis que d'y faire, à la dérobée, de courtes apparitions ! De Rome, il gagna Bruxelles voir Arnauld exilé. Depuis lors, jamais ermite ne fut plus errant :

> Rarement à courir le monde
> On devient plus homme de bien,

dit La Fontaine ; nul doute, cependant, que M. de Pontchâteau n'ait été du nombre de ces rares pèlerins qui se sanctifient tout en voyageant beaucoup. Dix ans s'écoulèrent dans un va-et-vient mystérieux entre Bruxelles, Haute-Fontaine, Paris, Port-Royal, Orval, etc. Ce coureur infatigable, qui, après la mort de l'abbé Le Roy, avait pris pour quartier général et trait d'union entre

Paris et Bruxelles l'abbaye d'Orval aux frontières du Luxembourg, vint bien cinq ou six fois à Port-Royal incognito. A Orval, où il n'était connu que du Père abbé et du prieur, il reprit la vie de jardinier et fit revivre autant que possible sa chère solitude. Quand il quitta pour la dernière fois cette maison hospitalière pour venir à Paris, il emporta comme un pressentiment de sa fin prochaine. En effet, il tomba malade d'une pleurésie au sortir d'un long entretien qu'il avait eu avec Nicole. « La maladie dont il est mort le prit chez moi après un entretien de deux heures ; j'ai eu le bonheur de le voir pendant sa maladie et même d'assister au sacrifice de sa mort. » En rentrant chez son hôte, M. Boué, marguillier de Saint-Gervais, il dut se mettre au lit ; le mal s'aggravant, il demanda les sacrements dont l'Église console et fortifie les mourants. Il les reçut avec « toute la dévotion et piété dont peuvent être capables les plus grands saints ». Quand MM. Dodart et Hecquet, médecins de Port-Royal, qui lui prodiguaient leurs soins, eurent perdu tout espoir, on crut devoir avertir la famille. C'est à ce moment-là seulement que le moribond fut connu du clergé de sa paroisse. Le duc de Coislin accourut pour recevoir le dernier soupir de son oncle ; mais quelle ne fut pas sa douleur lorsqu'on vint lui dire que le malade priait « messieurs ses parents de le dispenser de recevoir leur visite parce qu'il craignait, surtout étant sur le point de paraître devant Dieu, que leur présence ne réveillât en lui certaines idées de grandeur qu'il avait tâché d'effacer de son esprit depuis qu'il avait quitté le monde ».

La famille affligée dut se résigner à faire prendre simplement de ses nouvelles jusqu'au moment où le moribond étant en agonie, ils purent pénétrer dans sa chambre et l'apercevoir, sans être vus, par les rideaux entr'ouverts. Ce vrai pénitent, qui, par vingt-huit ans de mortification, avait expié les égarements de sa jeunesse, rendit l'âme à son Créateur le 27 juin 1690, à l'âge de cinquante-sept ans.

Aussitôt le bruit se répandit dans le quartier qu'il venait d'y mourir un saint et le peuple accourut en foule pour lui baiser les pieds. Le *greffier de la Sainte-Épine,* qui avait enregistré autrefois avec tant de soin les miracles dont Port-Royal avait été le théâtre, en opéra à son tour. On les déclara bien authentiques. Cependant, pour ne rien exagérer, il est bon d'ajouter que Nicole n'y croyait guère, au grand scandale des amis. Le jour du convoi, qu'on fit très simple selon la volonté du défunt, la foule pénétra dans le chœur de l'église, et, « s'apercevant que le cercueil n'était pas bien soudé, enleva de force les lames de plomb qui le couvraient, les dessoudant avec des couteaux, et mit en pièces sa chemise et son linceul; et si on ne l'eût empêché, elle était près de mettre son corps en pièces pour en avoir des reliques. Les prêtres le portèrent dans la chapelle pour faire ressouder le cercueil; mais la porte en ayant été forcée, on fut contraint de le mettre promptement dans un carrosse et de le conduire à Port-Royal. » Ce corps, que des chrétiens exaltés auraient mis en pièces, quitta Paris vers trois heures de l'après-midi amené par le vicaire de Saint-Gervais qui avait administré M. de Pontchâteau; mais, par suite d'un accident arrivé à la voiture et qu'il fallut réparer, il n'arriva qu'à onze heures et demie du soir. Le prêtre, en le présentant, fit l'éloge du défunt et des religieuses auxquelles il confiait cette précieuse dépouille. Les funérailles eurent lieu immédiatement en présence de la communauté et de quelques amis seulement. Le cœur, qu'on avait retiré par précaution ou qu'on destinait à l'abbaye d'Orval, fut mis en dépôt à l'intérieur et inhumé le 14 octobre suivant aux pieds du corps de M. de Sainte-Marthe enterré ce jour-là.

Nous avons dit que le corps entier de M. de Pontchâteau repose aujourd'hui dans le caveau pratiqué près de l'autel de la sainte Vierge.

MEMORIÆ ÆTERNÆ
SEBASTIANI JOSEPHI DU CAMBOUT DE PONTCHASTEAU, RICHILII CARDINALIS CONSOBRINI; QUI CUM A PRIMA PUERITIA NUNC CHRISTIANÆ VERITATIS AMORE RAPTUS, NUNC MUNDI ILLICEBRIS DELINITUS, INTER PRAVA ET RECTA DIUTINUS NUTASSET, TANDEM ANNO ÆTATIS XXIX TRIBUS ABBATIIS ABDICATIS, FAMILIA OMNI, NECESSARIIS COGNATISQUE SIBI CHARISSIMIS VALERE JUSSIS, MUTATA VESTE ET NOMINE, HUMILLIMÆ, AC LABORIOSISSIMÆ VITÆ OFFICIIS ECCLESIÆ IN CHRISTI SERVIS FAMILATUS SEXENNIUM SOLIDUM : DEINDE, CONVERSA CONDITIONE TEMPORUM, IN RUS HOC QUOD JAMDIU ANHELABAT CONCESSIT, UBI VILLATICUS OLITOR, OMNIUM INSUPER RUSTICANORUM OPERUM PARTICEPS IGNOTUS, CILICIO AD CUTEM AMICTUS IN DURO STRAMENTO ET SÆPE ET NUDA VIMINEA CRATE CUBANS, DIURNIS ORATIONIBUS NOCTURNAS CONTINUANS, HOSTIAM LAUDIS LIBERATORI DEO SACRIFICAVIT PER DECENNIUM; UNDE IMPROVISA TEMPESTATE EJECTUS, RURSUS IGNOTAM IN ALIENAM TERRAM VITAM INGRESSUS HANC PER QUATUOR ANNOS EGIT, LONGIS ITINERIBUS, MOLESTISSIMIS TEMPESTATIBUS ALIQUEM INTEREA, UBI TRANQUILLE MORI LICERET, NIDULUM QUÆRITANS, QUEM NACTUS IN MONASTERIO HUJUS ORDINIS, AD IMPERII FINES SITO, TOTO IMPETU, QUASI COLOMBÆ PENNIS, EO VOLAVIT UT REQUIESCERET IN SPE ET DESIDERIIS VITÆ ÆTERNÆ INTEGRATO IBI, RUSTICO LABORE, ARCTIORI SILENTIO, DURIORI VITA, ABDITIORI SOLITUDINE QUAM PER ANNOS QUINQUE COLUIT, IN SILVAS INVIAS IDENTIDEM SECEDENS, CUM PERPAUCIS FRATRIBUS, DONEC EVOCATUS LUTETIAM INTERCEPTUS PRÆCIPITI MORBO, MIGRAVIT IN EXOPTATISSIMAM SIBI TERRAM VIVENTIUM, ANNO ÆTATIS 56, MENSE 6. HUJUS EXUVIÆ HIC, UBI REQUIEM SUAM OLIM IN VITAM ET IN MORTEM ELEGERAT, SITÆ SUNT INDE SURRECTURÆ AD VITAM ÆTERNAM, UBI VITÆ CHRISTIANÆ PRIMA TYROCINIA ADOLESCENS POSUERAT. OBIIT V KAL. JUL.
MDCXC.
TU BENE APPRECARE

Par M. Dodart.

A l'éternelle mémoire de Sébastien-Joseph du Cambout de Pontchâteau, cousin du cardinal de Richelieu, qui, dès sa plus tendre enfance, attiré tantôt par l'amour de la vérité chrétienne, tantôt sollicité par les charmes du monde, hésita longtemps entre les deux voies opposées du bien et du mal. A l'âge de vingt-neuf ans il se démit de ses trois abbayes, congédia ses gens, dit adieu à ses parents les plus chers, et ayant changé de nom et d'habit, servit pendant six ans les serviteurs de l'Église de Jésus-Christ dans les exercices d'une très humble et très laborieuse pénitence. Les temps devenus meilleurs, il se retira dans cette solitude après laquelle il soupirait depuis longtemps. Là, sous un nom emprunté, il cultiva le jardin et se livra à tous les autres travaux de la campagne, revêtu d'un cilice, couchant sur la dure et sur une claie d'osier; passant ses nuits en prières, il offrit durant dix ans au Dieu son libérateur le sacrifice de ses louanges. Ayant été chassé inopinément, il continua pendant quatre ans dans une maison étrangère[1] la vie commencée dans celle-ci, puis il dut chercher, après de longs voyages et de furieuses tempêtes, un nid où il lui fût permis de finir ses jours en paix. Il le trouva dans un monastère du même ordre que Port-Royal[2] aux confins du royaume; il y vola comme transporté sur les ailes de la colombe pour y reposer dans l'espérance et le désir de la vie éternelle. Il demeurait dans cette abbaye depuis cinq ans, se livrant aux travaux des champs, observant le silence le plus parfait, se mortifiant de plus en plus et s'enfonçant parfois avec quelques religieux dans des forêts profondes, lorsque, appelé à Paris, il fut atteint en arrivant d'une maladie soudaine. Il partit pour la terre des vivants, après laquelle il soupirait depuis longtemps, à l'âge de cinquante-six ans et six mois. Ses dépouilles reposent dans cette solitude qu'il avait choisie pour y vivre et y mourir, et attendent la bienheureuse résurrection dans le lieu où, tout jeune encore, il jeta les premiers fondements de la vie chrétienne. Il mourut le 27 juin 1690.

Priez pour lui.

1. Haute-Fontaine.
2. Orval.

XL

Paul-Gabriel de Gibron, 1677.

Ce solitaire qu'il nous reste à présenter au lecteur était le plus désagréable caractère de Port-Royal, j'entends avant sa conversion; aussi, le changement si complet opéré en sa personne n'en paraîtra que plus extraordinaire.

Paul-Gabriel de Gibron, fils du sénéchal de Narbonne, capitaine dans l'armée du maréchal de Schomberg, servit son roi sans se soucier qu'il devait en même temps servir son Dieu. Son indifférence religieuse ou plutôt son impiété se traduisait par toutes sortes de mauvais procédés et d'injures vis-à-vis du curé de sa paroisse : la vue seule de la robe noire avait le don de l'exaspérer! Le malheureux ecclésiastique, à bout de patience, voulait résigner sa cure et fuir le voisinage de l'intraitable capitaine. Il consulta M. d'Aleth. L'évêque lui conseilla d'opposer la douceur à la violence, de prier pour son persécuteur et d'attendre l'heure de Dieu : elle sonna bientôt après. M. de Gibron tomba si dangereusement malade que se voyant à deux doigts de la mort, il conçut une si grande horreur de ses fautes et une telle frayeur des jugements de Dieu, qu'il fit appeler son curé et lui demanda pardon avec larmes de tout le mal qu'il lui avait fait endurer. Les assistants, ne pouvant croire à la sincérité d'une conversion aussi inattendue, l'attribuaient à la peur ou à la violence de la fièvre et n'osaient espérer qu'elle survivrait à la guérison. Leur crainte ne fut heureusement pas justifiée. Le malade rétabli se releva absolument changé, bien résolu à brûler ce qu'il avait adoré jusque-là, à maudire ce qu'il avait aimé, à bénir ce qu'il avait blasphémé ! Il prit conseil des prêtres de la Mission qui dirigeaient le séminaire de Narbonne et entra sous leur direction pour se préparer à recevoir les ordres sacrés. Le moment venu, ils le présentèrent effectivement à l'ordination, mais il ne put avancer parce qu'on avait oublié de demander la dispense nécessaire à ceux qui ont porté les armes. Ce contretemps l'affligea d'abord; puis, en réfléchissant, il se persuada que la Providence en avait disposé ainsi parce qu'elle ne le voulait pas dans l'état ecclésiastique et l'appelait à une pénitence plus rigoureuse. Sur ces entrefaites, une personne amie l'emmena à Port-Royal. Cette solitude le ravit à tel point que, la trouvant trop douce, il voulut la changer contre une dure cellule à l'abbaye de la Trappe. Il se rendit donc dans ce Monastère et suivit la règle dans toute sa rigueur.

Cependant ses forces trahirent son courage et il fut contraint de revenir à Port-Royal. Bien résolu à ne plus en sortir, cet ardent disciple descendit au dernier rang, se fit plus petit que les plus humbles et se chargea de préparer les aliments des domestiques de la ferme des Granges.

Il resta deux ans à la cuisine, après quoi Dieu, content de sa bonne volonté et satisfait de sa pénitence, le rappela à lui à l'âge de vingt-huit ans, le 23 juin 1677. L'incomparable M. Hamon rédigea une de ces épitaphes dont il avait le secret et on la lit sur sa tombe, encadrée de larmes, en ces termes :

D. O. M.

HIC JACET PAULUS GABRIEL DE GIBRON, NARBONNENSIS SENESCALLII FILIUS, ET IN SCHOMBERTI LEGIONE COHORTIS PRÆFECTUS; QUI FLAGRANTISSIMA SÆCULI CUPIDITATE INCENSUS, MORTIFICANTEM EODEM TEMPORE ET VIVIFICANTEM EXPERTUS DEUM, IN MEDIO ARDENTISSIMÆ FEBRIS INCENDIO, CŒLESTI RORE PERFUSUS, SALUTEM IN MORBO INVENIT. VERAM FUISSE CONVERSIONEM SANITAS SUBSECUTA, MUTATIS MORIBUS, PATEFECIT. EO ENIM SALUTIS ZELO INCITATUS EST, UT NEC OB VARIA IMPEDIMENTA RETARDARI, NEC A DUCIBUS IN QUOS INCIDERAT, VIAM MINUS TUTAM INDICANTIBUS, DECIPI POTUERIT; ANIMÆ VULNERA LETHALITER EX MUNDI ERRORIBUS SAUCIÆ, NULLIS ALIIS QUAM VERÆ PŒNITENTIÆ REMEDIIS SANANDA, NEC PŒNITENTIAM ALIO IN LOCO TUTIUS QUAM IN SOLITUDINIS PORTU QUÆ MAGNUM IPSA REMEDIUM EST, AGENDAM ESSE ARBITRATUS. CUJUS BENEFICIO CUM JAM FRUERETUR, ET IN MORBUM INCIDISSET DIFFICILEM ET DIUTURNUM, ANIMÆ SANITATI RECUPERANDÆ, CUM ESSET PATIENTIA VALDE IDONEUM NON TANTUM OB VENIAM PECCATORUM SED OB MORBUM IPSUM GAUDENS, ET GRATUS CONFITEBATUR DOMINO, QUONIAM BONUS, QUONIAM IN SŒCULUM MISERICORDIA EJUS. OBIIT 23 JUNII ANNO CHRISTI 1677 ÆTATIS 28.

Requiescat in pace.

Par M. Hamon.

Ici repose messire Paul-Gabriel de Gibron, fils du sénéchal de Narbonne et capitaine dans le régiment de Schomberg. Ardemment passionné pour les choses de ce monde, il éprouva que Dieu est le maître d'ôter et de donner la vie dans le même temps. Au fort d'une fièvre violente, se sentant rempli d'une rosée céleste, il trouva son salut dans sa maladie. La santé qu'il recouvra ensuite fit voir la sincérité de sa conversion. Aussitôt il conçut un zèle si ardent pour son salut que nul obstacle ne put retarder l'exécution de son dessein et qu'il ne voulut pas suivre la voie peu sûre de ses premiers directeurs. Il comprit que la pénitence est le seul remède qui puisse guérir les plaies mortelles faites à l'âme par la corruption du monde et que l'on ne peut faire pénitence plus sûrement ailleurs que dans le port de la solitude, qui elle-même est un grand remède. Comme il jouissait déjà de ce bonheur, il tomba dans une fâcheuse et longue maladie, qui, se trouvant accompagnée de la patience, est très propre à procurer la santé de l'âme. Il se réjouit non seulement d'avoir obtenu le pardon de ses péchés, mais de sa maladie elle-même, et plein de joie et de reconnaissance il louait le Seigneur parce qu'il est bon et que sa miséricorde s'étend dans tous les siècles.

Il est mort le 23 juin 1677, âgé de 28 ans.

Qu'il repose en paix.

CONCLUSION

Si on veut bien jeter un coup d'œil d'ensemble sur le modeste travail qui s'achève par l'inscription de la dernière tombe de l'église de Magny, on verra que les deux parties qui le composent forment un tout, très imparfait sans doute, mais qu'il serait difficile de les séparer. En effet, l'histoire du célèbre Monastère, sans les restes imposants que nous possédons, serait incomplète, comme aussi il paraît impossible de bien comprendre les biographies tracées sommairement, sans la connaissance au moins élémentaire de Port-Royal.

Ces solitaires de tous les âges, de toutes les conditions que nous voyons accourir des points les plus opposés de la France et même de l'étranger, quelle force invincible les entraînait vers cet asile béni de pénitence? Le même vent de la grâce qui, à l'origine du christianisme, poussait les saints dans les déserts inhabités, et sur le sommet des montagnes inaccessibles; le même vent de la grâce qui de nos jours décide de ces vocations religieuses que le monde ne s'explique pas. Le même motif les inspirait alors, comme autrefois et aujourd'hui; le désir de la sanctification par l'expiation et l'espérance de parvenir plus sûrement à la vie éternelle en suivant la voie des conseils évangéliques. Il leur sembla que c'était pour eux que le Maître avait dit : « Si vous voulez être parfait, vendez ce que vous avez, donnez-en le prix aux pauvres et suivez-moi. »

On répète à satiété, comme une incontestable vérité, que Port-Royal avait formé l'abominable projet de détruire l'Église catholique ; et que cachant un fonds inépuisable d'orgueil et de méchanceté sous des apparences austères, il avait été l'ennemi le plus hypocrite et le plus redoutable de l'œuvre de Jésus-Christ.

Ainsi tous ces hommes courageux qui de près ou de loin tiennent à Port-Royal n'auraient été qu'une bande de loups travestis en agneaux, cherchant à pénétrer dans la bergerie pour tuer et dévorer les brebis du père de famille! Voilà ce que disent des historiens graves qui semblent tous se copier ou obéir à un mot d'ordre mystérieux.

A les entendre, Port-Royal n'eut que l'apparence de la vertu parce qu'il manquait de la première de toutes : l'humilité chrétienne. Sans doute l'humilité est la racine, le fondement de la vie spirituelle ; mais encore faut-il s'entendre et ne pas s'imaginer qu'elle consiste essentiellement à s'incliner en silence devant toutes les décisions de l'autorité en quelque matière que ce soit. Saint Paul nous défend-il d'user de notre raison quand il nous enseigne que l'obéissance doit être raisonnable. Et l'adage fameux répété par tous les théologiens : *In dubiis libertas*, ne serait-il pas vrai quand il s'agit de Port-Royal? Si donc les questions controversées étaient au moins douteuses, à l'époque que nous avons parcourue, c'est peut-être manquer à la charité chrétienne, vertu aussi essentielle que l'humilité, que de taxer Port-Royal d'un fol orgueil parce que, suivant le conseil de l'Apôtre, il faisait usage de sa raison.

Il ne faut pas oublier non plus qu'une pensée de régénération religieuse en sens inverse du protestantisme inspira constamment les disciples de Port-Royal. Tandis que d'autres, trop compatissants aux faiblesses humaines, plaçaient « des coussins sous les coudes des pécheurs », eux, plus rigides et se laissant emporter par un violent sentiment de réaction, voulaient qu'à l'imitation de saint Jérôme au désert de Bethléem, le pécheur s'armât d'une pierre et s'en brisât la poitrine en signe de repentir! Ceux-là aplanissaient les voies de l'Évangile, adoucissaient le joug de Jésus-Christ qui, selon ses propres paroles, doit être léger au cœur du fidèle et non pharisaïque et intolérable. Avaient-ils raison? Ceux-ci conduisaient le pénitent par le chemin du Calvaire, tout bordé de ronces et d'épines. Avaient-ils tort? Cependant, qu'on veuille bien le remarquer, le vrai sens des paroles divines se trouve entre ces deux extrêmes. A part les lâches qui n'ont conservé de chrétien que le nom, et les privilégiés qui recherchent les humiliations, courent au-devant de la souffrance, sont fous de la folie de la Croix, la masse des disciples du Maître, qui a l'âme naturellement chrétienne, rejette également et le coussin de velours et la pierre sanglante. Elle jouit, avec reconnaissance et action de grâces, des rares instants de bonheur que la Providence mesure si parcimonieusement aux pauvres humains, et, si elle ne recherche pas les croix, elle porte au moins courageusement celles qui se rencontrent sur sa route. Elle dit comme Job, durement éprouvé : « Si nous recevons les biens de la main de Dieu, pourquoi n'en accepterions-nous pas aussi les maux? Que sa volonté soit faite. » Voilà le vrai esprit chrétien que Port-Royal eut le tort d'exagérer et ses adversaires le tort plus grave encore d'affaiblir.

Dans la controverse soutenue par Port-Royal à propos des cinq propositions, on doit voir autre chose que cette question de *fait* qui, somme toute, n'avait qu'une importance très secondaire : car qu'importait que les propositions fussent ou ne fussent pas dans l'*Augustinus*, que l'*Augustinus* contînt ou ne contînt pas la doctrine de saint Augustin? Il faut y voir la lutte du Gallicanisme contre ce qu'on appelait déjà l'Ultramontanisme qui se synthétise, depuis le concile du Vatican, dans l'infaillibilité doctrinale du Pontife Romain. Ainsi s'explique vers Port-Royal cet irrésistible courant de sympathies venant surtout des parlementaires très attachés aux libertés gallicanes, puis le mouvement en sens contraire qu'inspiraient les jésuites, défenseurs nés des prérogatives du Saint-Siège.

Le premier Formulaire n'était-il pas aussi l'œuvre du pouvoir civil? N'avait-il pas été imposé par Louis XIV au clergé parce qu'ainsi l'exigeaient « son honneur, sa conscience et le bien de son État » ? Cet acte d'autorité, empiétant sur le domaine spirituel, constituait un excès de pouvoir et une sorte de tyrannie des consciences parfaitement inutile. Les difficultés s'aggravèrent quand le Souverain Pontife, sur la demande de la Cour de France, enjoignit la signature du Formulaire. Pour l'imposer ainsi à la conscience des catholiques, il fallait que le pape agît avec une infaillible autorité et précisément les gallicans la lui refusaient, même dans les questions de *droit*. La Sorbonne appelait l'infaillibilité un *monstre* et les Parlements une *chimère*.

Depuis lors le *monstre* s'est apprivoisé et la *chimère* est devenue une réalité. Néanmoins Port-Royal ne mérite pas tant d'anathèmes parce qu'il crut ce que croyaient les pasteurs et les fidèles de son temps. Il n'y a plus maintenant d'Église de France dans le sens d'autrefois. Le gallicanisme a disparu; et il faut rendre cette justice à Louis XIV qu'il lui porta, sans s'en douter, un coup plus rude que ses plus puissants adversaires.

On prête enfin aux disciples de Port-Royal des idées d'indépendance et de libéralisme politique offensantes pour des oreilles de flatteurs de l'absolutisme royal, ce qui permettrait de les considérer, avec les philosophes, comme les précurseurs du grand mouvement de 89.

De fait, ils ont, autant que possible, résisté aux volontés du roi, parce que le roi agissait despotiquement et s'arrogeait le droit de régir les consciences. Qu'on ne s'imagine pas cependant que Port-Royal fût un nid d'anarchie : le roi n'eut jamais de plus fidèles sujets. Mais la raison et la foi leur disaient qu'un monarque absolu est le plus souvent un châtiment du ciel infligé aux peuples incapables ou indignes de la liberté. Ils croyaient, avec l'Apôtre des nations, que tout pouvoir vient de Dieu; que Dieu n'en a point déterminé la forme, ni désigné le sujet qui doit l'exercer; qu'il n'a donné à personne les nations en héritage, ni le droit de les régir dans des voies contraires à leurs légitimes aspirations; qu'enfin le droit et le devoir imprescriptibles de tout homme raisonnable est de travailler à modifier les institutions du passé, les constitutions civiles, toujours imparfaites, dans le sens de la liberté qui convient aux enfants de Dieu.

Le jansénisme survécut à la destruction de Port-Royal des Champs et la controverse atteignit ses dernières limites à l'apparition de la fameuse constitution *Unigenitus*. Le Père Quesnel, savant oratorien, qui avait reçu des mains d'Arnauld expirant le drapeau du parti, le porta résolument. Il avait publié de 1671 à 1687 ses *Réflexions morales* sur tout le Nouveau Testament. Cet ouvrage, écrit avec un véritable sentiment religieux, beaucoup de profondeur et d'onction [1], fut accueilli dans le monde catholique avec un immense succès. M. de Noailles, alors évêque de Châlons, l'avait recommandé à ses fidèles dans un Mandement donné en 1685 et Clément XI le comblait d'éloges. Cependant, après un examen plus attentif, on s'aperçut que certaines méditations, certaines formules et aspirations pieuses manquaient de précision et n'offraient pas un sens rigoureusement orthodoxe. Le pape nomma une commission, non pas de jésuites, qui eussent paru prévenus et suspects, mais des dominicains, pour examiner l'ouvrage. La constitution *Unigenitus* fit connaître au monde catholique les résultats obtenus par la condamnation de *Cent et une* propositions extraites des *Réflexions morales* (1713). Le cardinal de Noailles, qui autrefois avait exalté le livre, dut en défendre la lecture, et malgré ses efforts, ne put empêcher l'assemblée du clergé d'accepter la bulle. La Sorbonne l'enregistra sans discussion, à la majorité des voix : Louis XIV, toujours là, faisait incliner bien des volontés. Après sa mort, sous la régence du duc d'Orléans, quatre évêques en appelèrent de la bulle au futur concile général. M. de Noailles, qui, tout en prohibant la lecture des *Réflexions morales*, défendait, sous peine de *suspense* à son clergé d'admettre les décisions du Saint-Siège à ce sujet, se rangea, avec cent six docteurs de Sorbonne, à l'avis des *appelants*. Le nombre des opposants grossissait tous les jours, quand une nouvelle bulle, *Pastoralis officii*, confirma la constitution *Unigenitus* et retrancha du sein de l'Église ceux qui refuseraient de l'accepter. L'archevêque infortuné dut se soumettre extérieurement et flotta dix années encore entre les deux partis. Enfin, en 1728, il la reçut sans réserve et entraîna avec lui un grand nombre

---

1. Voir Alzog, *Histoire de l'Église*.

d'*appelants*. Les évêques de Montpellier, d'Auxerre et de Troyes prirent la tête du mouvement et restèrent inébranlables.

Le cimetière de Saint-Médard, où reposaient les restes du diacre *appelant*, François Pâris, devint en ce temps-là le théâtre de scènes étranges, d'extases, de guérisons et de phénomènes si extraordinaires qu'on les attribua à l'intervention surnaturelle de l'humble diacre dont toute la vie avait été un modèle de pénitence et de vertus. Le cimetière ayant été fermé, les *convulsionnaires* se rendirent dans des maisons particulières où les mêmes faits se renouvelèrent. M. de Beaumont, successeur de Noailles, prit contre les *appelants* des mesures sévères. Comme ils avaient des confesseurs particuliers, il enjoignit à son clergé de refuser les sacrements à tous ceux qui n'auraient pas de billet de confession de leur propre curé. Le Parlement s'en mêla, trouva les ordres excessifs et cita l'archevêque à sa barre. Le prélat, appuyé par Louis XV, déclina la compétence de ce tribunal et vainquit le Parlement que le roi exila de Paris. Le désordre était extrême et les pouvoirs confondus d'une façon regrettable, quand Clément XIV prit la chose en mains, tempéra la sévérité des ordres de M. de Beaumont en enjoignant qu'ils ne fussent appliqués qu'aux *appelants* notoirement connus comme tels.

En même temps, la haine contre les jésuites qu'on regardait comme les instigateurs de ces mesures devint telle que le même souverain pontife Clément XIV, sur les instances des Cours de la Maison de Bourbon, les supprima en 1773 parce que la Compagnie ne répondait plus à son institution, que ses membres s'étaient mêlés aux affaires politiques, avaient provoqué des dissensions dans les États, etc., etc. Les jansénistes et les philosophes célébrèrent les vertus de ce grand pape, assez courageux pour s'attaquer à la puissante Société, redoutable ennemie, disaient-ils, de la religion catholique.

Aujourd'hui le jansénisme dogmatique est organisé et personnifié dans l'église d'Utrecht, qui refuse toujours de recevoir la bulle *Unigenitus*. Cependant chaque évêque notifie à Rome son élection. Mais le Saint-Siège, au lieu de la bénédiction apostolique, envoie à l'élu une sentence d'excommunication.

Cette digression touchant la destinée du jansénisme après la condamnation des *Réflexions morales* prolonge l'histoire de Port-Royal. Si courte qu'elle soit, elle suffit pour nous permettre d'établir des comparaisons tout à l'avantage des nôtres. Les *convulsionnaires* de Saint-Médard ne ressemblent en rien à nos religieuses, à nos solitaires, à nos écrivains, à nos docteurs. Que d'autres les jugent avec indulgence ou sévérité, nous ne nous en mettrons point en peine. Ce qui nous intéresse, ce que nous aimons, c'est notre Port-Royal tout entier, cette Abbaye célèbre, ce vallon solitaire, ce désert, les délices de ces heureux habitants, témoin de tant d'actes d'héroïques vertus. Ce que nous avons voulu faire connaître, ce sont les qualités et les défauts, les joies et les peines, les victoires et les défaites, les prospérités et les infortunes de ces disciples de Jésus-Christ, dignes des premiers siècles, qui, pendant plus de cent ans, attirèrent l'attention du monde religieux et savant.

FIN

TABLE DES MATIÈRES

Pages.

Avant-propos. IX

PREMIÈRE PARTIE

Chapitre Ier. — Fondation de l'Abbaye. — Ses principaux donateurs. — Ses abbesses les plus remarquables. 1

Chapitre II. — La Mère Angélique. — Sa naissance, son élection. — La Réforme. — Journée du guichet. — Elle va à Maubuisson. — Retour à Port-Royal. — Sa mortification. . 5

Chapitre III. — Établissement de Port-Royal de Paris. — L'évêque de Langres à Port-Royal. — Fondation de l'institut du Saint-Sacrement. — Le chapelet secret. — Saint-Cyran à l'institut et à Port-Royal. — Fin de l'institut du Saint-Sacrement. 13

Chapitre IV. — Jansénius et Saint-Cyran. 19

Chapitre V. — Antoine Arnauld. — Le livre de la *Fréquente Communion*. 29

Chapitre VI. — Les premiers solitaires : MM. Le Maitre, de Séricourt, — de Sacy, — de Valmont, — de Saint-Elme, — Lancelot, — Pallu, — de la Rivière, — de la Petitière, — Fontaine. 34

Chapitre VII. — Arnauld d'Andilly. — Règlement de vie des solitaires. 42

	Pages.
Chapitre VIII. — Les directeurs de Port-Royal : MM. Singlin, — de Sainte-Marthe, — de Sacy................	47
Chapitre IX. — Les médecins de Port-Royal : MM. Hamon, — Hecquet, — Dodart....................	58
Chapitre X. — Premier retour des religieuses. — Port-Royal pendant les guerres de la Fronde..............	64
Chapitre XI. — Les Petites Écoles de Port-Royal. — Principaux maîtres : MM. Vallon de Beaupuis, — Lancelot, — Nicole. — Les Méthodes......................	69
Chapitre XII. — Les Petites Écoles de Port-Royal (suite). — Les principaux élèves : MM. Du Fossé, — Le Nain de Tillemont, — Racine......................	82
Chapitre XIII. — L'*Augustinus*. — Les cinq propositions. — Le Formulaire. — Affaire d'Arnauld en Sorbonne.......	93
Chapitre XIV. — Pascal. — Les *Provinciales*. — *Apologie des Casuistes*, par le Père Pirot. — Les *Pensées*.........	103
Chapitre XV. — Seconde dispersion des solitaires. — Miracles de la Sainte-Épine. — Rigueurs contre Port-Royal. — Mort de la Mère Angélique.....................	114
Chapitre XVI. — Projet d'accommodement. — Hardouin de Péréfixe à Port-Royal de Paris. — Enlèvement de seize religieuses. — Seize autres signent le Formulaire. — Vision prophétique. — M. de Péréfixe à Port-Royal des Champs. — On y envoie les réfractaires...................	125
Chapitre XVII. — Captivité à Port-Royal des Champs. — Interdit. — Nomination de la sœur Dorothée Perdreau à Paris. — Revenus accordés à l'Abbaye des Champs. — Cinq religieuses meurent sans sacrements. — Mort aux Granges de sept solitaires. — Projet de transfert de Port-Royal au diocèse de Sens.........................	134
Chapitre XVIII. — Paix Clémentine. — Levée de l'interdit. — Procession de Magny à Port-Royal. — Séparation complète des deux Abbayes.....................	141
Chapitre XIX. — Renaissance de Port-Royal des Champs. — Mort de M. de Péréfixe et de la Mère Agnès. — Retour de M. d'Andilly. — Sa mort. — Marie de Gonzague, reine de Pologne. — La princesse de Guéméné. — Le prince et la princesse de Conti. — Le duc et la duchesse de Liancourt. — Mme de Sablé. — Le marquis de Sévigné à Port-Royal. .	149
Chapitre XX. — Mlle de Vertus et Mme de Longueville. . . .	157

TABLE DES MATIÈRES. 383

Pages.

Chapitre XXI. — Reprises des hostilités. — M. de Harlai à Port-Royal. — Renvoi des postulantes des novices et des pensionnaires. — Dispersion des solitaires. — MM. Le Moine, Le Tourneux et Eustace, confesseurs. — Sinistres présages. — La robe de saint Bernard. — Projet de spoliation. — Mort subite de M. de Harlai. 164

Chapitre XXII. — Antoine Arnauld s'enfuit à l'étranger. — Son séjour en Hollande. — Arrestation et détention du Père du Breuil de l'Oratoire. — Arnauld s'établit à Bruxelles. — Réfute le Père Malebranche. — Meurt à Bruxelles où on l'enterre secrètement. — Son cœur à Port-Royal. — Ses épitaphes. 175

Chapitre XXIII. — M. de Noailles à Port-Royal. — Le *Cas de conscience*. — Constitution *Vineam Domini Sabaoth*. — Bulle de Rome et décret de l'archevêque pour l'extinction de Port-Royal. — Mme de Château-Renaud en prend possession. 185

Chapitre XXIV. — M. d'Argenson à Port-Royal. — Exil des religieuses. — Destruction de l'Abbaye. — Translation des corps. — Scènes horribles de l'exhumation. — Les *Gémissements*. 196

Chapitre XXV. — Description de l'Abbaye au temps de sa prospérité. — État actuel de ses ruines. — Les Granges de Port-Royal. 208

DEUXIÈME PARTIE

Pages.

I. — Magny-les-Hameaux. — Notice historique. — L'église. — Translation des corps de Port-Royal. — Exhumation et réinhumation de 1862. 225
II. — Messire Le Roy de la Potherie. 237
III. — Messire Claude Grenet, supérieur. 240
IV. — Charles-César Du Cambout de Coislin 243
V. — Messire François Retart, curé de Magny. 245
VI. — Messire Félix L'Air, curé de Magny. 250
VII. — Messire Jean Besson, curé de Magny. 252
VIII. — Charles Le Camus et Marie de Maulevault. — Henri Le Camus et Marie de Rubentel. 258
IX. — Dame Jehanne de Chevreuse, abbesse de Villiers. . . 263
X. — Raphaël Le Charon d'Espinoy de Saint-Ange 263

		Pages
XI.	— Heude de Montfaucon et Ælide de Galardon, sa femme.	267
XII.	— Henri-Charles Arnauld de Luzancy.	268
XIII.	— Messire Nicolle de Lespine.	274
XIV.	— Un curé de Magny-Lessart, xiiie siècle.	275
XV.	— Robert Arnauld d'Andilly.	276
XVI.	— Béatrix de Dreux, abbesse.	278
XVII.	— Guillaume du Gué de Bagnolz.	279
XVIII.	— Messire Gilles Dupoil, curé de Magny, xvie siècle.	284
XIX.	— Jeanne de la Fin (la nièce), abbesse.	284
XX.	— Lucresse Besson.	286
XXI.	— Bouchard IV de Marly.	289
XXII.	— Marguerite de Lévis.	290
XXIII.	— Agnès de Sainte-Thècle Racine, abbesse.	295
XXIV.	— Christophe et Bernard Le Couturier. — Jeanne Brigalier.	298
XXV.	— Messire Charles Hillerin.	300
XXVI.	— Messire Emmanuel Le Cerf, de l'Oratoire.	304
XXVII.	— Claude Rebours.	309
XXVIII.	— Madeleine de Sainte-Agnès de Ligny, abbesse.	310
XXIX.	— Messire François Bouilly, chanoine d'Abbeville.	314
XXX.	— Messire Baudry d'Asson de Saint-Gilles.	318
XXXI.	— Messire Pierre Borel, prêtre de Beauvais.	323
XXXII.	— Marie des Anges Suireau, abbesse de Maubuisson et de Port-Royal.	326
XXXIII.	— Catherine Angran de Bélisy.	333
XXXIV.	— Angélique de Saint-Jean Arnauld, abbesse.	336
XXXV.	— Messire Jean Doamplup.	344
XXXVI.	— Messire Nicolas Thiboust, prêtre d'Évreux.	347
XXXVII.	— Catherine Mallon de Nointel.	351
XXXVIII.	— Messire François-Estienne Cailleteau.	353
XXXIX.	— Messire Sébastien-Joseph du Cambout de Pontchâteau.	356
XL.	— Paul-Gabriel de Gibron.	369
Conclusion.		373

PARIS. — TYP. G. CHAMEROT. — 22348

www.ingramcontent.com/pod-product-compliance
Lightning Source LLC
Chambersburg PA
CBHW051833230426
43671CB00008B/935